新时代大学生体育消费研究

余丽华 著

WUHAN UNIVERSITY PRESS
武汉大学出版社

图书在版编目（CIP）数据

新时代大学生体育消费研究/余丽华著.—武汉：武汉大学出版社，
2024.12
ISBN 978-7-307-24115-2

Ⅰ.新…　Ⅱ.余…　Ⅲ.大学生—体育消费—研究—中国
Ⅳ.①G645.5　②G80-052

中国国家版本馆 CIP 数据核字（2023）第 211482 号

责任编辑:周媛媛　冯红彩　　责任校对:鄢春梅　　版式设计:文豪设计

出版发行:**武汉大学出版社**　（430072　武昌　珞珈山）
　　　　　（电子邮箱:cbs22@ whu.edu.cn　网址:www.wdp.com.cn）
印刷:湖北金海印务有限公司
开本:720×1000　1/16　印张:15　字数:227 千字
版次:2024 年 12 月第 1 版　　2024 年 12 月第 1 次印刷
ISBN 978-7-307-24115-2　　定价:89.00 元

前　言

　　大学生作为当代最具特殊性的群体,相对于中学生而言,在经济上较自由,消费观念也更趋于理性。他们成长的时代信息更新速度极快,他们娴熟运用网络,每天接收大量的外界信息;他们的思想更为成熟,对很多事情有自己的见解。他们与时代接轨,接受新鲜事物的能力强,对支付宝、微信支付等网上支付软件的使用得心应手,网上消费行为与其他群体相比更具有代表性。他们中大多数人勇于尝试,拥有积极的生活态度。

　　随着社会和经济的发展,人们对身体健康的重视程度不断提升。作为一个朝气蓬勃、充满活力的群体,大学生自然也被寄予了更高的期望。在这样的背景下,大学生对体育消费的需求逐渐增加。随着城市化和信息化的不断发展,大学生拥有更多的体育消费选择,如去健身房锻炼、购买运动装备和健康食品等。然而,在众多选择中,大学生仍要面对一系列挑战和问题。首先是心理层面的问题,大学生的压力较大,很难坚持自己的计划;其次是时间和经济上的限制,大学生通常需要花费更多的时间和精力处理学业和社交活动,同时会受到经济条件的限制。在新时代背景下,人们对体育消费的需求越来越强烈,运动与健康消费方式也变得越来越丰富多样,而大学生是其中最具活力的群体。因此,对新时代大学生体育消费进行深入研究,探寻其需求特点和问题所在,对促进大学生身心健康、推动体育产业发展及相关政策实施都具有重要意义。

　　本书旨在全面探讨新时代大学生的体育消费行为,从多个维度出发,对大学生体育消费需求、消费行为及心理特征进行分析。同时,本书将重点关注大学生参与体育消费的现状和问题,提出可行性建议,为相关机构和企业提供决策支持;以期为促进大学生体育消费改善、推动体育健康产业的发展贡献力量。

　　本书主要内容共九章，对大学生体育消费进行了研究分析，其中第一章为基本概念和相关理论基础，主要对体育消费、体育消费行为等概念进行分析。在相关理论基础方面，主要阐述了符号理论、拟剧理论和认同理论。第二章阐述了当代大学生体育消费情况，主要包括大学生体育消费认知观念及选择倾向、大学生体育消费心理分析以及大学生体育消费行为现状等内容。第三章为大学生体育消费影响因素与购后评价分析，主要包括大学生体育消费行为影响因素、大学生体育消费购后评价等内容。第四章为体育名人代言与大学生体育消费，主要包括体育名人代言下大学生体育消费现状、体育名人代言下大学生体育消费影响分析、结论与建议等内容。第五章为体育用品广告女性形象与大学生体育消费，主要包括广告女性形象对大学生体育消费影响分析、结论与建议。第六章为运动类 App 与大学生体育消费，主要包括运动类 App 与大学生体育消费调查分析、结论与建议。第七章为户外真人秀节目与大学生体育消费，主要包括户外真人秀节目与体育消费、基于户外真人秀的大学生体育消费调查分析、结论与建议。第八章为体育品牌文化与大学生体育消费，主要包括体育品牌文化与大学生体育消费调查分析，如体育品牌文化对大学生体育消费模式的影响、对行为的影响，体育品牌文化对大学生体育消费结果的影响等内容，并且得出了相应的结论。第九章为互联网时代大学生体育消费分析，主要包括互联网时代大学生体育消费特征分析，如大学生样本基本情况分析、大学生体育消费用品内容对比分析、大学生体育消费结构分析、大学生体育消费水平分析、大学生体育消费动机分析、大学生体育消费行为分析、大学生体育消费影响因素分析、大学生体育消费用品选择原因分析、大学生体育消费满意度分析等内容，并且得出相应的结论并提出建议。

目　录

第一章　基本概念和相关理论基础

体育消费作为一种消费形式，已经成为社会生活不可或缺的一部分。随着社会经济的发展和人们生活水平的提高，体育消费逐渐普及化和多元化，无论是运动器材、健身俱乐部、体育比赛还是体育电视直播，都成为极具市场竞争力的消费内容。而理解和掌握体育消费的基本概念和相关理论基础，有助于我们更好地了解体育产业的发展趋势和市场状况，为体育管理、市场营销等方面提供重要支撑。因此，本章将对体育消费的基本概念、相关理论基础进行探讨。

第一节　基本概念

体育消费不仅是一种消费行为，更是一种文化、生活方式和时尚的象征。因此，了解和研究体育消费，探索其基本概念，对我们更好地认识和把握当今时代的发展趋势、促进体育产业的发展、推动整个社会的健康发展具有重要意义。

一、体育消费

从目前来看，关于体育消费这一概念尚未形成统一认识。从主流观点来看，人类的社会消费可以分为两种类型：一种为生产消费；另一种为非生产消费。其中，体育消费是非生产消费的一种，其包含两部分：第一部分是企事业单位、学校、社区及社会团体通过集体方式所进行的专门性体育消费；第二部分是居民个人的体育消费，具体为居民为满足自身精神和物质方面的需求所进行的体育消费。广义上的体育消费指的是所有和体育活动相关的消费行为。狭义上的体育消费指的是从事体育活动的消费行为。学者栾开封认为体育消费是一种人们在参加体育活动或观赏体育比赛的过程中，为了满足自己锻炼身体和愉悦身心等方面的需求所进行的消费。栾开封主要从三个层面对体育消费的含义进行解释，具体为体育消费主体、时间形式和目的性。

体育消费主体：栾开封认为体育消费主体是指在体育领域中产生消费行为的个人或团体。他们可能购买各种体育用品、观看比赛、参加健身活动、购买电子竞技游戏等，以满足自己的运动需求和娱乐需求。在现代社会中，随着人们生活水平的提高和健康意识的不断增强，体育消费已经成为一种重要的文化和消费方式。通过体育消费，人们可以享受到运动带来的快乐和满足感，同时也可以促进身体健康、增强自信心，甚至能够结交志同道合的朋友。

体育消费时间形式：栾开封认为从时间形式的角度来看，体育消费可以分为以下几种形式。实时消费：在现场观看比赛或参加体育活动，实时消费所需的时间就是现场的时间，这种消费形式通常需要付出较高的门票费用或场地费用。延迟消费：通过电视或网络观看比赛，延迟消费所需的时间可以根据自己的需求和时间安排进行选择。长期消费：办理健身俱乐部会员卡或购买体育器材等，长期消费持续的时间较长，如一个月、半年或一年等。周期性消费：参加定期的体育活动，周期性消费可以是每周、每月或每季度的某个特定时间。总之，不同的体育消费形式所需的时间各不相同，因此在进行体育消费时需要根据自己的需求和时间安排进行选择。

体育消费目的性：栾开封认为体育消费的目的性主要包括以下几方面。健康目的性：许多人在参与体育活动时，主要考虑身体健康的因素。他们愿意购买体育设备、报名参加健身课程或者加入运动俱乐部，以此保持身体健康。社交目的性：体育消费也被很多人看作社交活动的一种形式，特别是在球类运动中，可以通过组队比赛结识新朋友，建立联系并扩大社交圈。休闲娱乐目的性：对许多人来说，参与体育活动是一种休闲娱乐。他们可以花费时间和金钱用于购买体育用品、参加体育活动或观看比赛等，从而享受其带来的愉悦。竞技目的性：有些人会投入大量资金和时间来提高自己的竞技水平，希望能够在各种体育竞赛中取得好成绩。因此，这类人会购买训练器材或雇佣教练等来达到自己的目的。总之，体育消费的目的性是多样的，它不仅可以满足人们的身体健康需求，还可以提供社交、休闲娱乐、竞技等不同的体验方式。

学者张岩从狭义和广义两个层面对体育消费进行解释，他认为从狭义层面来看，体育消费就是人们在参与体育活动或欣赏体育比赛的过程中所产生的一种关于体育服务产品或实物产品的直接或间接的消费，其中间接的体育消费主要包括在观看体育比赛过程中所支出的交通费用、住宿费用及食品饮料等方面的费用。广义层面的体育消费指的是一切和体育有直接或间接关系的个人消费行为。从整体上来看，当前对体育消费的分类存在不同，一部分学者将体育消费分为三种类型，具体为体育实物消费、体育劳务消费及体育信息消费。一部分学者则将体育消费分为两种类型，具体为体育实物消费和体育非实物消费。

综合上述学者对体育消费的定义，笔者认为体育消费指的是人们为了满足自己精神和物质方面的需求所进行的与体育活动相关的个人消费。对我国大学生而言，他们的体育消费指的是为了满足自己学习生活中的相关物质与精神需求所进行的购买体育劳务产品、体育物质产品及体育信息产品的活动。以大学生日常学习生活为基础，可以将大学生的体育消费分为以下几种类型：第一种是购买各种运动服装、运动鞋帽及小型体育用品的体育消费；第二种是用于参加各种体育培训班、体育俱乐部及租用体育场地的体育消费；第三种是用于购买体育杂志、体育画报、体育音像制品等方面的体育消费；第四种是用于观看各种体育比赛、相关体育表演及体育电视转播等方面的消费。

二、体育消费行为

消费者为了满足自身需要会实施购买行为，在这个动态变化的过程中会产生一系列的心理和生理活动，所以从这个角度来说，消费本身就是一种行为方式。消费行为方式由一系列环节组成，并且不断变化。首先是心理策略。只有在这个环节才表现出消费需求和消费动机。其次是购买选择行为。消费者在这个环节根据心理策略产生的需求动机进行判别，产生对商品的信任与购买欲望。最后是消费者在进行消费后会对产品进行点评反馈。消费者通过使用某种产品满足其需求且达到预期的效果时，会对产品满意程度予以评价，提高产品购买频率并引发新的消费需求。在消费行为中，每个环节联系密切、相关性强、不可分割。体育消费行为也属于消费行为的一种。目前，我国学者关于体育消费行为概念的界定不尽相同，主要存在以下几种观点。学者宋亨国认为："体育消费行为主要表现为消费者因自身生理、心理和社会需要而进行的一系列与体育相关的准备、选择、决定、购买、使用和评价体育商品（包括物质产品、精神产品和劳务）等一系列脑力和体力活动的总和。"学者孙汉超认为体育消费是社会发展的产物，是人们在满足了自身物质生活需要的前提下，选择购买或者使用体育用品、劳务或服务等的一种新型消费形式。体育消费行为主要是指个体或者群体为了满足自身体育需求所进行的选择购买、使用、处理各类体育产品和服务的全部过程的活动表现。学者卢元镇认为体育消费是一种手段，通过这种手段，可以有效调整社会消费结构、提高和改善个人生活品质。综合以上专家的研究成果，本书将体育消费行为界定为：为了满足消费者自身心理、生理和社交对体育的需要，通过各种内外因素刺激，经过心理活动之后，产生购买需求和动机，最后进行购后评价的全过程。具体包括体育消费观、体育消费水平、体育消费结构、体育消费动机、体育消费评价，下文将逐一进行阐述。

（一）体育消费观

消费观主要是表达消费者对消费行为的基本观点和态度。消费观直接影响且决定消费行为的各个方面。体育消费观就是人们对购买和使用体育用品或享受体育劳务服务所表现出来的基本态度和看法，会直接影响体育消费行为的发展。

（二）体育消费水平

体育消费水平指的是在一定时期内，按人口平均实际消费的各种体育产品和服务产品的数量。这一数量在通常情况下通过货币量进行衡量。通常情况下，对人们的消费水平产生影响的因素有很多，比如人们的年龄、职业、文化背景、生活方式、消费习惯、传统习俗及社会环境等都会对人们的消费水平产生影响。大学生体育消费水平指的是在一定的时间阶段内，大学生群体实际消费体育用品的数量。

（三）体育消费结构

体育消费结构指的是人们的体育消费中不同体育产品消费资料和劳务的构成或比例关系，具体指的是人们消费的体育实物、体育劳务及其信息等方面的比例关系。体育消费结构能充分反映个体的体育消费水平，从而反映人们消费需求的整体满足程度。大学生体育消费结构指的是大学生群体在体育消费过程中所消费的不同方面的消费金额之间的比例关系。

（四）体育消费动机

消费动机实质上就是激励人们为了达到一定的目的而采取行动的内在因素，体育消费动机就是指体育消费者为了满足体育消费需要而从事体育消费活动的欲望，或者体育消费者针对特定的消费目标而迸发的一种内在驱动力或者冲动。简单来说，体育消费动机就是指体育消费者进行各种体育消费活动时的内在驱动力。

（五）体育消费评价

体育消费行为的最后一个环节就是体育消费评价。体育消费评价就是消费者对在体育消费过程中出现的由非主观因素所产生的对各种问题的评价，如产品质量差、服务态度不好、产品价格高、售后服务不到位等。本书针对体育消费评价中"不满意"的原因和处理措施进行调查分析，指导体育产品和服务提供商如何积极采取合理有效的解决途径，使体育消费顺利进行。

第二节　相关理论基础

本节旨在介绍与体育消费相关的理论，包括符号消费理论、拟剧理论、认同理论。通过全面深入地探讨体育消费相关理论，旨在帮助读者更好地了解体育消费市场和消费者行为，并提供对体育产业和体育营销实践的启示。

一、符号消费理论与大学生体育消费

符号消费的概念由法国哲学家鲍德里亚在《物体系》中提出，他提出物品向符号转化从而成为人们消费的对象。与传统观念的消费不同，在鲍德里亚眼里，个体的消费行为不仅是一种商品购买与使用的经济活动，而且拥有社会意义。个体消费的对象不再是具体的物品，而是变成了物体系中的物品。此时，符号性价值已经超越了商品的使用价值和交换价值，成为个体消费者关心的重点。人们对物的占有，不再是单纯地为了获得使用与功能价值，更是为了获得物的符号价值。符号消费成了我们日常生活中语言沟通、交往的媒介与平台。这种语言交流方式是以消费者的日常消费为载体，以购买的产品为媒介，换言之，"一开始，人们不知道你是谁，但通过你购买的商品马上就知道你是谁"（Baudrillard，1988；Bourdieu，1984）。经过长时间的历史洗礼与沉淀，这种"我买故我在"的理念与认知不断强化，并写进了文化之中。因此，消费成了个人地位、生活方式、生活品位、社会认同的符号象征。符号消费理论既可以从理论角度阐释大学生体育消费的部分成因，也可以帮助解释为什么体育消费能成为消费者阶层和身份识别的依据。

二、拟剧理论与大学生炫耀性体育消费

美国社会学家戈夫曼的拟剧理论是社会学三大主要流派之一互动论的主要组成部分，在社会互动理论中有着突出的理论贡献和影响。该理论主要探讨了社会中的个体是如何在社会交往、互动的过程中，创造并构建完善的个人形象的。戈夫曼把世界比喻成一个大舞台，每个人都是演员，经过精心打扮，有意无意地控制自己的语言和行为，从而引导和控制他人形成一种印象，其实质就是印象管理。

在表演过程中，个体在固定的时间、地点（前台）展开表演，表演者总是尽量地使自己的行为接近他想要呈现给观众的那个角色——"理想化的自我"。而当相关表演结束，演员离开前台进入后台之后，个体的真实样貌——

"本来的自我"才会真实地展现出来。

从符号学视角来看，炫耀性体育消费可以明显地提升自我，展示理想化的自我，但是从人际互动角度来看，其夸耀性特点使消费者不得不考虑炫耀性的行为给周遭其他人带来的影响，过度的炫耀性消费非但不会受到他人和社会的认可，反而可能受到抵制。另外，炫耀性体育消费预期的角色塑造失败，也有可能导致表演失败，如身着与自身不匹配的体育用品，或者穿着假冒伪劣球鞋可能会招来其他人的嘲笑。

总之，炫耀性体育消费在一定意义上是人与人、人与社会的均衡博弈。显然，戈夫曼的拟剧理论为大学生炫耀性体育消费的研究打下了重要基础。从一定程度上来说，大学生的炫耀性体育消费行为就是在特定情境下的自我呈现。大学生炫耀性体育消费和印象管理的动机一致，都涵盖了社会形象、自我认同和身份构建等方面，为解释炫耀性体育消费提供了新的理论视角。

三、认同理论与大学生体育消费

自我认同主要包括镜像自我认同和反思性自我认同两个层面。镜像自我认同是指通过以人为镜的方式建立个人认同，换句话说，就是借助别人眼中自己的形象来评价自己。一是借助体育消费在社会舞台上展示自我，期待获得周围人的认同；二是其他表演者的表现也会影响自己的行为。这个影响过程有助于大学生获得他人认同，收获归属感，从而化解大学生在自我成长过程中的困惑。反思性自我认同主要指的是通过大学生对自我的反思实现自我建构。人们愿意倾听内心的声音，并把内心的意愿表达给外部世界。在这里，倾听是反思，而表达是自我认同的建构。这一建构过程是个体内部意识的外显过程。消费意识是自我意识的重要组成部分，特别是在消费社会里，消费活动更成为人们表达自我期望、反映自我意识的重要甚至第一载体。显然，体育商品和体育消费过程容易成为一种自我标榜和展示的符号。

社会认同是泰弗尔于20世纪70年代在分析群体认同时提出的概念，他指出个体通过社会分类、社会比较、积极区分这三个部分实现了对自我的社会类别和社会群体的认识。在日常生活中，为了更好地认识人，人们往往会根据一定的准则或标准将人划分为不同的类别，即标签化。这个标签化会有意无意地促使个体产生"群内歧视"和"群外歧视"。当代大学生在选择何种体育消费项目、体育消费行为时，往往会涉及团队构建。在一个团队中，团队内部成员相互鼓励和相互认同的过程最终会导致群体内部产生"偏爱效应"，对外则无限放大自己组织的优势，极力宣传所在组织，"贬低"不属于自己的群体，产生群体外的"歧视效应"。泰弗尔提出："群体间的相互比较是群体成员获得社会认同的重要方式之一。"在比较过程中，个体往往把他们所属的群体称为正面群体，把其他群体称为负面群体。部分体育高消费者所构成的群体，通常带有比较耀眼的光环，使其在社会比较中占有一席之地。这样的社会比较也会使个体所在群体的分类更加明晰。积极区分是指为满足自尊和自我激励而突出本群体的某方面特长。随着体育运动的日益普及和流行，体育特长也和学习成绩、家庭条件等一起成为大学生进行积极区分自我的重要途径之一。而体育消费过程中涉及的一些体育项目如滑板、跳伞、滑雪等，或受众较小，或技术难度大，或消费金额高，十分容易与其他传统体育消费加以区分，这些体育项目在对比的过程中占据较高的位置，容易满足大学生的体育消费心理。

第二章　当代大学生体育消费情况

在本章，主要以4所高校的大学生为调查对象来调查大学生体育消费情况，这4所高校分别是LG大学、SX大学、YK大学和ZB大学。调查问卷发放情况具体如下。

在调查人数方面。在LG大学，男生99人，女生76人，共计175人；在SX大学，男生75人，女生94人，共计169人；在YK大学，男生78人，女生104人，共计182人；在ZB大学，男生115人，女生75人，共计190人。所调查的4所高校学生共计716人，其中男生367人，女生349人。

在不同年级方面。在LG大学，大学一年级为51人，大学二年级为50人，大学三年级为37人，大学四年级为37人，共计175人；在SX大学，大学一年级为41人，大学二年级为42人，大学三年级为45人，大学四年级为41人，共计169人；在YK大学，大学一年级为12人，大学二年级为6人，大学三年级为60人，大学四年级为49人，大学五年级为55人，共计182人；在ZB大学，大学一年级为43人，大学二年级为33人，大学三年级为71人，大学四年级为43人，共计190人。所调查的4所高校大学一年级学生总计147人，大学二年级学生总计131人，大学三年级学生总计213人，大学四年级学生总计170人，大学五年级学生总计55人。

在这里需要指出的是，4所高校中存在1所医科大学，该高校学制为5年，所以其中有大学五年级学生。

第一节 大学生体育消费观念认知及选择倾向

关于大学生体育消费观念认知和选择倾向方面的调查，主要从以下几个方面进行。

一、大学生花钱买健康的观念认知分析

对大学生花钱买健康的观念认知调查结果为：有67名学生表示自己对"花钱买健康"选择了"不花钱"选项，所占比例为9.4%；有546名学生表示自己对"花钱买健康"选择了"在经济能力允许范围内可以"选项，所占比例为76.2%；有103名学生表示自己对"花钱买健康"选择了"只要是为了健康，花多少钱都无所谓"选项，所占比例为14.4%。

从上述统计结果可以看出，在"花钱买健康"这一方面，少部分学生选择"不花钱"，大部分学生选择了"在经济能力允许范围内可以"进行消费，另外还有少部分学生认为只要获得健康花多少钱都可以。

二、大学生"超前消费"和"月光族"观念认知分析

对大学生"超前消费"和"月光族"观念认知调查结果为：在"超前消费"和"月光族"观念认知方面，有72名学生表示自己认同，所占比例为10.1%；有325名学生表示自己不认同但是理解，所占比例为45.4%；有287名学生表示自己不认同也不理解，所占比例为40.0%；有32名学生表示无所谓，所占比例为4.5%。

从这一结果可以看出，少部分学生认同"超前消费"和"月光族"观念，大部分学生表示自己尽管不认同这些观念但是表示理解，还有40.0%的大学生既不认同也不理解这一观点，并且表示学生本身不是生产者，所以应该有自己的消费计划，应该合理消费。除此之外，还有极少数学生表示无所谓。

在大学生所支持的消费观念方面，有450名学生表示自己支持慎重型消

费，所占比例为62.9%；有227名学生表示自己支持前卫型消费，所占比例为31.7%；有39名学生表示自己支持奢侈型消费，所占比例为5.4%。从这里能够看出，大部分大学生选择了慎重型消费，反映当前大部分学生的消费观念和选择倾向正在向成熟方向发展，并且部分大学生已经进入成熟阶段。

三、大学生体育消费价值认知分析

对大学生体育消费价值认知的调查结果如下：有195名学生表示体育消费完全值得，所占比例为27.2%；有415名学生表示体育消费基本值得，所占比例为58.0%；有82名学生表示体育消费不太值得，所占比例为11.5%；有13名学生表示体育消费不值得，所占比例为1.8%；有11名学生对体育消费表示无所谓，所占比例为1.5%。

从这一结果可以看出，大部分学生选择了完全值得和基本值得，主要原因在于当前体育锻炼对大学生所产生的益处已经被他们了解和接受，并且大学生已经认识到进行体育锻炼必然会涉及一些必要的体育消费，所以大部分大学生表示体育消费完全值得或基本值得。

除此之外，对"体育消费是日常消费中的一部分"这一观点，有70名学生表示非常赞同，所占比例为9.8%；有329名学生表示赞同，所占比例为45.9%；有274名学生表示一般，所占比例为38.3%；有41名学生表示不赞同，所占比例为5.7%；有2名学生表示非常反对，所占比例为0.3%。

这一结果表明，大部分学生赞同这一观点，说明当前大部分大学生的体育消费行为较成熟，并且在进行体育消费的过程中会充分考虑自身的经济情况，从而可以在充分结合自己实际情况的基础上制订较合理的体育消费计划。同时，大部分大学生具有较合理和健康的价值观念。另外，由于当代大学生所处的时代与以往大学生有所不同，部分大学生已经接受了许多新的观念，比如一些大学生会使用信用卡或者其他超前消费方式来进行体育消费，从而购买与自己实际需求不相符的体育用品，这就导致在大学生群体中产生了超前消费。如果大学生不能充分控制自己的超前消费欲望，就可能陷入对物质生活的过度追求和享受中不能自拔。

在关于"如何理解体育消费"这一问题的调查中，调查结果为：有235名学生表示体育消费是对自身的终身投资，所占比例为32.8%；有164名学生表示体育消费是现代生活的体现，所占比例为22.9%；有245名学生表示体育消费能提升自己的生活质量，所占比例为34.2%；有72名学生表示自己所进行的消费主要是为了运动而运动，所占比例为10.1%。

从上述统计结果可以看出，部分大学生选择用体育消费来提高自己的生活质量，认为通过体育消费能有效改善自己的生活状况，从而改变自己的生活方式；通过体育消费不仅可以愉悦自己的身心，还可以帮助自己在锻炼身体的过程中排解不良情绪，所以体育消费不仅对自己的身体健康有利，也有利于自己的心理健康。目前，随着经济的快速发展和社会的进步，生存问题已经不再是大多数人考虑的第一问题，人们更加关注自身的生活质量，开始追求更高质量的物质生活并且更加关注自己的身体健康情况。所以，有部分学生选择了体育消费，这是现代生活的一种重要体现。除此之外，还有少部分学生选择了为了运动而运动，并且认为体育锻炼可以帮助自己克服自身的惰性，但是自己并不会在此过程中支出太多。

在关于"体育消费和生活之间的关系"这一问题的调查中，有152名学生表示体育消费对自己的生活方式影响很大，所占比例为21.2%；有359名学生表示体育消费对自己的生活方式影响一般，所占比例为50.1%；有167名学生表示体育消费对自己的生活方式影响很小，所占比例为23.3%；有38名学生表示体育消费对自己生活方式没有产生影响，所占比例为5.3%。

从上述统计结果可以看出，超过一半的学生选择了体育消费对自己的生活方式所产生的影响为一般，反映了这部分大学生对体育运动的理解和重视程度会对其消费产生影响，并且这部分大学生的体育消费方式会在无形中对其生活方式产生一定程度的影响。

四、大学生购买体育用品的主动性分析

对大学生购买体育用品的主动性调查结果如下：有63名学生选择了非常主动，所占比例为8.8%；有244名学生选择了较主动，所占比例为34.1%；有194名学生选择了主动，所占比例为27.1%；有190名学生选择了被动，所占比例

为26.5%；有25名学生选择了非常被动，所占比例为3.5%。

从上述调查结果可以看出，34.1%的大学生表示自己在购买体育用品的过程中表现较主动，另外有27.1%的大学生表示自己在购买体育用品的过程中态度为主动。这些大学生在日常进行体育消费的过程中往往会购买自己所需的体育用品，并且对体育锻炼的态度也较积极。还有30.0%的大学生选择了被动和非常被动，这些学生在进行体育锻炼的过程中只有遇到某些体育用品是其进行体育锻炼过程中的必需品，才会选择购买这些体育用品。除此之外，在访谈中笔者还发现这些大学生之所以在购买体育用品的过程中处于被动，主要是他们本身对体育运动兴趣不高，因此不会对体育用品有特别的关注。尽管在这些大学生中有部分人喜欢进行体育锻炼，但是他们并不想在体育锻炼过程中支出较多费用，所以在体育消费过程中处于被动。

在关于"你对名牌体育用品打折的态度是什么"这一问题的调查中，有168名学生表示自己认可并购买打折的名牌体育用品，所占比例为23.5%；有462名大学生表示自己可能会购买打折的名牌体育用品，所占比例为64.5%；有55名学生表示自己不会购买打折的名牌体育用品，所占比例为7.7%；其他态度的学生为31人，所占比例为4.3%。

从这一结果可以看出，有60.0%以上的学生表示自己会购买打折的名牌体育用品，另外有23.5%的学生更加倾向于打折的名牌体育用品，认为打折的名牌体育用品不会对自身产生影响，自己仍然会进行购买。还有小部分学生会因为体育用品打折后档次下降而选择不会购买。

从整体上来看，大学生群体的体育消费观念体现了勤俭节约精神，即所有的体育消费都需要建立在自己有一定需求的基础上，不会盲目追求某些体育品牌。所以，当前大部分大学生能合理支配自己的生活费用，尽量在合理范围内满足自己的需求。同时，大部分大学生已经不再重视体育用品所体现的象征意义，而是更加重视自己的喜好和感受。

五、大学生体育用品选择倾向分析

在大学生体育用品选择倾向方面，具体调查结果如下：有186名学生表示自己会购买国外名牌的体育用品，所占比例为26.0%；有216名学生表示自己会购买国内名牌的体育用品，所占比例为30.2%；有279名学生表示自己会购买一般品牌的体育用品，所占比例为39.0%；有20名学生表示自己会购买高仿的体育用品，所占比例为2.8%；有15名学生表示自己会购买其他品牌的体育用品，所占比例为2.1%。

从上述结果可以看出，较多的学生选择了购买一般品牌的体育用品，处于第二位的是购买国内名牌的体育用品，购买国外名牌体育用品的处于第三位，除此之外还有少数学生表示自己会购买高仿或者其他品牌的体育用品。

在关于"购买名牌商品的目的"方面，具体调查结果为：有325名学生表示自己之所以购买名牌体育用品是名牌体育用品可以保证质量，所占比例为45.4%；有205名学生表示自己购买名牌体育用品是为了心情愉快，所占比例为28.6%；有51名学生表示自己购买名牌体育用品的主要原因是跟上社会潮流，所占比例为7.1%；有54名学生表示自己购买名牌体育用品是为了给别人看，所占比例为7.5%；因为其他原因而购买名牌体育用品的学生有81人，所占比例为11.3%。

从上述结果可以看出，大部分学生之所以购买名牌体育用品主要是名牌体育用品可以保证质量，可以让自己心情愉快。小部分学生是为了自己能跟上社会潮流和给别人看。

六、大学生运动参与选择倾向分析

在关于"是否愿意支付一定的费用到现场观看体育比赛"这一方面，具体调查结果如下：有413名学生选择愿意到现场观看体育比赛，所占比例为57.7%；有303名学生选择不愿到现场观看体育比赛，所占比例为42.3%。

在关于"是否愿意到收费的体育场所消费"这一方面，具体调查结果为：有470名学生表示自己愿意到收费的体育场所消费，所占比例为65.6%；有246名学生表示自己不愿意到收费的体育场所消费，所占比例为34.4%。

从上述结果可以看出，在自己经济能力允许的基础上，有接近60.0%的大学生愿意支付一定费用到现场观看体育比赛，另有超过65.0%的大学生愿意到付费的体育场所进行消费。这个结果充分反映出当代大学生的体育消费在整个消费市场占有一定比重。

第二节　大学生体育消费心理分析

消费心理主要研究消费者在消费活动中的心理现象和行为规律，其主要体现在消费动机、消费计划、消费满意度等方面。对大学生来说，充分了解体育消费心理就能够帮助自己更好地了解自己的内在需求，有效应对商家的营销策略，在进行消费时有效保护自己的合法权益，实现自身的合理消费。

一、大学生体育消费动机分析

大学生体育消费动机的研究结果为本书分析大学生的消费规律提供了相应的数据支撑。在此次调查中，共列出了可能对大学生体育消费动机产生影响的25个因素供大学生选择，大学生可以同时选择多项影响消费动机的因素。

对大学生体育消费动机的调查结果为：有399名学生表示自己进行体育消费的动机是丰富自己的业余文化生活；有113名学生表示自己进行体育消费的动机是自己的从众心理；有35名学生表示自己进行体育消费的动机是显示自己的经济实力；有327名学生表示自己进行体育消费的动机是充分满足自己的个人爱好；有379名学生表示自己的体育消费动机是保持健康的身体状况；有158名学生表示自己的体育消费动机是培养顽强的意志品质；有69名学生表示自己进行体育消费的动机是满足自己的学习需要；有96名学生表示自己进行体育消费的动机是提高自己的运动竞技水平；有210名学生表示自己进行体育消费的动机是提高自身的运动能力；有184名学生表示自己进行体育消费的动机是获得更加健美的身材；有57名学生表示自己进行体育消费的动机是学习各种健身知识；有69名学生表示自己进行体育消费的动机是突出自己的个性；有226名

学生表示自己进行体育消费的动机是增强体力和健康；有184名学生表示自己进行体育消费的动机是促进自身的全面发展；有150名学生表示自己进行体育消费的动机是扩大交际范围；有135名学生表示自己进行体育消费的动机是充分感受参与体育运动的乐趣；有275名学生表示自己进行体育消费的动机是调节情绪；有83名学生表示自己进行体育消费的动机是充分体验这一群体中的快乐气氛；有14名学生表示自己进行体育消费的动机是受到体育名人的影响；有57名学生表示自己进行体育消费的动机是体育服装更舒适；有112名学生表示自己进行体育消费的动机主要是满足自己对某个项目的兴趣；有31名学生表示自己进行体育消费的动机是消磨时间；有112名学生表示自己进行体育消费的动机是增进与他人的了解与友谊；有11名学生表示自己进行体育消费主要是为了恢复健康；有8名学生表示自己进行体育消费的动机为其他因素。

从上述结果可以看出，在消费动机方面，排在前三位的选项是丰富业余文化生活、保持健康的身体及充分满足自己的个人爱好，三个选项所占的比例分别为55.7%、52.9%和45.7%。体育锻炼是一种需要长期坚持的活动，并且在这一活动中不可避免地要进行一定程度的消费，而进行体育锻炼又可以促使人自身的意志更为坚强，所以有部分学生选择了这一选项。还有部分大学生为了扩大自己的交际范围和充分感受参与体育运动的乐趣而进行体育消费，所占比例分别为20.9%和18.8%。从总体上来看，促使大学生进行体育消费的主要原因是体育消费能满足大学生的一些实际需求。同时也能看出，对大学生体育消费动机产生影响的因素较多，这反映出大学生的实际需要多种多样，并且大学生的体育消费动机会受到时代和环境的影响，这体现了大学生体育消费需求的时代性和多样性。

二、大学生体育消费计划分析

通常情况下，当代大学生会为自己制订体育消费计划，并且会在心理层面形成自己可以接受的消费状态。在此次调查中，大学生体育消费计划方面的调查结果为：有133名学生表示自己在体育消费方面没有任何计划，所占比例为18.6%；有192名学生表示自己在体育消费过程中有初步的消费计划，所占比例为26.8%；有391名学生表示自己在体育消费过程中往往会制订较详细的消费计划，所占比例为54.6%。

从以上结果可以看出，大部分大学生会在体育消费过程中制订较详细的消费计划，然后按照已制订的消费计划进行体育消费，并且在大部分情况下不会因为突发情况而改变自己的消费计划。部分大学生会初步制订自己的消费计划，但是在实际消费过程中往往会因为各种情况的改变而发生改变。还有少部分学生表示自己没有任何计划，完全按照自己当时的想法决定是否消费或者消费哪些体育用品。

三、大学生体育消费满意度分析

（一）大学生体育消费的满意度

大学生体育消费满意度指的是大学生在消费后对产品或服务的满意程度。在此次调查中，关于大学生体育消费满意度的调查结果如下。

有67名大学生在体育消费方面选择了"非常满意"，所占比例为9.4%，其中男生为45人，所占比例为6.3%；女生为22人，所占比例为3.1%。

有209名大学生在体育消费方面选择了"满意"，所占比例为29.2%，其中男生为120人，所占比例为16.8%；女生为89人，所占比例为12.4%。

有362名大学生在体育消费方面选择了"一般"，所占比例为50.5%，其中男生为167人，所占比例为23.3%；女生为195人，所占比例为27.2%。

有66名大学生在体育消费方面选择了"不满意"，所占比例为9.2%，其中男生为32人，所占比例为4.5%；女生为34人，所占比例为4.7%。

有12名大学生在体育消费方面选择了"非常不满意"，所占比例为1.7%，其中男生为3人，所占比例为0.4%；女生人数为9人，所占比例为1.3%。

其中男生总人数为367人，所占比例为51.3%；女生总人数为349人，所占比例为48.7%。

从上述统计结果可以看出，男生和女生在体育消费满意度方面有显著性差异，男生的体育消费满意度明显高于女生。其主要原因在于：对于男性而言，他们更倾向于参与体育运动或锻炼身体，因此他们更加重视体育用品的质量、功能和性能。同时，男性在体育锻炼中对自身的体型和力量的要求较高，因此他们对体育用品的需求更加具体和明确，也更加注重实际效果。另外，在一些传统观念中，男性被认为更加拥有运动天赋和能力，因此他们更容易感到满意和自信，而这种自信心又会促使他们更加喜欢和需要高质量的体育用品。由于上述原因，男性在进行体育消费过程中更加看重体育用品的质量与是否能够满足自身需求，这样促使男性对自己所进行的体育消费往往有更高的满意度。对于女性而言，很多女性更注重体育用品的时尚感和美观性，而体育用品在这些方面可能无法满足她们的需求，所以影响了女性的消费满意度。同时，从整体上来看，当代大学生的体育消费动机不仅是满足对身体锻炼的需求，还要满足更高层次的精神需求。只有大学生进行的体育消费充分满足了自身的实际需求，其体育消费满意程度才会逐步提升。

（二）大学生对运动场所的满意度

在运动场所满意度方面，有45.0%的大学生选择了"一般"，有40.0%的大学生选择了"比较满意"，有7.0%的大学生选择了"非常满意"，有7.0%的大学生选择了"不满意"，还有1.0%的学生选择了"非常不满意"。大学生对运动场所的满意程度整体较低，说明不管是学校内部的运动场所还是学校外部的运动场所都需要提升环境品质，这样才能够为大学生营造更好的运动氛围，促使大学生在运动过程中产生更好的运动体验。

第三节　大学生体育消费行为现状

在大学生体育消费行为方面，本研究主要基于大学生体育消费前的准备工作、大学生体育消费的种类和场所、大学生体育劳务消费、大学生体育信息消费、大学生年体育消费金额和支付方式等方面进行分析。

一、大学生进行体育消费前的准备工作

对大学生进行体育消费前的准备工作的调查结果如下。

有396名大学生表示会根据自己的实际经济情况进行体育消费,有162名大学生表示自己在体育消费前会货比三家,有100名大学生表示自己在进行体育消费之前会查询相关商家的信息,有31名大学生表示自己在进行体育消费时会征求他人的意见,有19名大学生表示自己在进行体育消费前会约同学一起进行购买,有8名大学生表示自己在进行体育消费前会进行其他方面的准备工作。

从上述统计结果可以看出,大部分学生在进行体育消费前会衡量自己的经济情况,然后根据自身实际经济情况进行体育消费,所占比例达到55.3%。另外有22.6%的学生表示自己会在进行体育消费前对自己所需要的体育用品进行对比,了解不同商品的优势和缺点,从而做到心中有数。在信息社会,大部分商品的信息可以通过互联网获得,体育用品也是如此。同时,当前各种互联网购物平台的出现对大学生的消费活动产生了极大影响,再加上通信行业的快速发展,大学生可以随时通过互联网查到商家的整体信用情况和商品的整体质量情况。因此,有14.0%的学生选择在进行体育消费前通过网络查询自己所需要的体育用品,以及了解商家的整体信誉度和服务质量。有4.3%的学生在进行体育消费前会征求他人的意见,自己不会盲目做决定。有2.7%的学生选择了在进行体育消费之时约自己的朋友一起进行购买。还有1.1%的学生在进行体育消费前会进行其他方面的准备工作。

二、大学生体育消费的种类和场所

(一)大学生体育消费的种类

对大学生体育消费种类的调查结果如下:有468名学生选择了运动服饰,所占比例为65.4%;有380名学生选择了运动鞋,所占比例为53.1%;有168名学生选择了运动帽,所占比例为23.5%;有123名学生选择了体育比赛衍生品,所占比例为17.2%;有310名学生选择了小型运动器材,所占比例为43.3%;有270名学生选择了运动营养保健品,所占比例为37.7%。

上述调查结果显示,购买运动服饰的学生人数最多,所占比例达到65.4%。排在第二位的是运动鞋,所占比例达到53.1%。排在第三位的是运动营养保健品,排在第四位的是运动帽。通过对学生的访谈得知,当前大学生所购买的小型运动器材，主要包括哑铃、瑜伽垫等。所购买的运动营养保健品，主要是各种维生素产品及钙片，并且大部分学生表示自己每年购买的运动营养保健品金额一般在200元以下。

从整体上来看，大学生群体在进行体育消费的过程中十分重视体育用品的实用性，因此大部分大学生的体育消费是以运动服装和运动鞋为主，在平常的生活中也主要以能使用的实物为主。

（二）大学生体育实物消费场所分析

对大学生体育实物消费场所的调查结果如下：有198名学生表示自己主要的消费场所为百货商店，有220名学生表示自己的消费场所主要为体育用品专柜，有89名学生表示自己的消费场所主要为大型体育用品商店，有200名学生表示自己的消费场所主要为体育用品专卖店，有265名学生表示自己的消费场所主要是网上的体育用品专卖店，有43名学生表示自己的消费场所主要是其他消费场所。

从上述结果可以看出，选择人数最多的消费场所是网上体育用品专卖店，比例达到37.0%。之所以会出现这种情况，主要原因是随着互联网的发展，网络购物已经成为大学生群体的重要消费方式之一，并且大部分大学生已经完全接受了这种消费方式。大学生群体相较于其他群体拥有更强的接受能力，因此大学生群体是网络消费的主要力量。当代大学生在网络消费接受程度和范围等方面相比于其他时代的大学生更加迅速并具有特殊性。网络购物作为一种新型的消费方式，相较于传统消费方式更加方便，大学生不需要进入实体店即可消费，并且相较于实体店的体育用品，网络商城中的体育用品种类更加多样，价格方面也更有优势。尽管大学生不能直接感受到体育用品的质量，但是仍然会选择通过网络进行购买。但是，网络购物存在无法直接看到质量、规格不合适及欺瞒客户等方面的问题。

从上述数据可以看出，大学生在体育实物消费方面往往会选择运动服装类，在运动器材和运动营养保健品方面大学生的消费支出较少。

三、大学生体育劳务消费

体育劳务消费主要包含两种类型：第一种类型是体育健身类消费；第二种类型是参与性消费。本书主要调查大学生经常参与的体育项目、参与体育运动的场馆及费用等方面。

（一）大学生经常参与的体育项目

对大学生经常参与的体育项目的调查结果如下：有159名学生表示自己经常参与的体育项目为篮球，有57名学生表示自己经常参与的体育项目为排球，有83名学生表示自己经常参与的体育项目为足球，有83名学生表示自己经常参与的体育项目为乒乓球，有104名学生表示自己经常参与的体育项目为羽毛球，有6名学生表示自己经常参与的体育项目为网球，有100名学生表示自己经常参与的体育项目为跑步，有36名学生表示自己经常参与的体育项目为游泳，有8名学生表示自己经常参与的体育项目为武术，有11名学生表示自己经常参与的体育项目为滑冰，有19名学生表示自己经常参与的体育项目为健美操或体操，有16名学生表示自己经常参与的体育项目为瑜伽或普拉提，有1名学生表示自己经常参与的体育项目为保龄球，有4名学生表示自己经常参与的体育项目为体育舞蹈，有8名学生表示自己经常参与的体育项目为桌球，有11名学生表示自己经常参与的体育项目为登山等户外运动，有6名学生表示自己经常参与的体育项目为轮滑，有4名学生表示自己经常参与的体育项目为滑雪、冲浪等极限运动。

从上述统计结果可以看出，大学生在日常生活中最常参与的体育项目是篮球，排在第二位和第三位的是羽毛球和跑步，参与较少的包括保龄球、极限运动、体育舞蹈、轮滑及网球等。

（二）大学生参与体育运动的场馆及费用

对大学生参与体育运动的场馆及费用的调查结果如下：有530名学生表示自己参与体育运动的场馆为学校的免费场地，有123名学生表示自己参与体育运动的场馆主要为学校内的收费场地，有72名学生表示自己参与体育运动的场馆主要为校外的收费场馆，有151名学生表示自己参与体育运动的场所主要是楼前、楼后的空地,有167名学生表示自己参与体育运动的场馆主要是公园,有140名学生表示自己参与体育运动的场馆主要为宿舍或家。

从这里能够看出,大部分大学生参与体育运动的场所主要是学校的免费场地,因为学校内的场地和户外的各种空地与其他地方相比较为开阔,并且在学校的场馆中有相应的设施,如篮球场中的设施,学生在这些场所参与体育运动时有更好的体验。其次为公园和楼前楼后的空地,因为公园的环境相较于室内环境更好,并且公园的场地不收费,在运动时还可以欣赏公园里的风景。楼前、楼后的空地相较于其他场所更加便捷,在运动过程中大学生不需要专门跑到某一场地,他们随时可以进行体育运动。学校内的收费场地相较于学校外的收费场地优惠政策更多,并且从位置方面来看,校内的收费场地距离大学生宿舍更近,所以有的学生会选择到学校的收费场所进行自己所喜欢的运动。在校外收费场所方面,硬件设施和环境相较于学校内的收费场所更好,因此会有部分经济能力较强的学生到这些场所进行体育锻炼。

在费用方面,通过调查发现,大部分学生的体育消费主要包括体育活动费用、体育培训费用和场馆使用费用,其中有一半的学生年体育消费额在200元以下。

四、大学生体育信息消费

(一)大学生观看体育赛事的途径

观看体育赛事是大学生体育消费中最为常见的一种。调查显示,有57%的学生会观看相关体育比赛,这部分学生所选择的体育比赛观看途径存在一定差别。其中通过电视或网络直播来观看体育比赛的学生所占比例为86%,购买门票到现场观看的学生所占比例为10%,还有4%的学生主要通过收费的体育频道观看体育比赛。

(二)大学生获得体育信息的渠道

在大学生进行体育信息消费前需要获得相应的体育信息,在此次调查中,关于大学生获得体育信息的渠道主要提供了13个选项,调查结果如下。

有245名学生表示自己通过亲身体验来获得相关体育信息，有288名学生表示自己通过亲朋好友及同学来获得这类信息，有193名学生表示自己主要通过各种体育广告来获得体育信息，有206名学生表示自己主要通过网络来获得体育信息，有247名学生表示自己主要通过电视广告来获得体育信息，有90名学生表示自己主要通过商店中的陈列来获得体育信息，有88名学生表示自己主要通过营销人员来获得相关体育信息，有89名学生表示自己主要通过街头的广告或者商场中的广告来获得体育信息，有109名学生表示自己主要通过各种报刊来获得体育信息，有125名学生表示自己主要通过网络广告来获得体育信息，有93名学生表示自己获得体育信息的方式主要是通过与他人交流获取，有78名学生表示自己主要通过赞助商来获得体育信息，36名学生表示自己通过其他方式获得体育信息。

从上述结果能够看出，大部分学生选择的体育信息获取渠道主要是亲朋好友、电视广告、网络等。很多商家会抓住网络时代带来的便利和优势进行大力宣传，通过不断提高体育消费的服务质量，吸引和促进大学生进行体育消费。

（三）大学生每年订购体育报刊的费用

通过调查发现，大学生每年购买各种体育报刊的费用通常在200元以下。在大学生每个月可支配金额增加的情况下，调查结果如下所示。

有57.0%的学生表示自己主要进行的体育消费是购买运动服装或小型体育用品，有27.0%的学生表示自己主要购买健身卡或参与相关体育培训或租用相关体育场所，有12.0%的学生表示自己主要购买相关体育报刊，4.0%的学生表示自己主要观看体育比赛和电视转播。

从上述调查结果能够看出，大部分大学生更加倾向于购买一些运动服装或者小型运动器材。

除此之外，此次还对大学生喜欢的体育网络游戏进行了详细的调查，以此来了解大学生是否愿意在这些体育网络游戏中投入一定费用。根据最终统计结果，有超过63.0%的大学生表示自己并不会在这些网络游戏中投入费用，有27.0%的大学生表示自己不确定会不会在游戏中投入费用，还有10.0%的大学生明确表示自己会在这些网络游戏中投入一定费用。从整体上来看，大学生之所以会体验体育网络游戏主要是为了放松身心。大学生群体相较于高中阶段的学生在自控能力方面更强,所以沉迷网络游戏的大学生只是少数,大部分学生支持将网络游戏作为一种消遣娱乐的方式的观念,因而他们并不会在这方面投入过多的时间、精力及金钱。

五、大学生年体育消费金额和支付方式

对大学生年体育消费金额的调查结果如下:共计473名学生在年体育消费金额方面选择了500元以下,所占比例为66.1%;其中男生为215人,所占比例为30.0%,女生为258人,所占比例为36.1%。共计123名学生在年体育消费金额方面选择了500元到1000元,所占比例为17.2%;其中男生为75人,所占比例为10.5%,女生为48人,所占比例为6.7%。共计82名学生在年体育消费金额方面选择了1000元到2000元,所占比例为11.5%;其中男生为44人,所占比例为6.2%,女生为38人,所占比例为5.3%。共计22名学生在年体育消费金额方面选择了2000元到3000元,所占比例为3.1%;其中男生为18人,所占比例为2.5%,女生为4人,所占比例为0.6%。共计16名学生在年体育消费金额方面选择了3000元以上,所占比例为2.2%;其中男生为15人,所占比例为2.1%,女生为1人,所占比例为0.1%。

从统计结果可以看出,在大学生群体中年体育消费开支在500元以下的学生人数最多,占总人数的66.1%。随着年体育消费金额增加,消费人数也在不断减少。同时调查中发现,大多数大学生对体育消费并不十分在意,除了一些必需的体育消费支出,很少考虑其他方面的体育消费。另外,不同性别的大学生在体育消费金额方面具有十分明显的差异,主要原因是,男生相较于女生更加重视体育运动,所以男生对参加体育运动的品质要求更高,因此体育消费金额更多。

对支付方式的调查结果如下:有402名学生表示自己的体育消费支付方式为支付宝或微信,有273名学生表示自己的体育消费支付方式为银行卡,有343名学生表示自己的体育消费支付方式为信用卡,有33名学生表示自己体育消费的支付方式为现金,有61名学生表示自己体育消费的支付方式为淘宝免费试

用，有33名学生表示自己体育消费的支付方式为其他。

从上述结果能够看出，大部分大学生的支付方式为支付宝和微信，反映出当前大学生已经完全适应使用网络支付或手机支付。从目前的实际情况来看，大部分大学生在日常生活中并不会携带现金，而是使用支付宝或微信支付，这样不仅能规避一些安全风险，也方便了大学生的日常生活。手机的功能不断强大，促使大学生的生活更加多样，支付方式也相应增多。同时，有较多学生选择了信用卡支付，反映出超前消费对部分学生而言已经十分熟悉，并且有相当一部分学生会使用超前消费方式来进行体育消费。从整体上来看，大学生的体育消费方式与时代紧密相关，具有极强的时代特殊性。

第三章　大学生体育消费行为影响因素与购后评价分析

在大学生体育消费影响因素与购后评价方面，还是以LG大学、SX大学、YK大学及ZB大学的学生为调查对象，通过因子分析方法来进行研究分析。

第一节　大学生体育消费行为影响因素

关于大学生体育消费行为的影响因素，笔者通过文献资料查阅和对学生访谈的方式，筛选出能够对大学生体育消费行为产生影响的因素共计26项，并且按照重要程度将这些影响因素分为5个等级，具体为非常重要，分值为5分；重要，分值为4分；一般，分值为3分；不重要，分值为2分；非常不重要，分值为1分。

将26项能够对大学生体育消费行为产生影响的因素作为原始变量进行方差分析，并且进行因素归类，按照各个主因子中的系数绝对值所具有的共同特征对主因子进行命名，最终确定了大学生体育消费行为的主要影响因素，具体如下所示。

商家因子：主要包含的成分有品牌形象代言人、体育消费引导、企业营销手段、体育新闻媒体传播、商品品牌与形象、企业形象。

个人客观因子：主要包含的成分有个人经济情况、个人身体健康情况、个人闲暇时间。

个人主观因子：主要包含的成分有个人兴趣爱好、个人体育价值观念、家庭朋友所产生的影响、个人文化素质。

产品实用性因子：主要包含的成分有体育消费品质量和价格、体育用品实际使用价值、体育用品种类。

消费地理环境因子：主要包含的成分有体育场馆的场地条件和器械条件、体育设施及活动场地环境、体育消费的地点及交通情况。

消费服务因子：主要包含的成分有体育消费过程中服务人员整体素质及态度、商家的售后服务。

学校文化宣传因子：主要包含的成分有学校关于体育消费观念的宣传活动、校园文化环境、周围环境氛围。

体育发展环境因子：主要包含的成分有体育休闲娱乐项目种类、体育产业的发展。

在经过分析后发现，当代大学生在进行体育消费的过程中不仅会充分考虑自身对体育用品的喜爱程度，还十分重视自身所购买的体育用品所具备的性能和实际使用价值，同时，大学生的体育消费会受售后服务和体育发展的大环境因素等方面的影响。

一、商家因子

对消费者来说，在面对各种商品时，第一印象往往来自商家为消费者提供的商品信息。通常情况下，商家需要面对来自其他商家的竞争，为了使自家的体育商品脱颖而出，获得更多大学生的关注和喜爱，就需要展示自家体育商品的独特之处，并且将这种独特之处传递给大学生。因此，在商家因子这一方面，主要包括媒体宣传因素和营销环境因素。

（一）媒体宣传因素

通常情况下，广告会对大学生群体的体育用品购买心理产生一定影响，从而对大学生是否进行体育消费决策产生影响。在信息时代，大学生群体每天都会主动或被接收大量信息，网络媒体通过其技术优势受到了大学生群体的关注。比如大学生可以通过网络媒体自由查询自己所需要的信息，并且能够通过网络与其他人进行互动。体育用品广告通过直观形象的展示给大学生留下深刻印象，同时广告页面可以长久留存，便于潜在消费者查询。广告还具有较强的针对性，比如广告会随着商家营销手段的改变而改变，最终将相关信息传递给消费者。大学生在此过程中会因为某商品广告所传递的信息，如商品的质量、商品的性能及商品的价格等与自身的实际需求相符合，或者其中的某些价值观念和自己的消费欲望相吻合，从而产生相应的消费欲望。再或者一些大学生会因为喜欢该商品的形象代言人而选择购买这一商品。

在信息时代，大学生可以随时通过互联网了解各种体育用品的情况及体育比赛的情况，并且能够通过互联网及时观看各种体育比赛和各种录播视频。正是在互联网的支撑下，传播媒体在为大学生提供体育娱乐的同时也促使大学生产生了体育消费，所以传播媒体会对大学生的体育消费心理和行为产生较大影响。从整体上来看，对体育传播媒体进行正确引导不仅能够促使我国体育事业实现健康发展，在大学生体育消费方面也会产生正向的引导作用，促使大学生的体育消费处于合理范围。

（二）营销环境因素

企业的整体形象是展示企业实力的重要内容之一，也是消费者购买该企业商品的重要影响因素之一。所以，对于企业来说，如果可以向消费者传递良好的企业形象，往往能够获得更多消费者的支持和信任，也会对大学生的体育消费行为产生影响。对于大学生群体来说，体育用品的品牌形象是影响大学生进行体育消费的重要变量之一。

大学生在购买商品的过程中一般并不会思考这些商品能做什么，而是会思考这些商品意味着什么。这一思维过程也反映出商品在大学生的日常生活中所产生的功能已经远远超过了商品本身的功能。换言之，商家可以通过不同的营销手段将商品附着的形象信息向大学生传递。在此过程中，商家会选择那些与大学生潜在需求相符合的商品向大学生传递信息，从而影响大学生的购买决策。比如，商家所使用的促销、优惠、折扣等方面的营销手段，对于大学生具有较强的吸引力，很多大学生会因为体育用品的优惠而购买更多同类型的体育用品。

体育消费引导指的是商家通过不同方式对大学生的消费进行引导，从而将大学生在无形中形成的消费需求或者尚未形成的消费需求转化为实际需求。在日常生活中，大学生经常会遇到各种推销。比如，在逛商场的过程中，一些商家会提供免费体验，如健身房的课程、某种体育运动器材的试用。在这种情况下，无论是免费试听的课程还是免费试用的体育器材，大多是大学生日常生活中没有见过或没有使用过的，这样就会促使大学生在进行试用后产生相应的消费欲望，进而产生实际的消费行为。

二、个人客观因子

（一）个人经济情况

在对大学生进行调查的过程中，笔者发现大部分大学生的经济来源主要为家庭供给，除了少部分大学生会通过兼职或者奖学金来获得收入，大部分学生的经济状况还是会受到父母的影响。在多数情况下，由父母为大学生提供可以保障其日常生活的相应费用，所以大学生必须在有限的费用基础上对自己的生活进行合理安排。在大学生活中，除了日常生活的费用，大学生还需要在人际交往方面花费一点费用。除此之外，大学生已经是成年人，还会有谈恋爱方面的消费。不同的消费行为会给大学生带来了一定的经济负担，所以一些大学生即使有相应的体育消费需求，也会因为自身经济方面的限制而放弃这些需求。总体上来看，大部分大学生的体育消费金额受到一定限制。

（二）个人身体健康情况

个人身体健康情况指的是大学生自身的体质状况。通常情况下，大学生的身体状况会对其日常生活产生影响，从而对其体育消费产生重要影响。从实际情况来看，大部分高校的大学生有较充裕的空闲时间，并且相较于中学阶段，高校对大学生的监管更加宽松，所以一些大学生无论是在生活习惯还是在作息时间等方面都不够科学，再加上他们需要面对较大的课业压力，所以或多或少地存在一些健康问题。

（三）个人闲暇时间

在对大学生实际访谈中发现，很多大学生表示自己每天的空闲时间为2~4

小时，并且大部分大学生表示自己在空闲时间会选择上网或者玩游戏，选择参与体育锻炼的学生人数较少。互联网的快速发展使大学生有更多的空闲时间玩游戏、网络购物或者网络聊天，选择到户外活动或者参与体育锻炼的学生人数在不断减少，这样就使大学生的身体健康水平不断下降，甚至一些高校出现了大学生在长跑过程中猝死的情况。对于大学生群体，高校需要通过多种措施对他们不科学的生活习惯进行纠正，促使大学生形成良好的生活习惯，提升大学生的身体素质。

三、个人主观因子

在个人主观因子方面，主要是从四个方面进行分析研究，具体为个人兴趣爱好、个人体育价值观念、家庭与朋友所产生的影响及个人文化素质。

（一）个人兴趣爱好

兴趣是大学生能够积极参与体育活动的重要影响因素，也是大学生进行体育锻炼的重要动力之一。对于大学生来说，在参与体育锻炼的过程中，只有获得积极的反馈，才会对体育锻炼产生更大的兴趣，才会促使大学生参与体育锻炼的频率提高，从而刺激大学生的体育消费。

（二）个人体育价值观念

相关调查数据显示，大部分大学生认为体育消费能使自身生活质量得到提高。一些大学生表示，在体育消费的基础上能够改善自己的生活状况，也可以促使自己的生活方式改变，这样不仅可以愉悦自己，还可以帮助自己锻炼身体，提升自己的身体素质。尽管体育锻炼对人的身体健康有诸多好处，但是体育锻炼所产生的正面影响并不是一朝一夕就可以显现的，而是需要通过较长的时间才能充分显现。一部分大学生认为体育消费是现代生活的一种重要体现，在以往物资较为匮乏的时代，生存问题是人们每天需要面对的首要问题，随着社会的发展，生存问题已经不再是大多数人需要面对的首要问题，人们开始追求生活品质，所以体育消费逐渐成为现代生活的一种重要体现。在被调查的大学生群体中，只有少部分大学生是为了运动而进行运动，他们在参与体育锻炼的过程中整体呈现出消极参与的状态，并且表示虽然知道参与体育锻炼有诸多好处，但是克服不了自身存在的惰性，所以不愿意参与体育锻炼，因此也就不会有更多的体育消费。从整体上来看，大学生对体育运动的重视程度影响了大学生的体育消费行为，大学生在日常生活中所采用的体育消费方式以及在体育消费方面所投入的费用也会对其生活方式产生影响。

（三）家庭与朋友所产生的影响

体育消费信息不仅可以通过各种媒体进行传播，也可以在亲戚朋友之间进行口头传播，如同学对某体育用品的推荐、朋友对某体育活动的推荐，这些都会对大学生的体育消费产生影响。相关数据调查显示，商品本身的口碑会对大学生的体育消费行为产生较大影响。商家在营销的过程中，出于实现销售目标的目的，导致为大学生所提供的信息较片面，甚至存在商家为大学生提供虚假信息的现象，导致大学生难以通过这些信息作出正确判断，产生错误的消费决策。所以，大学生需要获取其认为更加真实和客观的信息。除此之外，在大学生购买体育用品的过程中如果难以通过某些客观标准对体育用品的质量好坏进行判断，为了降低购买风险，他们就会从各个渠道寻找相关信息了解所需体育用品的真实情况。同时，大学生为节约时间而从周围人那里获得相关信息，不仅可以减少信息搜寻的时间成本，而且这些信息的可信度较高。另外，大学生群体十分重视自身的归属感，所以大学生的购买决策往往会受到周围人的影响。

（四）个人文化素质

个人文化素质不仅会受到生活环境的影响，还与其受教育程度紧密相关。相关调查数据显示，当代大学生在体育活动认知程度方面已经处于较高水平，所以大学生的受教育水平对大学生的体育消费会产生较大影响。首先，个人文化素质是大学生消费行为的内在因素。作为受过高等教育、具有一定文化底蕴的人群，大学生对自己所处的社会和文化环境有着较高的认知水平。他们在体育消费中注重的不仅是身体享受，而且更加关注产品、服务等方面的质量和文化内涵，如体育赛事的意义、体育产业的价值等，文化素质决定了他们对体育消费活动的态度和偏好。其次，个人文化素质决定了大学生的价值观和审美观。由于接受的教育和社会文化的影响，大学生具有较高的审美水平，在体育消费行为中更加注重品位和品质。例如，他们更愿意参与一些高端的体育赛事和运动项目，而不是一般的休闲娱乐体验。这种价值观和审美观的影响也体现在购买体育用品或服装等方面，大学生更倾向于购买品质好、设计精美的产品。最后，个人文化素质决定了大学生的消费意识和消费能力。在面对体育消费时，有良好文化素质的大学生更容易形成理性的消费观念，注重节约和合理消费。同时，由于其受教育程度较高，职业选择也相对灵活，因此大学生的消费能力相对较强，在体育消费中也更容易选择体验价值和实用价值相对较高的产品和服务。综上所述，大学生的个人文化素质不仅对其体育消费有着较大影响，而且会对其价值观、审美观、消费意识等方面产生影响。

四、产品实用性因子

调查结果显示，大学生在进行体育消费前会充分考虑自身的经济情况，因此对体育用品的整体质量和价格是否合适十分重视，这些因素会对大学生的实际需求产生刺激作用或者抑制作用。还需要注意的是，大学生在体育用品实际消费过程中，往往会为了使支出效益最大化而重视这些商品本身的实用价值，所以在购买前会对同类型的体育用品进行对比，还会通过互联网查询等方式来了解体育用品商家的信誉和服务质量。

五、消费地理环境因子

体育场地设施的整体完善程度和活动场所的位置会对大学生参与体育运动和进行体育消费产生影响。体育场地中的体育器械会对大学生的体育消费产生决定性作用，体育场馆的环境、体育场馆的设施也是大学生在进行体育消费前衡量的重要因素。在高校扩招后，我国高校学生人数不断增长，因此在体育活动场地和器材等方面开始出现供不应求的情况。一些大学生会选择在校外进行相关体育消费；一些大学生会因为体育运动场所太远或者交通不方便而选择其他的替代方式，并且表示体育场馆的环境、器械及位置都会对自己参与体育活动和进行体育消费产生影响。

六、消费服务因子

消费服务因子主要包含体育消费过程中服务人员的整体素质及态度、商家的售后服务。在现实生活中，商家为大学生所提供的服务质量好坏会影响大学生是否进行体育消费。通常情况下，商家如果能够为大学生提供良好的销售服务，不仅能增加商家的商品销售和企业盈利，还会让大学生对商家的信任程度提升，从而帮助商家形成更好的声誉。从销售心理来看，在销售服务方面，需要重点研究的是商家所提供的服务会对大学生的消费行为产生哪些方面的影响，以及如何在大学生实际消费需求的基础上为大学生提供增值服务，从而更充分地满足大学生的实际需求。

体育用品的售后服务是商家为大学生提供的附加服务。通常情况下，商家如果能够提供诚实可信的售后服务，往往能够在消费者群体中树立更强的安全感，从而吸引更多的新客户。大学生在购买体育用品后，主要的心理活动是在向商家反映体育用品的质量、向商家询问体育用品的使用方法或者向商家要求对体育用品进行维修等过程中产生的。商家在销售过程中或者在广告中对大学生所做的一些保障承诺主要是为了吸引更多大学生进行体育消费，对于商家来说，承诺十分必要。商家如果在兑现承诺的过程中出现问题，那么必然会对自身的整体形象产生负面影响。另外，商家为大学生群体提供的售后服务的持续性也会对大学生的体育消费产生影响。

七、学校文化宣传因子

学校的文化宣传因子主要包括学校的宣传活动、校园文化环境氛围及周围环境氛围。通常情况下，积极的校园活动氛围会对大学生的体育消费产生正面影响。比如，高校经常举办体育活动，如篮球比赛、足球比赛，就会使大学生为了解比赛或积极参与比赛而进行相关的体育消费。同时，校园周围的环境氛围也会对大学生参与体育活动产生相应影响，如一些大学附近就有公园，而公园可以为大学生进行体育锻炼提供场所。

文化环境会对大学生的消费观念产生决定性作用，因为文化环境会对大学生的生活方式和消费习惯产生重要影响。大学生在日常学习与生活中会受到大学校园体育文化的影响，从而建立与该种文化相适应的观念和准则。而观念作为大学生行为的重要导向，会使大学生在体育消费的过程中获得更加愉快的感受与体验，也能够使大学生更加积极地参与各种体育活动，从而形成良性循环。

八、体育发展环境因子

体育发展环境包括政策、文化、经济等多个方面。这些发展环境对大学生的体育消费有不同的影响，具体如下。政策环境：政策的扶持和引导，能够促进体育产品的创新和运动场馆的建设，增加大学生对体育项目和场所的选择。政府出台的相关优惠政策也能降低大学生体育消费的成本，吸引更多的大学生参与体育活动。文化环境：体育文化的普及和推广，能够提高大学生对体育的认知和兴趣，激发他们主动参与体育的热情和积极性。同时，健康理念的普及也能引导大学生选择健康的体育活动，从而提升消费质量和满意度。经济环境：经济水平的提高和收入的增加，能够增加大学生的可支配收入和消费能力，使他们对体育消费的需求和参与度大幅提升。经济环境的不稳定性和通货膨胀等因素对大学生的体育消费会造成一定的负面影响。

第二节　大学生体育消费购后评价

消费者在完成商品购买后并不意味着消费决策已经完全结束，消费者的购物行为在很大程度上会对他们后期的购买决策产生影响。通常情况下，如果消费者在购买商品后的满意度较高，并且商家的售后服务能够达到消费者的预期，那么就能刺激消费者产生新的购买欲望，从而促使他们再次进行购买。

一、大学生体育消费满意度情况

消费者满意度指消费者对购买或使用某种产品或服务后所获得的体验和感受的总体评价。通常情况下，消费者在购买某种产品或服务前，会通过多种渠道获得相关信息，或者在购买过程中根据商家对商品的介绍而获得相关信息。在此过程中，消费者会对自己所要购买的产品或服务形成自己的认识和期望。如果消费者在使用相关产品或服务的过程中，发现这些产品或服务与自己的期望相符合或远远超过自己的期望，那么就会对产品或服务感到满意，相反就会感到不满意，从而影响消费者以后的购买行为。消费者本身的期望和消费者所购买产品或服务的实际效果之间的差距越小，消费者本身的满意度就会越高。从整体上来看，消费者对购买体验的满意度可以体现为对商品的肯定和对商品品牌的信任。这种对消费产生的积极态度会促使消费者在以后重复购买，甚至会使消费者成为该商品或品牌的忠实客户。

从前文关于大学生体育消费满意度的调查结果可知：选择了"非常满意"的大学生为67名，所占比例为9.4%；选择"满意"的学生为209人，所占比例为29.2%；选择"一般""不满意"及"非常不满意"的学生为440人，所占比例为61.4%。从整体上来看，一部分学生对自己的体育消费感到"不满意"或者"非常不满意"，产生这种问题存在多方面的原因，这也从侧面反映出提供体育用品的企业或者商家必须从各方面保证体育用品的质量和相关服务。比如，商家应该强化体育用品和相关服务的质量、保障后续服务等，这能够提升大学生的满意度。同时，商家还需要着眼于提升体育用品的功能和质量，从而最大限度地满足大学生的体育消费需求，只有这样才能够获得更多消费者，促使消费者转变为忠诚的客户。与此同时，还有部分学生选择"一般"，既不是满意，也不是不满意，这反映部分大学生体育消费感受一般，这些体育用品并没有对这部分大学生的体育生活产生积极影响。这一调查结果也反映出当下体育用品和服务还需要从各个方面进行进一步完善。

二、大学生体育消费侵权情况

消费者权益指的是消费者在消费过程中接受商家所提供的商品及服务，并且在一定时期内享有的相关权益，是消费者购买或使用商品时所享有的权益。体育消费者的权益主要包括自主选择权、知情权、公平交易权等。

我国体育产业正处于迅猛发展过程中，难免会出现诸多问题，从而对体育消费者的权益造成侵害。在实际调查过程中发现，大学生体育消费行为中存在被侵权情况。在体育消费过程中，约有19.7%的大学生表示自己在体育用品交易过程中曾经出现过被侵权的情况，有53.1%的大学生表示自己没有留意是否遭遇侵权。这一结果反映出当前大部分大学生在体育消费过程中关注的是体育用品或相关服务的获得，对自身合法权益的维护意识较差，并不关注自己的体育消费权益是否受到侵害。在所调查的大学生中，有近20.0%的大学生表示自己曾经遭遇过侵权，充分反映出当前体育消费市场中存在诸多问题。从实际情况来看，在体育消费市场中常见的侵权行为主要包括高仿的体育用品、关于体育用品的虚假宣传及较低的服务质量，这些都对大学生的体育消费体验产生了负面影响。即使是一些拥有良好声誉的体育用品公司，也曾经多次出现侵害大学生消费权益的问题。除此之外，随着互联网的快速发展，很多大学生会通过网络购买方式购买体育用品，而在通过互联网购买体育用品的过程中存在大学生信息被泄露、被商家骚扰等问题。这些侵权问题的产生，必然会给大学生体育消费的积极性带来负面影响。

三、大学生体育消费维权情况

在大学生体育消费维权方面，有24.6%的学生选择了找商家维护自己的合法权益，有27.5%的学生选择了向朋友抱怨，有38.5%的学生选择了自认倒霉，有9.4%的学生选择了向相关部门进行投诉。

这一统计结果反映出大学生在体育消费过程中对自身的消费权益问题并不重视，在思想层面上还没有形成充分维护自身合法权益的意识，也反映出当前大部分大学生对消费者权益并没有深入理解，通过法律手段维护自己的合法权益意识淡薄，所以大学生的整体维权意识还需要进一步加强。除此之外，也暴露出大学生对与自身合法权益相关的法律知识不够了解，不清楚应该通过何种途径来维护自己的合法权益，最终导致大学生在遇到侵权行为时，并不会第一时间想到通过法律手段解决侵权问题，而只会向自己的亲友抱怨或者自认倒霉。

针对这一情况，需要有针对性地加强大学生消费者权益保护知识和法律知识的宣传，从而促使大学生学习相关知识，提升大学生维护自身合法权益的意识和能力。同时需要意识到，之所以大学生群体会出现自身合法权益维护意识淡薄的问题，还可能是因为社会相关部门监督管理不到位。所以，对于各地政府来说，需要定期对侵犯消费者权益的体育消费店铺进行检查，如果在检查过程中发现存在侵权问题，需要进行依法查处、查封或者取缔。除此之外，上述统计结果也反映出商家的服务质量和管理方面还需要进一步加强。对于商家而言，应该不断提升产品质量，以此满足高校大学生的体育消费需求。

四、大学生体育消费意愿

消费意愿是消费者在购买某些产品或获得服务的过程中所形成的主观意识，是消费者对产品或服务的一种心理需求倾向。对于大学生而言，体育消费意愿是衡量大学生是否会进一步产生体育用品购买行为的重要指标之一，依据消费意愿可以对大学生的购买行为进行预测。

关于这一方面的调查结果如下：有10.4%的大学生表示自己在未来一段时间内体育消费的支出会下降，有60.4%的学生认为自己在未来会增加自己的体育消费支出，有29.2%的大学生表示自己的体育消费支出在未来会保持不变。

从这一结果可以看出，尽管其中有29.2%的学生未来一段时间内体育消费支出会保持不变，但是有60.4%的学生表示自己在未来一段时间内的体育消费会增加。这一结果充分反映了当前高校大学生体育消费意愿较为强烈，在未来愿意投入更多时间和资金到体育消费中，以此来促使自己的生活质量得到提高。这一结果也充分反映出当前高校大学生在体育用品需求方面呈现不断增长的趋势，符合当前我国体育产业快速发展的整体趋势。另外还有10.4%的大学生认为自己未来一段时间内的体育消费支出会出现下降，反映出这部分大学生在体育消费方面的积极性不足，主动性较低。对于这部分大学生，高校需要积极引导，促使他们树立正确的体育消费观念，使他们充分认识到参与体育活动对身心健康的重要性，引导他们通过体育锻炼来提高生活品质。

第四章　体育名人代言与大学生体育消费

随着体育产业的不断发展和壮大，体育名人代言已经成为一种常见的营销手段。名人代言本来是一种商业合作，如今却演变为一种文化现象。体育名人的代言能够为品牌带来更高的知名度和美誉度，同时也给消费者带来了更大的购买动力。特别是在大学生群体中，他们对体育产品的消费更容易受到体育名人的影响，也更追求质量。在这种趋势下，研究体育名人代言和大学生体育消费之间的关系就显得尤为重要。本章将对此内容进行探讨，以期为相关行业和企业提供参考和指导。

第一节　体育名人代言下大学生体育消费现状

一、被调查的大学生基本情况

关于体育名人代言与大学生体育消费方面的研究，主要针对我国某地区的大学生进行调查，下面显示的是此次调查的大学生基本情况。

（一）被调查大学生的性别结构

此次调查的总人数为385人，其中男性大学生为171人，占此次被调查大学生总人数的44.4%；女性大学生为214人，占学生总人数的55.6%。

（二）被调查大学生的学校分布结构

此次调查主要涉及该地区的3所高校，具体为A高校、C高校以及M高校。3所高校包含了师范类院校、理工类大学及体育类大学，显示此次调查具有较强的针对性和代表性。其中A高校参与调查的学生人数所占比例为34.3%，C高校参与调查的学生人数所占比例为37.6%，M高校参与调查的学生所占比例为28.1%。

（三）被调查大学生的专业结构

在被调查的大学生中，共有111名学生为体育专业，所占比例为28.8%；非体育专业大学生共有274人，所占比例为71.2%。

（四）被调查的大学生以家庭供给为主要收入来源

根据调查，大学生的收入主要来自家庭向学生提供的生活费和学生在学习期间所获得的奖学金或学生在勤工俭学过程中所赚取的费用，除此之外，还有部分学生享有助学贷款。具体调查结果如下所示。

有99名学生的月均生活费在1500元以下，占比为25.7%；有96名学生的月均生活费在1500元（含）到2000元，占比为24.9%；有62名学生的月均生活费在2000元（含）到2500元，占比为16.1%；有35名学生的月均生活费在2500元（含）到3000元，占比为9.1%；有93名学生的月均生活费在3000元及以上，占比为24.2%。

从上述调查结果可以看出，该地区高校大学生的月均生活费分布情况主要集中在1500元以下、1500元（含）到2000元、3000元及以上，这三个区间的学生人数占总人数的74.8%。在该地区的高校大学生群体中，大部分大学生的经济来源以家庭供给为主。通过上述结果可以看出，大学生的月均生活费主要在1500元以下和1500元（含）到2000元。除此之外，月均生活费在3000元及以上的大学生人数所占比例也相对较高，这反映出随着我国经济的发展，该地区大学生家庭的经济情况不断好转，大学生的生活水平不断提升，也反映出当前大学生的月均生活费存在两极分化的问题。

（五）被调查的大学生体育消费兴趣程度

对大学生体育消费的兴趣程度调查结果如下。

有130名学生表示自己对体育消费比较感兴趣，所占比例为33.8%；有10名学生表示自己对体育消费不感兴趣，所占比例为2.6%；有57名学生表示自己对体育消费不太感兴趣，所占比例为14.8%；有131名学生表示自己对体育消费感兴趣，所占比例为34.0%；有57名学生表示自己对体育消费无所谓，所占比例为14.8%。

从上述调查结果可以看出，大部分大学生对体育消费持比较感兴趣的和感兴趣的态度，也有少部分学生表示自己对体育消费不感兴趣。

（六）被调查的大学生体育消费支出比例

在性别方面，有95名男生表示自己平均每月体育消费在200元以下，所占比例为55.6%；有45名男生表示自己平均每月体育消费在200元（含）到500元，所占比例为26.3%；有14名男生表示自己平均每月体育消费在500元（含）到800元，所占比例为8.2%；有7名男生表示自己平均每月体育消费在800元（含）到1000元，所占比例为4.1%；有10名男生表示自己平均每月体育消费在1000元及以上，所占比例为5.8%。

有173名女生表示自己平均每月体育消费在200元以下，所占比例为80.8%；有23名女生表示自己平均每月体育消费在200元（含）到500元，所占比例为10.7%；有8名女生表示自己平均每月体育消费在500元（含）到800元，所占比例为3.7%；有8名女生表示自己平均每月体育消费在800元（含）到1000元，所占比例为3.7%；有2名女生表示自己平均每月体育消费在1000元及以上，所占比例为0.9%。

在专业方面，有41名体育专业的学生表示自己平均每月体育消费在200元以下，所占比例为36.9%；有32名体育专业的学生表示自己平均每月体育消费在200元（含）到500元，所占比例为28.8%；有16名体育专业的学生表示自己平均每月体育消费在500元（含）到800元，所占比例为14.4%；有10名体育专业的学生表示自己平均每月体育消费在800元（含）到1000元，所占比例为9.0%；有12名体育专业的学生表示自己平均每月体育消费在1000元及以上，所占比例为10.8%。

有227名非体育专业的学生表示自己平均每月体育消费在200元以下，所占比例为82.8%；有36名非体育专业的学生表示自己平均每月体育消费在200元（含）到500元，所占比例为13.1%；有6名非体育专业的学生表示自己平均每月体育消费在500元（含）到800元，所占比例为2.2%；有5名非体育专业的学生表示自己平均每月体育消费在800元（含）到1000元，所占比例为1.8%；非体育专业的学生没有人表示自己平均每月体育消费在1000元及以上，所占比例为0。

从上述统计结果可以看出，在被调查的男性大学生中，超过一半的男生每月体育消费支出在200元以下，所占比例最高；每月体育消费支出在800元（含）到1000元的比例最低，只有4.1%。在女生方面，调查结果与男生结果相一致，每月体育消费在200元以下的人数比例最高，但是女生与男生不同的是，女生体育消费支出在1000元及以上的比例最低，仅有0.9%。在男生中，除了一部分学生体育消费在200元以下外，大多数大学生的体育消费支出在200元（含）到500元，所占比例为26.3%。女生的体育消费支出在集中度方面与男生相一致，但是整体比例低于男生，只有10.7%。这一数据反映出相较于女生而言，男生在体育消费支出方面所占比重较高，主要原因是大部分男生相较于女生更加喜欢体育活动或者在体育活动内容方面更为丰富，特别是比赛方面，男生更加关注比赛，所以更容易产生这一方面的体育消费。

在专业方面，体育专业的学生体育消费水平整体上高于非体育专业的学生，体育消费支出在500元以上的体育专业学生所占比例为34.2%，500元以下的占比为65.7%。非体育专业的学生体育消费支出在1000元及以上的比例最少，调查中没有学生的体育消费支出在1000元及以上。相较于体育专业的学生，非体育专业的学生消费比重集中区间与体育专业的学生一致，基本集中在200元以下，但是非体育专业200元以下这一区间的比例为82.8%，体育专业只有36.9%，非体育专业的学生远远超过体育专业的学生。这反映出体育专业的大学生在体育消费方面整体水平高于非体育专业的大学生，非体育专业的大学生的体育消费更加趋向日常体育消费，体育专业的大学生由于自身专业需要及其他方面因素的影响而促使他们有更高的体育消费水平。

二、被调查的大学生对体育名人代言的态度以及粉丝现状

（一）被调查的大学生对体育名人代言态度现状

随着我国市场经济的快速发展，体育名人代言已经成为很多体育企业或者

体育品牌的重要营销推广手段。从实际情况来看，体育名人受关注程度不断提升，促使体育名人商业快速发展。体育名人由于自身的价值促使其代言的很多企业、品牌实现了快速发展，并且迅速成为企业培育品牌的重要渠道之一。

实际调查结果显示，在"大学生经常从哪些渠道看到体育名人的相关代言"这一方面，有232名学生表示自己主要是通过微信与QQ看到体育名人相关代言，所占比例为24.6%，个案百分比为60.3%（文中个案百分比指的是应答人数的百分比）；有253名学生表示自己主要是通过微博看到体育名人相关代言，所占比例为26.9%，个案百分比为65.7%；有136名学生表示自己主要是通过短视频看到体育名人相关代言，所占比例为14.4%，个案百分比为35.3%；有57名学生表示自己主要是通过其他渠道看到体育名人相关代言，所占比例为6.1%，个案百分比为14.8%；有175名学生表示自己主要是通过电视看到体育名人相关代言，所占比例为18.6%，个案百分比为45.5%；有89名学生表示自己主要是通过杂志看到体育名人相关代言，所占比例为9.4%，个案百分比为23.1%。

从上述结果可以看出，当前体育名人代言的各种信息已经通过不同渠道进入人们的日常生活。其中，很多大学生表示自己会经常在微信或QQ中看到体育名人的相关代言，或者在微博中看到体育名人的相关代言，所占比例为51.5%。通过传统媒体电视和杂志看到体育名人代言的比例为28.0%。近年来，随着短视频的兴起，有很多大学生是通过短视频看到体育名人的相关代言的，这些体育名人代言已经进入大众的日常生活中，并且已经十分普遍。

体育名人代言各种广告，消费者在这一关系中处于被动地位。体育品牌在邀请体育名人进行代言宣传的过程中，宣传哪些内容和聘请哪些体育名人进行代言，消费者只能被动接受。但是消费者作为广告受众，也可以发挥自身的主观能动性，如消费者可以有选择地了解和接受相关的广告信息。关于这方面的调查结果如下。

有166名大学生表示自己对体育名人所代言的广告持赞成态度，占比为43.1%。有85名大学生表示自己对体育名人所代言的广告比较赞成，占比为22.1%；有130名大学生表示自己对体育名人所代言的广告不赞成也不反对，占比为33.8%；有2名大学生表示自己对体育名人所代言的广告比较反对，占比为0.5%；有2名大学生表示自己对体育名人所代言的广告持反对态度，占比为0.5%。

从上述调查结果可以看出，在被调查的大学生中很多大学生对体育名人代言选择了赞成的态度，有部分学生表示对体育名人代言无所谓，只有1.0%的学生表示自己比较反对和反对体育名人代言。这反映出该地区的大学生对体育名人代言接受程度较高。

在体育名人的粉丝方面（以体育名人的粉丝人数为基数计算），有86名学生表示自己赞成体育名人代言，所占比例为71.7%；有20名学生表示自己比较赞成体育名人代言，所占比例为16.7%；有13名学生表示自己不赞成也不反对体育名人代言，所占比例为10.8%；有1名学生表示自己比较反对体育名人代言，所占比例为0.8%；没有学生表示自己反对体育名人代言。

在非体育名人的粉丝方面（以非体育名人的粉丝人数为基数计算），有80名学生表示自己赞成体育名人代言，所占比例为30.2%；有65名学生表示自己比较赞成体育名人代言，所占比例为24.5%；有117名学生表示自己不赞成也不反对体育名人代言，所占比例为44.2%；有1名学生表示自己比较反对体育名人代言，所占比例为0.4%；有2名学生表示自己反对体育名人代言，所占比例为0.8%。

从上述调查结果可以看出，尽管在被调查的学生中对于体育名人代言持赞成态度的人数基本一致，但是从数量比例来看，体育名人的粉丝所占比例为71.7%，而非体育名人的粉丝所占比例仅有30.2%，体育名人的粉丝远超过非体育名人的粉丝。同时，在非体育名人的粉丝中对体育名人代言的态度更多是不赞成和不反对，所占比例最高，占比为44.2%。另外，还有少部分学生表示自己反对体育名人代言，但是在体育名人的粉丝方面，只有0.8%的学生表示自己反对体育名人代言。这反映出相较于非体育名人，体育名人的粉丝更加支持体育名人代言，说明体育名人的粉丝对体育名人有更高的认可度，也证实了当前粉丝经济中粉丝消费的动力来自对偶像的情感认同这一说法。

（二）被调查的大学生体育粉丝现状

体育粉丝是体育名人代言商品最为忠实和稳定的消费群体。在社会消费市场和其他商业因素的影响下，体育粉丝对自己所喜欢的明星有情感方面的喜爱和偏好，并且这种喜爱与偏好已经被逐渐转换成一种可以被消费和流通的文化产品，最终形成了一条具有良好经济效益的产业链条。体育粉丝能够通过各种消费方式来表达自己对心中偶像的喜欢。

在被调查学生群体中是否为体育名人的粉丝的调查方面，以性别划分，有77名男生表示自己是某位体育名人的粉丝，所占比例为45.0%；有94名男生表示自己不是体育名人的粉丝，所占比例为55.0%。有43名女生表示自己是某位体育名人的粉丝，所占比例为20.1%；有171名女生表示自己不是体育名人的粉丝，所占比例为79.9%。

在专业方面，有45名体育专业的学生表示自己是某位体育名人的粉丝，所占比例为40.5%；有66名体育专业的学生表示自己不是体育名人的粉丝，所占比例为59.5%。有75名非体育专业的学生表示自己是某位体育名人的粉丝，所占比例为27.4%；有199名非体育专业的学生表示自己不是体育名人的粉丝，所占比例为72.6%。

在学校方面，A高校有27名学生表示自己是某位体育名人的粉丝，所占比例为20.5%；有105名学生表示自己不是体育名人的粉丝，所占比例为79.5%。C高校有56名学生表示自己是某位体育名人的粉丝，所占比例为38.6%；有89名学生表示自己不是体育名人的粉丝，所占比例为61.4%。M高校有37名学生表示自己是某位体育名人的粉丝，所占比例为34.3%；有71名学生表示自己不是体育名人的粉丝，所占比例为65.7%。

从这一结果可以看出，在被调查的大学生群体中，是否为体育名人的粉丝方面，男生和女生之间差别较大，其中男生是体育名人的粉丝的人数所占比例为45.0%，女生仅为20.1%。男生体育粉丝所占比例是女生体育粉丝所占比例的2.2倍。从专业方面来看，尽管体育专业的学生和非体育专业的学生在非体育名人的粉丝方面所占比例都较高，但是从被调查学生总人数来看，在体育专业的学生中的体育名人的粉丝比例高于非体育专业。从不同学校来看，A高校作为一所师范类院校，其女生人数较多，体育名人的粉丝的比例较低，所以处于三所高校比例最低的位置，仅有20.5%。而C高校和M高校作为理工类高校和体育类高校，其男生数量较多，所以在体育名人粉丝方面占比较高，分别为38.6%和34.3%。除此之外还需要注意的是，C高校的体育名人的粉丝的占比甚至超过了体育类院校M高校，这反映出当前非体育类院校对体育的关注程度正在不断升高，更多理工类高校的大学生开始关注体育并且喜欢体育。

在对学生是否加入自己所喜欢的体育名人的粉丝组织这方面，具体调查结果如下。有265名学生跳过了这一选项，所占比例为68.8%；有59名学生表示自己加入了自己所喜欢的体育名人的粉丝组织，所占比例为15.3%；有61名学生表示自己没有加入喜欢的体育名人的粉丝组织，所占比例为15.8%。

在对体育名人的粉丝大学生是否加入体育名人的粉丝组织和性别关系方面（每个选项以男女总数为基数计算），具体调查结果如下所示。在性别方面：有94名男生跳过了这一选项，所占比例为55.0%；有47名男生表示自己加入了体育名人的粉丝组织，所占比例为27.5%；有30名男生表示自己没有加入体育名人的粉丝组织，所占比例为17.5%。有171名女生跳过了这一选项，所占比例为79.9%；有12名女生表示自己加入了体育名人的粉丝组织，所占比例为5.6%；有31名学生表示自己没有加入体育名人的粉丝组织，所占比例为14.5%。

在专业方面：有66名体育专业的学生跳过了这一选项，所占比例为59.5%；有30名学生表示自己加入了体育名人的粉丝组织，所占比例为27.0%；有15名学生表示自己没有加入体育名人的粉丝组织，所占比例为13.5%。有199名非体育专业的学生跳过了这一选项，所占比例为72.6%；有29名学生表示自己加入了体育名人的粉丝组织，所占比例为10.6%；有46名学生表示自己没有加入体育名人的粉丝组织，所占比例为16.8%。

在高校方面：A高校有105名学生跳过了这一选项，所占比例为79.5%；有8名学生表示自己加入了体育名人的粉丝组织，所占比例为6.1%；有19名学生表示自己没有加入体育名人的粉丝组织，所占比例为14.4%。C高校有89名学生跳过了这一选项，所占比例为61.4%；有28名学生表示自己加入了体育名人的粉丝组织，所占比例为19.3%；有28名学生表示自己没有加入体育名人的粉丝组织，所占比例为19.3%。M高校有71名学生跳过了这一选项，所占比例为65.7%；有23名学生表示自己加入了体育名人的粉丝组织，所占比例为21.3%；有14名学生表示自己没有加入体育名人的粉丝组织，所占比例为13.0%。

从上述结果可以看出，在被调查的体育名人的粉丝的大学生中，已经加入粉丝组织和没有加入粉丝组织的学生人数比例基本一致。同时，从另外一组调查结果可以看出，男生加入粉丝组织的比例为27.5%，女生加入粉丝组织的比例为5.6%，男生加入粉丝组织的比例远超女生，反映出男生相较于女生会更加关注体育名人。从体育专业方面来看，体育专业的大学生选择加入粉丝组织的人数比例为27.0%，超过了非体育专业的学生的10.6%，反映出体育专业的学生相较于非体育专业的学生更加关注体育名人。从不同高校可以看出，体育类院校的大学生加入体育名人的粉丝组织的人数比例超过师范类院校和理工类院校的大学生比例，但是理工类院校加入粉丝组织的学生比例与体育院校比例差距较小，远超师范类院校，反映出理工类院校和体育类院校对体育名人的喜爱程度更高，主要原因是这两类院校的男生人数较多。

明星和粉丝之间的互动沟通是一种十分常见的活动，如粉丝对明星的应援。在粉丝经济中，粉丝对明星的应援与《现代汉语词典》中"应援"的意义存在巨大差别。从粉丝经济角度来看，应援指的是为自己所喜欢的明星所组织的加油、打气活动，随着社会的不断发展，应援的含义被拓展，还包含在明星演唱会中统一挥舞荧光棒、打灯牌、给明星的工作人员送礼品、接机、送机等。从应援的活动形式可以看出，组织应援需要花费金钱和时间，所以应援也是一种体育消费。

在对是否花费金钱和时间进行应援方面，具体调查结果如下。

在性别方面（占比以各个选项男女总人数为基数进行计算）：有94名男生跳过了这一选项，所占比例为55.0%；有29名男生表示自己加入了粉丝组织的应援，所占比例为17.0%；有48名男生表示自己没有加入粉丝组织的应援，所占比例为28.0%。有171名女生跳过了这一选项，所占比例为79.9%；有4名女生表示自己加入了粉丝组织的应援，所占比例为1.9%；有39名女生表示自己没有加入粉丝组织的应援，所占比例为18.2%。

在专业方面（占比以各个选项体育专业和非体育专业总人数为基数进行计算）：有66名体育专业的学生跳过了这一选项，所占比例为59.5%；有17名学生表示自己加入了粉丝组织的应援，所占比例为15.3%；有28名学生表示自己没有加入粉丝组织的应援，所占比例为25.2%。有199名非体育专业的学生跳过了这一选项，所占比例为72.6%；有16名学生表示自己加入了粉丝组织的应援，所占比例为5.8%；有59名学生表示自己没有加入粉丝组织的应援，所占比例为21.5%。

在高校方面（占比以各个选项不同高校总人数为基数进行计算）：A高校有105名学生跳过了这一选项，所占比例为79.5%；有5名学生表示自己加入了粉丝组织的应援，所占比例为3.8%；有22名学生表示自己没有加入粉丝组织的应援，所占比例为16.7%。C高校有89名学生跳过了这一选项，所占比例为61.4%；有15名学生表示自己加入了粉丝组织的应援，所占比例为10.3%；有41名学生表示自己没有加入粉丝组织的应援，所占比例为28.3%。M高校有71名学生跳过了这一选项，所占比例为65.7%；有13名学生表示自己加入了粉丝组织的应援，所占比例为12.0%；有24名学生表示自己没有加入粉丝组织的应援，所占比例为22.2%。

从这一调查结果可以看出，在被调查的体育名人的粉丝的大学生中，有87名学生表示自己从没有进行过任何的应援行动，反映出这部分大学生体育名人的粉丝对自己所喜欢的体育名人更多集中于线上欣赏。在有过应援行为的粉丝中，男性粉丝的总人数超过女性粉丝，其中花费金钱进行应援的人数所占比例为87.9%，远远高过女性粉丝的12.1%。这反映出体育名人的男性粉丝的忠诚度超过女性粉丝，消费能力更强。同时，在专业方面，花费金钱进行应援的学生有超过一半的学生来自体育专业。从不同高校方面来看，3所高校花费金钱进行应援的人数所占比例分别是3.8%、10.3%、12.0%，其中体育类的高校所占比例最高，师范类高校所占的比例最低，这反映出体育类高校中的学生更加符合粉丝经济中的粉丝行为，对自己所喜欢的体育名人忠诚度更高。

体育名人的粉丝对体育名人的喜欢有各种原因，并且不同原因的背后都存在相应的体育消费动机。对成为某体育名人的粉丝的原因调查结果如下（计算基础为调查问卷该问题所有答案）：有85名学生表示自己喜欢体育名人是其出色的赛事成绩吸引了自己，所占比例为27.2%，个案百分比为70.8%；有92名学生表示自己喜欢体育名人是其高超的竞技技巧吸引了自己，所占比例为29.4%，个案百分比为76.7%；有81名学生表示自己喜欢体育名人是其顽强的拼搏精神吸引了自己，所占比例为25.9%，个案百分比为67.5%；有42名学生表示自己喜欢体育名人是其颜值吸引了自己，所占比例为13.4%，个案百分比为35.0%；有13名学生表示自己喜欢体育名人是其他原因吸引了自己，所占比例为4.2%，个案百分比为10.8%。

从这一调查结果可以看出，该问题共有313个答案，在选项方面较集中，其中选择人数最多的三项为高超的竞技技巧、出色的赛事成绩和顽强的拼搏精神，选择这三项的人数比例分别达到76.7%、70.8%和67.5%。从这里能够看出这三个选项是粉丝经济中的一种情感认同。除此之外，还有35.0%的学生之所以会成为体育名人的粉丝是看中了该体育名人的颜值，还有10.8%的学生选择了其他原因。正是这些原因才促使很多商家会选择体育名人来代言某些产品，以期通过体育名人吸引更多消费者，从而增加商业利润。通常情况下，一个极具个人特点的体育名人所代言的商品会给消费者留下深刻的印象，如苏炳添向人们传递的对极限速度的挑战与渴望、杨威等体操运动员展现身体的矫健和优美、中国女排展现出顽强拼搏精神等，这些特点如果能够与商品或体育品牌进行对应，将产生极大的引导效果。很多消费者在看到这些体育名人出现时就会联想到相对应的体育品牌产品，所以体育名人会产生极大的消费影响力。

第二节　体育名人代言下大学生体育消费影响分析

随着时代的变迁，粉丝经济在娱乐时代已经成为一种十分重要的经济现象，并且其影响范围在不断拓展。名人效应作为粉丝经济的重要组成部分，对粉丝消费有直接影响，在体育消费方面也会产生同样的效果。大学生群体相较于其他群体更容易接触和接受各种新鲜文化与新鲜事物，并且大学生群体对这些新鲜事物有更高的敏感度和接受度。在此次调查中，将被调查的大学生分为两类，并且将这两类大学生进行对比分析，这样更容易看出体育名人对大学生体育消费的影响。

一、体育名人代言对大学生体育消费观念的影响

本节的问卷调查主要通过三个方面比较影响大学生体育消费观念的因素，具体为体育名人代言、产品理念和品牌形象。相关调查结果如下（所占比例以粉丝和非粉丝总人数为基数进行计算）。

在"购买商品时自己更加倾向于选择当红体育名人或有一定影响力的体育名人代言的产品"这一问题方面，有60名学生选择了"非常同意"，其中有37名学生选择了是某位体育名人的粉丝，所占比例为30.8%；有23名学生选择了不是某位体育名人的粉丝，所占比例为8.7%。有62名学生选择了"同意"，其中有18名学生选择了是某位体育名人的粉丝，所占比例为15.0%；有44名学生选择了不是某位体育名人的粉丝，所占比例为16.6%。有169名学生选择了"无所谓"，其中有48名学生选择了是某位体育名人的粉丝，所占比例为40.0%；有121名学生选择了不是某位体育名人的粉丝，所占比例为45.7%。有46名学生选择了"不同意"，其中有10名学生选择了是某位体育名人的粉丝，所占比例为8.3%；有36名学生选择了不是某位体育名人的粉丝，所占比例为13.6%。有48名学生选择了"非常不同意"，其中有7名学生选择了是某位体育名人的粉丝，所占比例为5.8%；有41名学生选择了不是某位体育名人的粉丝，所占比例为15.5%。整体X^2为34.808，Sig值为0.000。

在"会购买自己喜爱的体育名人所代言的但是与本人理念不符的商品"这一问题方面，有17名学生选择了"非常同意"，其中有9名学生选择了是某位体育名人的粉丝，所占比例为7.5%；有8名学生选择了不是某位体育名人的粉丝，所占比例为3.0%。有30名学生选择了"同意"，其中有15名学生选择了是某位体育名人的粉丝，所占比例为12.5%；有15名学生选择了不是某位体育名人的粉丝，所占比例为5.7%。有96名学生选择了"无所谓"，其中有33名

学生选择了是某位体育名人的粉丝，所占比例为27.5%；有63名学生选择了不是某位体育名人的粉丝，所占比例为23.8%。有64名学生选择了"不同意"，其中有20名学生选择了是某位体育名人的粉丝，所占比例为16.7%；有44名学生选择了不是某位体育名人的粉丝，所占比例为16.6%。有178名学生选择了"非常不同意"，其中有43名学生选择了是某位体育名人的粉丝，所占比例为35.8%；有135名学生选择了不是某位体育名人的粉丝，所占比例为50.9%。整体 X^2 为13.254，Sig值为0.010。

在"会选择购买商品品牌形象更好的商品"这一问题方面，有158名学生选择了"非常同意"，其中有56名学生选择了是某位体育名人的粉丝，所占比例为46.7%；有102名学生选择了不是某位体育名人的粉丝，所占比例为38.5%。有96名学生选择了"同意"，其中有24名学生选择了是某位体育名人的粉丝，所占比例为20.0%；有72名学生选择了不是某位体育名人的粉丝，所占比例为27.2%。有84名学生选择了"无所谓"，其中有28名学生选择了是某位体育名人的粉丝，所占比例为23.3%；有56名学生选择了不是某位体育名人的粉丝，所占比例为21.1%。有22名学生选择了"不同意"，其中有9名学生选择了是某位体育名人的粉丝，所占比例为7.5%；有13名学生选择了不是某位体育名人的粉丝，所占比例为4.9%。有25名学生选择了"非常不同意"，其中有3名学生选择了是某位体育名人的粉丝，所占比例为2.5%；有22名学生选择了不是某位体育名人的粉丝，所占比例为8.3%。整体 X^2 为8.486，Sig值为0.075。

从上述统计结果可以看出，体育名人代言会对大学生体育消费观念产生较大影响。具体来看，对于大学生而言，无论是否为粉丝，绝大部分人会有自己喜欢的体育名人，并且喜欢这些体育名人所代言的商品，在选择时会优先购买这些体育名人代言的商品。因为消费者在进行体育消费的过程中，会面对不同体育名人代言的商品，于是消费者会从不同体育名人的性格、人品、竞赛技术、赛事成绩及颜值等方面对这些体育名人进行对比。在通常情况下，消费者会选择那些在上述方面更加突出的体育名人代言的商品，体育名人的知名度和认可度为消费者购买体育商品打下了基础。在通常情况下，邀请体育名人代言某款商品的企业往往拥有十分强大的商业背景，并且这些企业所生产的体育产品有更好的质量保障。这说明体育名人代言能够在消费者购买体育产品的过程中为消费者提供一定参考，对于大学生群体能够发挥一定的引导功能。需要注意的是，在非体育名人的粉丝中持无所谓态度的学生人数较多，比例达到45.7%，相较于体育名人的粉丝的学生而言，非体育名人的粉丝的大学生在购物过程中更加理性。

从前文统计结果中还可以看出，所调查的大学生中体育名人的粉丝和非体育名人的粉丝在产品理念方面存在较大差别，所调查的两类大学生中有超过一半比例的人选择了以自己的消费理念为基础进行购物，但是非体育名人的粉丝选择同意和非常同意的人数比例仅为8.7%，而体育名人的粉丝为20.0%，说明体育名人代言会对体育名人的粉丝进行体育消费带来直接影响，会促使粉丝的体育消费变得不那么理性。

在品牌形象方面，所调查的大学生消费观念会受到品牌形象的影响。从"会选择购买商品品牌形象更好的商品"这一问题方面的统计结果可以看出，Sig值为0.075，超过了0.05，说明不管是体育名人的粉丝还是非体育名人的粉丝，在这一方面有相同的态度，不存在显著性差异，两者十分倾向选择有更好品牌形象的商品。需要注意的是，超过一半的学生选择了有良好品牌形象的商品，因为拥有良好品牌形象的商品往往属于知名品牌，价格相对更高，这反映出大学生中存在一定程度的从众心理和攀比心理。

二、体育名人代言对大学生体育消费动机的影响

体育名人代言对大学生体育消费动机的影响具体结果如下（所占比例以粉丝和非粉丝总人数为基数进行计算）。

在"是否会购买喜爱的体育名人代言的同款商品"这一问题方面，有149名学生选择"会"，其中有85名学生表示自己是某位体育名人的粉丝，所占比例为70.8%；有64名学生表示自己不是某位体育名人的粉丝，所占比例为24.2%。有236名学生选择"不会"，其中有35名学生表示自己是某位体育名人的粉丝，所占比例为29.2%；有201名学生表示自己不是某位体育名人的粉丝，所占比例为75.8%。整体X^2为75.874，Sig值为0.000。

在"会购买自己所喜爱的体育名人代言的但不是自己平时习惯购买的商品"这一问题方面，有34名学生选择了"非常同意"，其中有16名学生选择了是某位体育名人的粉丝，所占比例为13.3%；有18名学生选择了不是某位体育名人的粉丝，所占比例为6.8%。有40名学生选择了"同意"，其中有15名学生选择了是某位体育名人的粉丝，所占比例为12.5%；有25名学生选择了不是某位体育名人的粉丝，所占比例为9.4%。有112名学生选择了"无所谓"，其中有38名学生选择了是某位体育名人的粉丝，所占比例为31.7%；有74名学生选择了不是某位体育名人的粉丝，所占比例为27.9%。有66名学生选择了"不同意"，其中有18名学生选择了是某位体育名人的粉丝，所占比例为15.0%；有48名学生选择了不是某位体育名人的粉丝，所占比例为18.1%。有133名学生选择了"非常不同意"，其中有33名学生选择了是某位体育名人的粉丝，所占比例为27.5%；有100名学生选择了不是某位体育名人的粉丝，所占比例为37.7%。整体X^2为8.118，Sig值为0.087。

在"会选择购买广告创意更好的商品"这一问题方面，有79名学生选择了"非常同意"，其中有32名学生选择了是某位体育名人的粉丝，所占比例为26.7%；有47名学生选择了不是某位体育名人的粉丝，所占比例为17.7%。有82名学生选择了"同意"，其中有25名学生选择了是某位体育名人的粉丝，所占比例为20.8%；有57名学生选择了不是某位体育名人的粉丝，所占比例为21.5%。有147名学生选择了"无所谓"，其中有44名学生选择了是某位体育名人的粉丝，所占比例为36.7%；有103名学生选择了不是某位体育名人的粉丝，所占比例为38.9%。有31名学生选择了"不同意"，其中有7名学生选择了是某位体育名人的粉丝，所占比例为5.8%；有24名学生选择了不是某位体育名人的粉丝，所占比例为9.1%。有46名学生选择了"非常不同意"，其中有12名学生选择了是某位体育名人的粉丝，所占比例为10.0%；有34名学生选择了不是某位体育名人的粉丝，所占比例为12.8%。整体X^2为4.963，Sig值为0.292。

在"会购买宣传的传播媒介更有公信力的商品"这一问题方面，有110名学生选择了"非常同意"，其中有39名学生选择了是某位体育名人的粉丝，所占比例为32.5%；有71名学生选择了不是某位体育名人的粉丝，所占比例为26.8%。有92名学生选择了"同意"，其中有25名学生选择了是某位体育名人的粉丝，所占比例为20.8%；有67名学生选择了不是某位体育名人的粉丝，所占比例为25.3%。有111名学生选择了"无所谓"，其中有37名学生选择了是某位体育名人的粉丝，所占比例为30.8%；有74名学生选择了不是某位体育名人的粉丝，所占比例为27.9%。有32名学生选择了"不同意"，其中有13名学生选择了是某位体育名人的粉丝，所占比例为10.8%；有19名学生选择了不是某位体育名人的粉丝，所占比例为7.2%。有40名学生选择了"非常不同意"，其中有6名学生选择了是某位体育名人的粉丝，所占比例为5.0%；有34名学生选择了不是某位体育名人的粉丝，所占比例为12.8%。整体X^2为8.077，Sig值为0.089。

从这一组统计结果可以看出，相较于传统消费动机的习惯性购买和企业因素中的广告和媒介影响，体育代言人作为消费动机的重要影响因素，在是否是粉丝这一条件下，与以往存在明显区别。在第一组数据中，反映出被调查的非粉丝大学生对是否会购买自己所喜欢体育名人代言的同款商品问题时，有75.8%的大学生选择不会购买，与之相反的是，粉丝群体中则有70.8%的学生选择会购买，如此能看出体育名人代言对体育名人的粉丝的影响更显著。这一事实充分符合粉丝经济的发展趋势，即体育名人的粉丝在体育消费方面的意愿更加强烈与丰富。从粉丝经济角度来看，由于体育粉丝的消费动机会融入更多情感因素，所以粉丝更容易形成消费。对于粉丝来说，体育名人对于企业本身就是一种导向，如果粉丝对体育名人的忠诚度很高，就代表体育名人所代言的商品对粉丝所产生的导向性很强。这充分说明体育名人代言对大学生的体育消费具有一定的导向功能，同时也容易促使粉丝出现因为过度迷恋体育名人而进行非理性消费的问题。尽管从实际情况来看，粉丝的消费行为是建立在一种对体育名人高程度的忠诚度上，但是无论从哪个方面来看，粉丝的这种消费行为都是一种不理性消费。对于这种现象，高校需要对大学生进行进一步引导，促使大学生形成健康的体育消费行为。

从第二组数据和第三组数据可以看出，Sig值均大于0.05，表明高校大学生是否为体育名人的粉丝在两个问题方面都持相同态度，并且没有产生显著性差异，这反映出大学生还是以满足自身体育需求为主要的体育消费动机，并且在消费动机方面以自身实际需求为出发点，较少考虑体育商品使用价值以外的功能。大学生群体中出现的盲目消费现象在其整个群体中并不是一种普遍现象，大部分大学生在体育消费方面相对理性。但需要注意的是，广告和媒体宣传对大学生群体所产生的影响是一股不可忽视的力量，大学生在日常的学习生活中可以通过网络、电视及杂志等来了解某体育品牌，当他们看到喜欢的体育名人为该品牌代言时，便会使大学生进行体育消费。从整体分析结果来看，大学生群体的体育消费观念正在向健康方向发展，所以高校需要在现有基础上对大学生的消费观念进行进一步引导，使大学生的体育消费能够向健康方向发展。

三、体育名人代言对大学生体育消费内容的影响

体育名人代言会对大学生消费内容产生影响的调查结果如下（所占比例以所有选项选择总频次为基数计算，个案百分比以总人数为基数计算）。

有269名学生表示自己平常会购买运动服装、运动鞋帽及运动健身器材等，所占比例为31.8%，个案百分比为69.9%；有96名学生表示自己平常会购买体育纪念品和体育名人海报等，所占比例为11.3%，个案百分比为24.9%；有81名学生表示自己平常会购买体育音像制品、图书及杂志等，所占比例为9.6%，个案百分比为21.0%；有153名学生表示自己平常会购买各种体育比赛、展览及表演门票等，所占比例为18.1%，个案百分比为39.7%；有76名学生表示自己平常会购买付费体育频道或节目的观看权限等，所占比例为9.0%，个案百分比为19.7%；有77名学生表示自己平常会到收费的娱乐中心或者俱乐部进行锻炼等，所占比例为9.1%，个案百分比为20.0%；有76名学生表示自己平常会参与体育专业知识技能的培训等，所占比例为9.0%，个案百分比为19.7%；有18名学生表示自己的消费内容是其他，所占比例为2.1%，个案百分比为4.7%。

从这一组数据中可以看出大学生群体在有体育代言人这个前提下进行体育

消费的过程中，首先会选择购买体育名人所代言的运动服装、运动鞋帽及相关的运动健身器材，其次是购买各种体育比赛或表演的门票，再次是购买各种体育纪念品或者体育名人的海报，最后是到俱乐部和娱乐中心锻炼、观看付费内容及参与专业知识技能培训。由此可以反映出高校大学生在有体育名人代言的基础上进行体育消费时，首先考虑的因素是对自己的实用价值，所以更多会选择购买运动服装、运动鞋帽及相关运动器材。

综上所述，高校大学生在进行有无体育名人代言的体育消费过程中，首先会选择购买运动服装和鞋帽，因为在校大学生需要在学校学习体育课程。体育课程是每个大学生必须学习的课程，如果在该课程的学习过程中着装不合适就无法正常上课或者进行体育运动，因此运动服装和运动鞋帽是学生的必需品。同时，大学生群体正处于热爱运动的年龄，因此会购买一些运动器材。比如，男生更喜欢踢足球和打篮球，因此会购买篮球或足球；女生则喜欢网球、瑜伽等运动项目，所以会购买网球拍、瑜伽垫等运动器材。在运动过程中，学生之间往往会产生竞争意识，这样能够有效促进学生身心健康的发展。学生购买门票观看各种体育比赛、体育表演、展览，购买各种体育纪念品或者体育名人的海报，购买体育图书及音像制品等能够充分体现体育名人对大学生体育消费内容所产生的影响。相较于其他几方面内容，上述三项内容的实用意义较低，更多的是满足大学生的精神需求或者享受心理，所以体育名人代言使大学生的情感消费比重不断上升，甚至有些大学生的情感消费已经超过了实物消费。除了上述内容，到收费的健身场所进行锻炼是当前很多大学生选择的重要生活方式之一。从实际情况来看，如果大学生有较多的空闲时间或有一定经济条件，便会选择到付费的健身场所进行锻炼。尽管其中有部分大学生的主要经济来源为家长支持，会受到家长态度的影响，即需要家长的支持才能进行这一消费，但是当代大学生相较于以往更加独立，在经济方面也有着更高要求，所以部分大学生会通过兼职获得更多的经济收入，这也是大学生到收费健身场所进行锻炼的有利条件之一。观看收费体育频道的大学生往往有较强的经济实力，并且十分喜欢各种体育节目或者其中的体育名人，一般消费者往往不愿意在这些方面花费。在体育技能培训方面，大学中存在各种体育技能培训机会，很多学生会在专业教师的要求下或者自愿参与一些体育技能培训。这些体育技能培训能使大学生的自信心得到提升，还可以促进大学生身心健康发展。总而言之，除了正常的体育需求，大学生群体可以进行的体育消费内容愈加丰富，体育消费的内容相对于以往有较大不同，体育消费内容对学生而言也越来越具有吸引力。

在是否为体育名人的粉丝和消费内容关系方面，粉丝学生总人数为120，非粉丝学生总人数为265，具体调查结果如下。

在"体育名人代言会影响你哪些体育消费内容"方面，有96名是某体育名人的粉丝的学生表示会影响自己购买运动服装、运动鞋帽及运动健身器材等消费内容，占比为80.0%；有173名非某体育名人的粉丝的学生表示会影响自己购买运动服装、运动鞋帽及运动健身器材等消费内容，占比为65.3%。有43名是某体育名人的粉丝的学生表示会影响自己购买体育纪念品、体育名人海报等消费内容，占比为35.8%；有53名非某体育名人的粉丝的学生表示会影响自己购买体育纪念品、体育名人海报等消费内容，占比为20.0%。有35名是某体育名人的粉丝的学生表示会影响自己购买体育杂志、图书及音像制品等消费内容，占比为29.2%；有46名非某体育名人的粉丝的学生表示会影响自己购买体育杂志、图书及音像制品等消费内容，占比为17.4%。有50名是某体育名人的粉丝的学生表示会影响自己购买体育比赛、体育表演及体育展览门票等消费内容，占比为41.7%；有103名非某体育名人的粉丝的学生表示会影响自己购买体育比赛、体育表演及体育展览门票等消费内容，占比为38.9%。有19名是某体育名人的粉丝的学生表示会影响自己参与体育专业知识技能培训等消费内容，占比为15.8%；有57名非某体育名人的粉丝的学生表示会影响自己参与体育专业知识技能培训等消费内容，占比为21.5%。有4名是某体育名人的粉丝的学生表示会影响自己其他的消费内容，占比为3.3%；有14名非某体育名人的粉丝的学生表示会影响自己其他的消费内容，占比为5.3%。整体 X^2 值为37.954，Sig值为0.000。

从上述统计结果可以看出，大学生本身是否为某个体育名人的粉丝会对大学生的体育消费内容产生影响。通过上述结果分析可以发现，粉丝和非粉丝之间的差异较为显著。从总体上来看，在体育名人代言的影响下，很多是体育名人的粉丝的大学生在消费内容和消费热情方面明显高过非体育名人的粉丝，并且体育消费内容十分丰富，参与消费的积极性更高。上述调查结果所显示的消费类型，从整体上可以分为三种：第一种类型为实物型消费；第二种类型为观赏型消费；第三种类型为参与型消费。在三种消费类型中，体育名人的粉丝和非体育名人的粉丝的实物型消费差距最小，观赏型和参与型消费存在较大差异。同时，体育名人的粉丝在观赏型和参与型体育消费中，人数比例方面也存在较大差别，其中差别较小的是参与型体育消费，非体育名人的粉丝参与体育消费的人数远远高于粉丝的参与人数，主要原因是体育名人的粉丝和非体育名人的粉丝的体育需求存在一定差异。

从上述统计数据也可以看出，实物型体育消费所占比例最高，并且无论是体育名人的粉丝还是非体育名人的粉丝，在实物型消费方面购买运动服装、运动鞋帽及运动健身器材等所占的比例最高，体育名人的粉丝方面所占比例为80.0%，非体育名人的粉丝所占比例为65.3%。其次是观赏型消费中的购买各种体育比赛、体育表演及体育展览的门票，其中粉丝所占比例为41.7%，非粉丝所占比例为38.9%。但是从排名第三的消费内容来看，体育名人的粉丝和非体育名人的粉丝之间存在较明显的差别，其中体育名人的粉丝选择的是购买各种体育纪念品和体育名人海报，所占比例达到35.8%，非体育名人的粉丝的选择是参加体育专业知识技能训练，所占比例为21.5%。同时需要注意的是，参加体育专业知识技能培训专项消费内容在所有消费内容中，是除了"其他"这一选项，人数占比最低的一项，仅有15.8%，而非体育名人的粉丝选择比例最低的是观看付费体育频道或体育节目，所占比例也只有15.8%。

通过对比较大差异的消费内容可以发现，体育名人代言对消费内容所产生的影响更加突出。粉丝喜欢体育名人，因此会拓展到喜欢体育名人所代言的商品或品牌而进行消费。而非体育名人的粉丝在体育消费方面更加理性，他们更多考虑的是实用性，并且会理性选择对自己有益的体育消费。

四、体育名人代言对大学生体育消费行为的影响

在现代社会，超前消费已经逐渐成为大众所接受的一种消费模式，无论是使用信用卡还是蚂蚁花呗，超前消费已经成为大学生的日常支付方式。从实际情况来看，部分大学生在月均生活费难以支付自己的消费时，就会通过超前消费的方式提前获得相应的产品或享受相关服务。但是从下面内容所展示的调查结果可以看出，当前在体育名人代言这一前提下的超前消费，体育名人的粉丝和非体育名人的粉丝有较明显的差异，具体调查结果如下。

在"会选择借钱或超前支付去购买自己所喜欢的体育名人代言的产品"这一问题方面，有11名某体育名人的粉丝选择了"非常同意"，所占比例为9.2%；有5名非体育名人的粉丝选择了"非常同意"，所占比例为1.9%；共计16人。有5位某体育名人的粉丝选择了"同意"，所占比例为4.2%；有4名非体育名人的粉丝选择了"同意"，所占比例为1.5%；共计9人。有20位某体育名人的粉丝选择了"无所谓"，所占比例为16.7%；有37名非体育名人的粉丝选择了"无所谓"，所占比例为14.0%；共计57人。有12位某体育名人的粉丝选择了"不同意"，所占比例为10.0%；有31名非体育名人的粉丝选择了"不同意"，所占比例为11.7%；共计43人。有72位某体育名人的粉丝选择了"非常不同意"，所占比例为60.0%；有188名非体育名人的粉丝选择了"非常不同意"，所占比例为70.9%；共计260人。整体X^2值为15.114，Sig值为0.004。

在"会从众购买自己所喜欢的体育名人代言的爆款商品"这一问题方面，有10位某体育名人的粉丝选择了"非常同意"，所占比例为8.3%；有4名非体育名人的粉丝选择了"非常同意"，所占比例为1.5%；共计14人。有7位某体育名人的粉丝选择了"同意"，所占比例为5.8%；有13名非体育名人的粉丝选择了"同意"，所占比例为4.9%；共计20人。有43位某体育名人的粉丝选择了"无所谓"，所占比例为35.9%；有68名非体育名人的粉丝选择了"无所谓"，所占比例为25.7%；共计111人。有20位某体育名人的粉丝选择了"不同意"，所占比例为16.7%；有60名非体育名人的粉丝选择了"不同意"，所占比例为22.6%；共计80人。有40位某体育名人的粉丝选择了"非常不同意"，所占比例为33.3%；有120名非体育名人的粉丝选择了"非常不同

意"，所占比例为45.3%；共计160人。整体X^2值为17.936，Sig值为0.001。

在"自己所喜欢的体育名人出现负面消息时不再购买其所代言的商品"这一问题方面，有23位某体育名人的粉丝选择了"非常同意"，所占比例为19.2%；有56名非体育名人的粉丝选择了"非常同意"，所占比例为21.1%；共计79人。有19位某体育名人的粉丝选择了"同意"，所占比例为15.8%；有30名非体育名人的粉丝选择了"同意"，所占比例为11.3%；共计49人。有39位某体育名人的粉丝选择了"无所谓"，所占比例为32.5%；有90名非体育名人的粉丝选择了"无所谓"，所占比例为34.0%；共计129人。有16位某体育名人的粉丝选择了"不同意"，所占比例为13.3%；有34名非体育名人的粉丝选择了"不同意"，所占比例为12.8%；共计50人。有23位某体育名人的粉丝选择了"非常不同意"，所占比例为19.2%；有55名非体育名人的粉丝选择了"非常不同意"，所占比例为20.8%；共计78人。整体X^2值为1.649，Sig值为0.800。

从第一组调查结果可以看出，是否为体育名人的粉丝的大学生选择"非常不同意"和"不同意"这种较为理性的选项的学生人数所占比例都比较高，分别达到了60.0%、10.0%、70.9%与11.7%，但是体育名人的粉丝选择"非常同意"和"同意"的人数比例达到了9.2%和4.2%，非体育名人的粉丝选择"非常同意"和"同意"的人数所占比例分别为1.9%和1.5%，体育名人的粉丝人数所占比例高于非体育名人的粉丝人数所占比例。所以，在学生当前经济能力不足以支持购买某商品时，大学生中的体育名人的粉丝相较于非体育名人的粉丝而言会选择超前消费的行为，这部分学生本身的情感消费需求超过了经济水平对其的限制。同时，能够邀请优秀的体育名人进行代言的企业所生产的商品在价格方面更加昂贵，所以这些购买体育名人所代言商品的大学生对自己的消费水平认识不足，尤其是在遇到自己所喜爱的体育名人所代言的商品时，会产生一种喜欢就消费的意识，因为在这些学生看来，对自己喜欢的体育名人所代言的商品进行消费不仅能满足自己的物质需求，还能满足自身的精神需求，也能够充分体现自己的个性和时尚。但是对于大部分大学生而言，其经济收入主要源自家庭，所以没有较高的经济承受能力，这就导致很多大学生的消费层次被限制在某一范围，进而导致大学生出现消费层次和消费行为不契合的情况。从调查结果来看，尽管这种进行超前消费的大学生人数占比较低，但是能反映出体育名人代言会给大学生消费认知带来消极影响，同时体现一些体育粉丝存在不理智的消费行为。

很多大学生喜欢追求各种新鲜事物或潮流，喜欢标新立异凸显自己的与众不同，所以在消费过程中往往希望自己购买的商品能够具有独特性。近年来，随着互联网的快速发展，各种社交媒体进入大学生的学习生活，各种爆款商品更是借助这些社交媒体、软件大肆宣传。随着人们对这些爆款商品新鲜感的消失，越来越多的人意识到所谓的爆款商品会对自己的消费产生同化作用，于是人们开始回归最初拒绝从众消费的想法。从第二组数据可以看出，在被调查的大学生中，很多大学生没有选择从众心理的消费行为，这符合当前大学生的实际消费心理。体育名人的粉丝在体育名人代言的影响下，部分学生选择了"非常同意"和"同意"，虽然对于这部分学生不能排除其本身存在的从众心理和攀比心理，但是相较于非体育名人的粉丝的人数比例，体育名人代言对大学生消费行为的影响较为明显。

体育名人代言某种商品本身就存在利益风险。从当前实际情况来看，相关企业或者商家为追求经济效益会把体育名人的作用发挥到极致。比如，这些企业或商家会要求体育名人不断接拍相关广告或者进行形象代言，这导致体育名人难以很好地进行运动训练，从而导致体育名人的竞技状态逐渐下降，甚至失去作为一名运动员最基本的能力，这就影响了该运动员未来的发展。同时，由于企业或商家对体育名人的认识存在一定不足，所以企业或商家所聘请的形象代言人在人品方面良莠不齐，这就导致一旦某些体育名人出现负面新闻，其代言的品牌也会受到负面影响。从第三组数据可以看出，最终统计结果的P值超过0.05，反映出大学生是否购买有负面消息的体育名人代言的商品不存在明显差异。在一些体育名人出现负面新闻时，被调查的大学生体育名人的粉丝中有15.8%和19.2%的学生选择了不会购买，非体育名人的粉丝中则有11.3%和21.1%的人选择了不会购买。相对而言，选择购买的学生人数比例为19.2%、13.3%与20.8%、12.8%，由此可以看出选择购买和不购买的大学生比例基本一致，不存在明显差异，反映出在体育名人出现负面新闻时，消费者本身的消费行为没有发生明显改变。

第三节　结论与建议

一、结论

第一，体育名人代言会对大学生的体育消费观念、消费动机、消费内容及消费行为产生影响。

第二，体育名人代言对大学生体育消费产生的影响主要体现在：体育名人代言促使大学生体育消费水平得到提高；体育名人代言促进了大学生体育消费中的个性化行为；体育名人代言促使大学生体育消费范围得到拓展；体育名人代言对大学生的体育消费过程产生了选择功能和导购功能；最后，体育名人代言促使部分学生过度迷恋体育名人，加大了大学生体育消费的消极影响。

第三，在大学生体育名人的粉丝中，已经加入体育名人的粉丝群或组织的学生人数较少，所占比例较低，反映出大学生中的体育名人的粉丝完全受粉丝经济影响而进行不理性消费的人数较少。同时，在粉丝经济的环境中，实用型消费仍然占据主导地位。

第四，在调查后发现，在是否产生体育消费和体育消费水平方面，不同性别、不同专业等方面的因素存在显著性差异，反映出大学生体育消费和体育消费水平会受到各方面因素影响。另外，通过调查发现大学生对通过体育消费提升自己的身体素质或者心理健康水平抱有积极的态度。大学生所进行的体育消费主要为参与型消费和实物型消费，在观赏型消费方面也存在一定的比例，这反映出当前大学生的消费结构需要进一步优化，从而促使大学生的体育消费理念趋向合理发展。

第五，通过上述调查和分析发现，体育名人代言对大学生的体育消费既存在积极影响也存在消极影响。同时，也分析出对大学生体育消费产生影响的其他因素，比如心理、专业、性别及学校。对于高校而言，需要通过对大学生进行引导，促进大学生健康成长，帮助大学生树立终身体育的思想观念。

二、建议

（一）通过合理明星效应，促进大学生体育消费理念完善

大学生群体相较于其他群体更加容易接受各种新潮文化，并且对各种新鲜事物有更高的敏感度，在消费水平方面也处于较高水平，这些因素的影响会导致大学生在体育名人代言的产品消费方面和其他群体存在不同，消费效果更加明显。从上述调查结果可以发现，我国高校大学生体育消费现状整体趋向良好发展。但是对于高校而言，还需要引导大学生树立积极且健康的体育消费观念，帮助大学生形成积极健康的消费动机。具体来看，高校需在立足于符合社会发展的基础上，对大学生进行指导教育，从而帮助大学生形成健康的消费价值观念。粉丝经济就是一种建立在粉丝对明星喜爱基础上的消费经济，属于情感消费，并且粉丝经济中的体育消费效果更为明显，所以在对大学生体育消费进行研究的过程中，必须充分考虑粉丝经济的优势，从而对粉丝经济进行有效利用，充分发挥粉丝经济对大学生的正确引导作用。

（二）充分发挥体育名人代言的积极作用，引导大学生树立理性体育消费观念

从粉丝经济方面来看，大学生群体在面对体育名人所代言的商品时十分关注体育名人的精神、品格及技能方面，更容易接受并且践行体育名人所传递的体育精神和体育名人本身所从事的相关活动，所以在引导大学生的过程中，高校需要充分利用体育名人代言所具备的功能。大部分高校所开设的体育课程需要更好地培养学生的体育技能和教授学生掌握科学的健身方法，从而帮助学生形成良好的体育锻炼习惯。在此过程中，高校可以充分利用体育名人的影响引导学生了解体育，并且向学生传播终身体育的思想观念，使学生能够在体育锻炼过程中感受体育锻炼给自己带来的益处。对于政府而言，则需要加大对体育设施的建设力度，对大学生的活动场所出台更多优惠措施，促进大学生更多地参与体育锻炼。同时，政府还需要对体育名人的各种商品代言和各种活动中的

舆论表达进行规范，向大学生传递更多的体育精神，引导大学生逐渐成为体育的爱好者，帮助大学生形成终身体育观念。

（三）正确发挥体育名人的商业价值，优化消费市场环境

体育管理部门需要充分发挥自己的作用，对运动员进行合理适度的限制，不能任由运动员无节制地参与各种商业活动而忽视应该进行的训练任务。除此之外，在大学生体育消费方面，相关部门应该为大学生体育消费群体提供更好的体育消费市场环境。比如，在宏观环境方面，有关部门可以通过制定市场秩序的相关制度和措施对体育消费市场进行规范。再比如，有关部门制定相关措施来促使体育名人的竞争力得到提升，这样才能够更好地引导大学生在体育消费过程中保持理性。

在企业方面，可以充分借助体育名人和体育名人的粉丝的力量，发挥体育名人的粉丝消费的高水平示范作用，从而通过体育名人的粉丝扩大体育消费的影响。同时，企业在聘请体育名人代言自己的品牌时需要进行严格筛选，不能将所有重点都放在体育名人的商业价值上，还要充分考虑该体育名人的人格、品德，以及是否与企业文化相符，是否能够促使商品在消费者中的关注度得到提升。另外，企业还要注意选用的体育名人是否代言过其他同类的产品，避免出现品牌商品混淆的风险。

（四）规范传播媒介，优化体育名人代言

无论是对体育名人的粉丝而言，还是对非体育名人的粉丝而言，传播媒介在大学生体育消费中都是重要的影响因素之一，所以要为大学生的体育消费营造更好的媒体传播环境。具体来看，当前需要为大学生的体育消费找到能产生正向引导作用的传播途径，建立相关的监督和约束机制，对相关内容进行严格审核和把关。同时，媒体自身也应该充分维护自己的形象，在相关报道中要凸显新闻的核心价值，减少报道的娱乐性和炒作性，特别是对体育名人的报道应该充分结合体育精神，促使体育名人在大众面前是以体育人的形象出现，还要避免对体育名人个性的过分渲染，以此来减少体育名人个性方面所产生的影响。

　　另外，政府的监管也十分重要。政府应该在充分结合实际的情况下对广告的法律法规进行细化，比如代言某款商品的体育名人必须是该产品的实际使用者、广告中向大众所传递的信息必须有相应的事实根据，如果捏造事实则应受到相应的惩罚。同时，要对体育名人所代言的产品进行标准和质量方面的检验，制定相关的条例，从而杜绝虚假广告。从整体上来看，我国政府需要通过各种渠道和方法来促使我国体育广告产业向健康方向发展，从而促使体育广告可信度得到提升，进而对消费者形成正面影响。

第五章　体育用品广告女性形象
与大学生体育消费

体育用品广告作为商业推广的一种形式，常常通过美丽、自信、健康的女性形象来吸引消费者的目光。随着大学生体育消费能力的日益增长，如何合理地满足他们的需求成为一个重要的问题。本章将从女性形象与大学生的体育消费两个方面入手，探讨体育用品广告在大学生体育消费中所产生的影响。

第一节　广告女性形象对大学生体育消费影响分析

一、调查问卷设计与信效度分析

（一）调查问卷设计

在本次研究中，调查问卷的设计主要是以消费行为学的消费心理、广告效果为指导，以我国武汉地区的在校大学生作为主要调查对象，通过实际调查验证体育用品广告中的女性形象对大学生体育消费所产生的影响。该调查问卷主要对两个方面的问题进行了内容设计，具体为：第一，体育用品广告女性形象对大学生体育消费行为的影响因素；第二，体育用品广告女性形象对大学生体育消费行为的影响效果层次。在此次调查中，发放问卷850份，其中线上发放700份，线下发放150份，最终回收820份，回收率为96.5%。在对所有调查问卷中的填写错误问卷和不完整问卷进行剔除之后，最终得到有效问卷802份，有效率为97.8%。

（二）问卷信效度分析

为了验证调查问卷所得数据信息的可信度，本研究使用SPSS软件对数据进行了可信度分析。最终结果显示，此次调查问卷的可信度较高，并且问卷的各个选项和量表在整体上存在较高相关性，因此本次调查问卷设计合理有效。

二、调查结果与分析

（一）调查样本描述性分析

相关样本的情况统计数据具体如下。

在性别方面，男性人数为447人，占比为55.7%；女性人数为355人，占比为44.3%。

在年级方面，大学一年级学生人数为356人，占比为44.4%；大学二年级学生人数为168人，占比为20.9%；大学三年级学生人数为108人，占比为13.5%；大学四年级学生人数为170人，占比为21.2%。

在专业方面，文史类专业的大学生人数为190人，占比为23.7%；理工类专业的大学生人数为169人，占比为21.1%；医学类专业的大学生人数为34人，占比为4.2%；体育类专业的大学生人数为260人，占比为32.4%；艺术类专业的大学生人数为101人，占比为12.6%；其他专业的大学生人数为48人，占比为6.0%。

在年体育消费额度方面，额度在500元以下的学生人数为395人，所占比例为49.3%；额度在500元到1000元以下的学生人数为185人，所占比例为23.1%；额度在1000元到2000元的学生人数为94人，所占比例为11.7%；额度在2000元以上的学生人数为128人，所占比例为16.0%。

通过上述统计结果所显示的数据信息可以看出，男性相对于女性人数更多。但是，由于在此次调查中采用的调查方式为随机调查，并且最终得出的结果是男女比例趋近于1:1，因此符合此次调查的实际需求。从年级方面来看，大学一年级学生是此次调查研究的主要人群，占比达到44.4%。从专业分布来看，体育类专业的大学生人数占比最高，其次是文史类专业，处于第三位的是理工类专业，第四位是艺术类专业，第五位是其他专业，医学类专业学生人数最少。

从年体育消费额度方面来看，在所调查的所有大学生中，年消费额度大部分在1000元以下，在这部分学生中年消费额度在500元以下的占到总人数的49.3%，接近总人数的一半。年消费额度在2000元以上的学生仅占总人数的16.0%。

从实际情况来看，大学生的体育消费仍然是以实用型为主，即能够满足大学生参与体育活动的基本需求，所以大学生群体的体育年消费额度整体较低。其原因是大学生在体育消费方面会受到外部因素的影响，特别是经济因素的影响。对于大部分大学生来说，其主要经济收入来源于家庭的支持，所以大学生在日常学习生活中能够支配的金额有限，并且从当前体育市场实际情况来看，大部分有一定知名度的体育品牌商品价格较高，很多大学生难以承受如此高昂的价格。

另外，大学生需要在一定时间内完成自己的学习任务，所以很多大学生在自身学习任务较重的情况下不得不放弃体育锻炼，这样就会对大学生的体育消费产生一定影响。还有部分学生对体育不感兴趣，这也对其体育消费产生了影响。这一情况反映出当前大部分大学生并没有树立健康的体育消费理念，在自主消费方面水平较低。对于这种情况，无论是高校还是社会都必须充分认识体育项目普及开展的重要性，其中高校需要不断完善校内体育设施，为大学生提供更多可以进行体育锻炼的场所，从而引导大学生树立通过体育锻炼提升身体健康水平的意识，从而激发大学生的体育消费意识。

（二）体育用品广告女性形象对大学生体育消费行为的影响

1.健康自然型女性形象对不同性别大学生消费行为的影响

（1）健康自然型女性形象对大学生消费认知的影响

通过问卷调查发现，在所调查的大学生中，共有691名大学生表示自己所选择的体育用品的广告中出现过女性形象。所以，需要对691名学生进行分析。最终通过卡方值检验得出，卡方值为9.172，并且对应的显著值为0.002，低于0.05，反映出在体育用品广告中女性形象为健康自然型时，对性别不同的大学生消费认知方面的影响存在显著性差异。

对不同性别的大学生消费认知影响差异结果进行进一步分析获得的具体结果如下（女性气质这一选项是以选择这一选项的男生和女生的总人数为基数计算）：在389名男大学生和302名女大学生中，在"您看过的明星代言体育用品广告中，女性气质主要是哪种类型（可爱活泼型）"这一问题的调查中，有143名男生选择了这一选项，占男生人数的36.8%，在女性气质方面所占比例为59.6%，占总人数的20.7%；有97名女生选择了这一选项，占女生人数的32.1%，在女性气质方面所占比例为40.4%，占总人数的14.0%。选择此项的男生、女生共计240人，所占比例为34.7%。

在"您看过的明星代言体育用品广告中，女性气质主要是哪种类型（温柔体贴型）"这一问题的调查中，有65名男生选择了这一选项，占男生人数的16.7%，在女性气质方面所占比例为73.0%，占总人数的9.4%；有24名女生选择了这一选项，占女生人数的7.9%，在女性气质方面所占比例为27.0%，占总人数的3.5%。选择此项的男生、女生共计89人，所占比例为12.9%。

在"您看过的明星代言体育用品广告中，女性气质主要是哪种类型（健康自然型）"这一问题的调查中，有245名男生选择了这一选项，占男生人数的63.0%，在女性气质方面所占比例为52.4%，占总人数的35.5%；有223名女生选择了这一选项，占女生人数的73.8%，在女性气质方面所占比例为47.6%，占总人数的32.3%。选择此项的男生、女生共计468人，所占比例为67.8%。

在"您看过的明星代言体育用品广告中，女性气质主要是哪种类型（性感魅惑型）"这一问题的调查中，有112名男生选择了这一选项，占男生人数的28.8%，在女性气质方面所占比例为70.4%，占总人数的16.2%；有47名女生选择了这一选项，占女生人数的15.6%，在女性气质方面所占比例为29.6%，占总人数的6.8%。选择此项的男生、女生共计159人，所占比例为23.0%。

在"您看过的明星代言体育用品广告中，女性气质主要是哪种类型（知性干练型）"这一问题的调查中，有120名男生选择了这一选项，占男生人数的30.8%，在女性气质方面所占比例为56.6%，占总人数的17.4%；有92名女生选择了这一选项，占女生人数的30.5%，在女性气质方面所占比例为43.4%，占总人数的13.3%。选择此项的男生、女生共计212人，所占比例为30.7%。

在"您看过的明星代言体育用品广告中，女性气质主要是哪种类型（中性帅气型）"这一问题的调查中，有66名男生选择了这一选项，占男生人数的17.0%，在女性气质方面所占比例为44.3%，占总人数的9.6%；有83名女生选择了这一选项，占女生人数的27.5%，在女性气质方面所占比例为55.7%，占总人数的12.0%。选择此项的男生、女生共计149人，所占比例为21.6%。

在"您看过的明星代言体育用品广告中，女性气质主要是哪种类型（个性时尚型）"这一问题的调查中，有17名男生选择了这一选项，占男生人数的4.4%，在女性气质方面所占比例为60.7%，占总人数的2.5%；有11名女生选择了这一选项，占女生人数的3.6%，在女性气质方面所占比例为39.3%，占总人数的1.6%。选择此项的男生、女生共计28人，所占比例为4.1%。

在"您看过的明星代言体育用品广告中，女性气质主要是哪种类型（其他型）"这一问题的调查中，有195名男生选择了这一选项，占男生人数的50.1%，在女性气质方面所占比例为57.2%，占总人数的28.2%；有146名女生选择了这一选项，占女生人数的48.3%，在女性气质方面所占比例为42.8%，占总人数的21.1%。选择此项的男生、女生共计341人，所占比例为49.3%。

从上述结果可以看出，在女性气质为健康自然型时，共有468名大学生选择了这一选项，其中男生为245人，所占比例为52.4%，女生有223人，所占比例为47.6%。从这里可以得出，在体育用品广告中的女性形象气质为健康自然型时，对男生所产生的影响超过对女生的影响。

对于任何消费者来说，消费认知是消费者进行后续购买行为的基础。通过检验结果可以发现，当女性气质是健康自然型时，选择这一选项的男生和女生人数最多，主要原因可能是体育用品本身所展示的是运动之美，是以健康为宣传目标，所以在学生的印象中这种形象高于其他的形象。

从上述统计结果也可以看出，不同性别的大学生在女性气质为性感魅惑型时产生了认知差异，男生选择这一选项的比例高达70.4%，女生选择这一选项的只有29.6%，男生远远超过女生，这反映出男生更在乎广告中女性所表现出来的一种性感形象。

（2）健康自然型女性形象对大学生消费情感的影响

在调查问卷的基础上，限制条件是女性气质为健康自然型时，对不同性别大学生的消费态度进行方差分析，最终得出的结果如表5-1所示。

表5-1　健康自然型女性形象对大学生消费态度影响的方差分析

项目		个案数	平均值	标准差	标准误差	平均值的95%置信区间		最小值	最大值
						下限	上限		
消费行为倾向性	男生	245人	11.3755	3.07519	0.19647	10.9885	11.7625	3.00	18.00
	女生	223人	11.2466	2.66732	0.17862	10.8946	11.5986	5.00	18.00
	总计	468人	11.3141	2.88570	0.13339	11.0520	11.5762	3.00	18.00
消费态度	男生	245人	118.1388	19.39846	1.23932	115.6976	120.5799	67.00	175.00
	女生	223人	114.2422	16.02179	1.07290	112.1278	116.3565	39.00	174.00
	总计	468人	116.2821	17.95645	0.83004	114.6510	117.9131	39.00	175.00

除此之外，在消费者行为倾向性方面，组间的平方和为1.939，自由度为1，均方为1.939，F值为0.232，显著性为0.630。组内的平方和为3886.888，自由度为466，均方为8.341。总计的平方和为3886.827，自由度为467。

在消费态度方面，组间的平方和为1771.564，自由度为1，均方为1772.564，F值为5.551，显著性为0.019。组内的平方和为148804.205，自由度为466，均方为319.322。总计的平方和为150576.769，自由度为467。

从上述分析结果可以看出，F值大于0.05，反映出两个组之间的差异不存在统计学意义，没有明显差异。从中可以得出，当体育用品广告中的女性形象气质为健康自然型时，对不同性别的大学生的消费情感的影响趋同。

这里需要指出的是，健康自然型女性形象之所以对不同性别大学生的消费态度没有产生显著性影响，主要原因在于随着时代发展，女性的自主意识和经济方面的独立使传统社会中处于依附地位的女性角色正在被打破。因此当体育用品广告中的女性形象不仅健康，而且向所有消费者透露出一种独立的气质时，就会成为男女生的共同喜好。尽管体育用品广告中的女性形象存在多种气质，但是以自然健康这种姿态出现在大学生眼前时，对不同性别大学生的消费情感所产生的影响无明显差异。

（3）健康自然型女性形象对大学生消费行为倾向的影响

从上述统计结果可以看出，在体育用品广告中的女性气质为健康自然型时，不同性别的大学生消费行为倾向性的显著性为0.63，超过了0.05，反映出如果女性气质为健康自然型时，则不同性别的大学生消费行为倾向无显著性差异。

消费倾向性指的是一个人在做某件事或者在参与某项活动时所产生的具有某种特定性的倾向。统计结果最终表明，无论男女，在体育用品广告中的女性形象气质为健康自然型时，对大学生最终的购买意愿并没有产生明显的影响差异。换句话来说，如果体育用品广告中的女性形象气质为健康自然型，那么无论是男生还是女生在做出最终购买决定这一过程中所受到的影响没有任何差别。其主要原因在于，当前体育用品广告中的女性形象大部分是以这种气质出现的，所以这种气质的女性形象已经在大学生心中留下深刻印象，对不同性别的大学生所产生的影响不存在显著性差异。

2.家庭主妇形象对不同性别大学生消费行为的影响

（1）家庭主妇角色对大学生消费认知的影响

在调查过程中，针对体育用品广告中的女性形象为家庭主妇时，对不同性别的学生的选择是否具有显著性差异进行检测，最终得出的结果显示，当体育广告中的女性形象为家庭主妇时，对不同性别大学生的消费认知影响具有显著性差异。

在对691名大学生进行消费认知的交叉分析之后，得出以下结果（社会角色这一选项是以选择这一选项的男生和女生的总人数为基数计算）。

在389名男大学生和302名女大学生中，在"您看过的明星代言体育用品广告中，女性主要扮演哪种角色（家庭主妇）"这一问题的调查中，有106名男生选择了这一选项，占男生人数的27.2%，在社会角色方面所占比例为71.1%，占总人数的15.3%；有43名女生选择了这一选项，占女生人数的14.2%，在社会角色方面所占比例为28.9%，占总人数的6.2%。选择此项的男生、女生共计149人，所占比例为21.6%。

在"您看过的明星代言体育用品广告中，女性主要扮演哪种角色（职场精英）"这一问题的调查中，有233名男生选择了这一选项，占男生人数的59.9%，在社会角色方面所占比例为59.1%，占总人数的33.7%；有161名女生选择了这一选项，占女生人数的53.3%，在社会角色方面所占比例为40.9%，占总人数的23.3%。选择此项的男生、女生共计394人，所占比例为57.0%。

在"您看过的明星代言体育用品广告中，女性主要扮演哪种角色（普通大众）"这一问题的调查中，有167名男生选择了这一选项，占男生人数的42.9%，在社会角色方面所占比例为62.3%，占总人数的24.2%；有101名女生选择了这一选项，占女生人数的33.4%，在社会角色方面所占比例为37.7%，占总人数的14.6%。选择此项的男生、女生共计268人，所占比例为38.8%。

在"您看过的明星代言体育用品广告中，女性主要扮演哪种角色（男性陪衬）"这一问题的调查中，有60名男生选择了这一选项，占男生人数的15.4%，在社会角色方面所占比例为58.3%，占总人数的8.7%；有43名女生选择了这一选项，占女生人数的14.2%，在社会角色方面所占比例为41.7%，占总人数的6.2%。选择此项的男生、女生共计103人，所占比例为14.9%。

在"您看过的明星代言体育用品广告中，女性主要扮演哪种角色（其他）"这一问题的调查中，有114名男生选择了这一选项，占男生人数的29.3%，在社会角色方面所占比例为56.2%，占总人数的16.5%；有89名女生选择了这一选项，占女生人数的29.5%，在社会角色方面所占比例为43.8%，占总人数的12.9%。选择此项的男生、女生共计203人，所占比例为29.4%。

从上述分析结果可以看出，体育用品广告中女性为家庭主妇角色时，选择这一项的男生人数为106人，女生为43人，男生人数远远超过女生人数，所以在男生的消费认知中，女性的社会角色还是以家庭主妇形象为主，即使在体育用品的广告中，女性同样可以表现为一种家庭妇女的形象。而女生作为女性，更加关注自身的权益，并且认为女性所扮演的社会角色并不只是家庭主妇这一种角色，也可以是普通大众的角色。正是性别上的不同，男生和女生在面对体育用品广告中女性形象为家庭主妇角色时，在消费人数方面存在显著性差异。所以，要想使男性消费者在消费过程中对女性角色的偏见得到改观，就需要体育用品广告充分发挥相关示范作用，抛弃其中十分常见的家庭主妇形象，展现更多具有独立性和自信自爱的女性形象。

（2）家庭主妇角色对大学生消费情感的影响

在此次研究中，主要通过李克特量表来对大学生的喜好程度进行分析，对大学生在体育用品广告中的女性社会角色进行赋值后得到如下结果（见表5-2）。

表5-2　家庭主妇角色对大学生消费情感影响的方差分析

项目		个案数	平均值	标准差	标准误差	平均值的95%置信区间		最小值	最大值
						下限	上限		
消费行为倾向性	男生	106人	12.6226	3.58423	0.34813	11.9324	13.3129	3.00	18.00
	女生	43人	11.2628	3.65754	0.34813	10.0372	12.2884	3.00	18.00
	总计	149人	12.2013	3.65391	0.29934	11.6098	12.7929	3.00	18.00
消费态度	男生	106人	125.1038	27.38019	2.65940	119.8307	130.3769	25.00	175.00
	女生	43人	109.6512	29.30861	4.46952	100.6313	118.6710	25.00	162.00
	总计	149人	120.6443	28.72260	2.35305	115.9944	125.2942	25.00	175.00

除此之外，在消费者行为倾向性方面，组间的平方和为65.194，自由度为1，均方为65.194，F值为5.016，显著性为0.027。组内的平方和为1910.766，自由度为147，均方为12.998。总计的平方和为1975.960，自由度为148。

在消费态度方面，组间的平方和为7304.522，自由度为1，均方为7304.522，F值为9.354，显著性为0.003。组内的平方和为114793.626，自由度为147，均方为180.909。总计的平方和为122098.148，自由度为148。

从平均值可以看出，大学生对体育用品广告中女性形象为家庭主妇角色时，总体平均分值为120分，其中男生的平均值为125分，女生为109分，男生高于女生，所以男女生在这一项的消费态度平均值方面存在较大差异，反映出男大学生对体育用品广告中家庭主妇角色所表现的情感态度超过女生。

另外，检验结果也表明男生更加乐意见到体育用品广告中出现家庭主妇角色或者母亲等女性形象，这些形象能给予男生一种舒适的感觉。而对于女生而言，则不太希望在体育用品广告中出现各种家庭主妇或母亲这种形象，而是希望出现其他形象，如职场精英、普通大众等。所以，体育用品广告中家庭主妇角色对男大学生消费情感的影响超过对女大学生消费情感的影响。

（3）家庭主妇角色对大学生消费倾向性的影响

从上述分析结果可以得出，体育用品广告中的家庭主妇角色对不同性别大学生消费行为倾向性的影响P值为0.027，低于0.05，反映出在体育用品广告中女性角色为家庭主妇角色时，男女大学生在消费行为倾向性方面存在显著性差异。从上述结果可以看出，男大学生平均值达到12.6，女大学生平均值为11.3，所以男大学生相较于女大学生在购买意向方面有强烈的体现，而女大学生的购买意向相较于男大学生较弱。这一结果也充分反映出，在体育用品广告中出现家庭主妇角色时，男大学生对这一体育用品有更强烈的购买意愿。对任何消费者来说，在认知、情感和行为方面所产生的影响是协调一致的，并不相互矛盾，具体为潜在消费者在对某产品了解并且产生相关好感后，就会愿意购买这一产品。

3.健美力量型身材的女性形象对不同性别大学生消费行为的影响

（1）健美力量型身材的女性形象对大学生消费认知的影响

对体育用品广告中女性形象为健美力量型身材进行卡方检验后得出，在女性形象为健美力量型身材时，对不同性别大学生的消费认知所产生的影响具有显著性差异。

在不同性别大学生消费认知具有显著性差异的基础上，进一步对大学生的认知影响进行分析，具体结果如下。

在389名男大学生和302名女大学生中，在"您看过的明星代言体育用品广告中，女性身材是哪种类型（骨感瘦弱）"这一问题的调查中，有48名男生选择了这一选项，占男生人数的12.3%，在女性身材方面所占比例为54.5%，占总人数的6.9%；有40名女生选择了这一选项，占女生人数的13.2%，在女性身材方面所占比例为45.5%，占总人数的5.8%。选择此项的男生、女生共计88人，所占比例为12.7%。

在"您看过的明星代言体育用品广告中，女性身材是哪种类型（健康匀称）"这一问题的调查中，有306名男生选择了这一选项，占男生人数的78.7%，在女性身材方面所占比例为55.2%，占总人数的44.3%；有248名女生选择了这一选项，占女生人数的82.1%，在女性身材方面所占比例为44.8%，占总人数的35.9%。选择此项的男生、女生共计554人，所占比例为80.2%。

在"您看过的明星代言体育用品广告中，女性身材是哪种类型（健美力量）"这一问题的调查中，有263名男生选择了这一选项，占男生人数的67.6%，在女性身材方面所占比例为53.9%，占总人数的38.1%；有225名女生选择了这一选项，占女生人数的74.5%，在女性身材方面所占比例为46.1%，占总人数的32.6%。选择此项的男生、女生共计488人，所占比例为70.7%。

在"您看过的明星代言体育用品广告中，女性身材是哪种类型（性感火辣）"这一问题的调查中，有189名男生选择了这一选项，占男生人数的48.6%，在女性身材方面所占比例为70.0%，占总人数的27.4%；有81名女生选择了这一选项，占女生人数的26.8%，在女性身材方面所占比例为30.0%，占总人数的11.7%。选择此项的男生、女生共计270人，所占比例为39.1%。

在"您看过的明星代言体育用品广告中，女性身材是哪种类型（身体偏胖）"这一问题的调查中，有12名男生选择了这一选项，占男生人数的3.1%，在女性身材方面所占比例为50.0%，占总人数的1.7%；有12名女生选择了这一选项，占女生人数的4.0%，在女性身材方面所占比例为50.0%，占总人数的1.7%。选择此项的男生、女生共计24人，所占比例为3.5%。

在"您看过的明星代言体育用品广告中，女性身材是哪种类型（过度肥胖）"这一问题的调查中，有2名男生选择了这一选项，占男生人数的0.5%，在女性身材方面所占比例为25.0%，占总人数的0.3%；有6名女生选择了这一选项，占女生人数的2.0%，在女性身材方面所占比例为75.0%，占总人数的0.9%。选择此项的男生、女生共计8人，所占比例为1.2%。

从上述结果可以看出，在女性身材方面，健康且匀称的体型是大学生印象中经常出现在体育用品广告中的身材类型，也是大学生选择最多的身材类型。处于第二位的是健美力量型身材，选择过度肥胖这一身材的学生人数最少，占到总人数的1.2%。同时，有488名学生选择了健美力量型身材，人数仅次于健康匀称型身材。在选择这一选项的大学生中，男生占总人数的38.1%，女生占总人数的32.6%，所以男生在健美力量型身材的消费认知方面略高于女生。

在体育用品广告中，往往以健康为主题进行宣传，这样更符合消费者的心理需求。比如，健身房的宣传广告中，出现的男女多是健美力量型身材，这类广告主要通过健美和力量来吸引消费者的注意。之所以健美力量型身材对不同性别大学生的消费认知所产生的影响具有显著性差异，主要原因是男生和女生的消费心理存在一定差别。在通常情况下，男生更加敢于冒险，并且希望能够通过各种运动来展现自身的力量。女生则更加轻巧灵活，更加喜欢参与能够表现阴柔之美的体育运动。所以，在体育用品广告中的女性身材为健美力量型身材时，男生会被其中的内容吸引，女生则不太会注意。

（2）健美力量型身材的女性形象对大学生消费情感的影响

在此次研究中，主要通过李克特量表来对大学生的喜好程度进行分析，对大学生在体育用品广告中的女性身材类型进行赋值后得到如下结果，如表5-3所示。

表5-3　健美力量型身材的女性形象对大学生消费情感影响的方差分析

项目		个案数	平均值	标准差	标准误差	平均值的95%置信区间		最小值	最大值
						下限	上限		
消费行为倾向性	男生	263人	11.7643	3.30936	0.20406	11.3624	12.1661	3.00	18.00
	女生	225人	11.3067	2.62869	0.17525	10.9613	11.6520	3.00	18.00
	总计	488人	11.5533	3.02033	0.13672	11.2486	11.8219	3.00	18.00
消费态度	男生	263人	119.3650	21.81926	1.34543	116.7158	122.0143	41.00	175.00
	女生	225人	114.6044	16.49348	1.09957	112.4376	116.7713	25.00	173.00
	总计	488人	117.1701	19.66960	0.89040	115.4206	118.9196	25.00	175.00

除此之外，在消费者行为倾向性方面，组间的平方和为25.391，自由度为1，均方为25.391，F值为2.794，显著性为0.095。组内的平方和为4417.224，自由度为486，均方为9.089。总计的平方和为4442.615，自由度为487。

在消费态度方面，组间的平方和为2748.129，自由度为1，均方为2748.129，F值为7.193，显著性为0.008。组内的平方和为185668.754，自由度为486，均方为382.034。总计的平方和为188416.883，自由度为487。

从这一结果可以看出，在体育广告中女性身材为健美力量型时，男女生在消费情感上的平均值为11.7和11.3，男生的平均值高于女生的平均值。这反映出，健美力量型身材的女性形象对男生消费情感所产生的影响高于对女生所产生的影响。所以，男生会表现出更加积极的消费态度。

这种验证结果反映出男生和女生在身材的要求方面存在不同，所以健美力量型身材的女性形象能够给男生与女生带来不同的情感。通常情况下，男生更喜欢增强肌肉的运动，目前越来越多的男性开始进入健身房进行锻炼就证明了这一点。女生则更喜欢参与对灵敏性和柔韧性等方面要求较高的运动，如羽毛球、瑜伽等，在肌肉增强方面更加希望通过运动使自身有更加匀称的体型。

（3）健美力量型身材的女性形象对大学生消费行为倾向性的影响

从上述分析结果可以看出，当体育用品广告中的女性身材为健美力量型时，不同性别大学生的消费行为没有形成显著性差异。这反映出在体育用品广告中的女性身材是健美力量型时，所有大学生都有相同的行为倾向性，并且对体育用品产生相同的购买意向。最终结果为，在体育用品广告中女性身材为健美力量型时，不会对大学生消费倾向性产生显著影响。

4.女性社会地位对不同性别大学生消费行为的影响

（1）女性社会地位对大学生消费认知的影响

具体调查结果如下（社会地位这一选项是以选择这一选项的男生和女生的总人数为基数计算的）。

在男生中，共有95名学生没有选择"男女社会地位平等"这一选项，占男生人数的24.4%，在社会地位方面所占比例为49.7%，占总人数的13.7%；选择"男女社会地位平等"的人数为294人，占男生人数的75.6%，在社会地位方面所占比例为58.8%，占总人数的42.5%。男生合计人数为389人，在社会地位方面所占比例为56.3%，占总人数的56.3%。

在女生中，共有96名学生没有选择"男女社会地位平等"这一选项，占女生人数的31.8%，在社会地位方面所占比例为50.3%，占总人数的13.9%；选择"男女社会地位平等"的人数为206人，占女生人数的68.2%，在社会地位方面所占比例为41.2%，占总人数的29.8%。女生合计人数为302人，在社会地位方面所占比例为43.7%，占总人数的43.7%。

在没有选择"男女社会地位平等"这一选项的学生中，男生、女生共计191人，占总人数的27.6%；在选择"男女社会地位平等"的学生中，男生、女生共计500人，占总人数的72.4%。

从上述结果可以看出，共有500名学生选择了"男女社会地位平等"，并且占比在72.0%以上。在通过卡方检验后，结果显示卡方值为0.032，反映出在体育广告用品中展示男女社会地位平等时，男生和女生消费认知方面的影响存在显著性差异。

除此之外，从上述结果可以看出，男生中选择"男女社会地位平等"的学生在该项中所占比例为58.8%，女生所占比例则为41.2%，由此可以看出男生占比更高。

另外，在男女社会地位为平等关系时，不同性别的大学生在消费认知方面存在显著性差异。由此可以看出，由于大学生自身接受过高等教育，已经初步形成相对成熟的观念，所以会对传统观念中男性主导地位产生一定程度的排斥或者质疑，并且相较于女性，男性对男女平等更加关注。其主要原因在于男性大学生已经充分认识到男女平等关系对整个社会的重要性，因此很多男大学生认为在体育用品广告中应该充分体现男女平等。

（2）女性社会地位对大学生消费情感的影响

在此次研究中，主要通过李克特量表对大学生的喜好程度进行分析，当体育用品广告中男女社会地位平等时，得到如下结果，见表5-4。

表5-4　女性社会地位对大学生消费情感的影响方差分析

项目		个案数	平均值	标准差	标准误差	平均值的95%置信区间		最小值	最大值
						下限	上限		
消费行为倾向性	男生	294人	11.5714	3.19022	0.18606	11.2053	11.9376	3.00	18.00
	女生	206人	11.2282	2.72502	0.18986	10.8538	11.6025	5.00	18.00
	总计	500人	11.4300	3.00919	0.13457	11.1656	11.6944	3.00	18.00
消费态度	男生	294人	119.2245	20.61902	1.20253	116.8578	121.5912	41.00	175.00
	女生	206人	114.9612	16.10600	1.12216	112.7484	1167.1736	72.00	172.00
	总计	500人	117.4680	180.98984	0.84925	115.7995	119.1365	41.00	175.00

除此之外，在消费者行为倾向性方面，组间的平方和为14.273，自由度为1，均方为14.273，F值为1.578，显著性为0.210。组内的平方和为4504.277，自由度为498，均方为9.045。总计的平方和为4518.550，自由度为499。

在消费态度方面，组间的平方和为2201.615，自由度为1，均方为2201.615，F值为6.168，显著为0.013。组内的平方和为177744.873，自由度为498，均方为356.917。总计的平方和为179946.488，自由度为499。

从这一结果可以看出，随着社会的发展，我国女性的社会地位发生了极大变化，女性开始改变自身存在的价值，并且鼓励自己要独立自主，于是大量女性投身于工作中，经济方面逐渐实现独立，促进了男女关系实现平等可能性的提升。同时，随着各种男女平等思想被提出，女性越来越受到社会的关注，并且社会地位不断提升，女性在社会生活中所发挥的作用愈加重要。在这种形势下，大学生群体的思想观念也发生了重大变化，向更加开放的方向发展。从上述结果可以得出，在体育广告中展现男女社会地位平等时，男生消费态度均值为119，超过女生消费态度的114。所以，男生有更加积极的体育用品广告消费态度，同时男性也更加喜欢看到在体育用品广告中展现男女平等的社会关系。

（3）女性社会地位对大学生消费行为倾向性的影响

从上述分析结果可以看出，社会关系为男女平等时，男生、女生的消费行为倾向性P值超过0.05，反映在社会关系为男女平等时，男生和女生的消费行为倾向性不存在显著性差异。

所以，男女社会关系对不同性别的大学生的体育用品购买意向所产生的影响较小，并且在社会关系为男女平等时，无论是男生还是女生都有较为积极的购买意向。同时，相较于体育用品广告中所展现的女性主导或者女性顺从于男性的社会关系，无论是男生还是女生都更加愿意从体育用品广告中看到男女平等的社会关系。所以，在体育用品广告设计方面必须向大学生传递正确的价值观念，将男生和女生放在同等的社会地位，从而满足大学生的消费心理，影响大学生的购买意图。

5.不同性别的大学生体育用品年消费金额

在不同性别的大学生的体育用品年消费金额这一方面的调查结果如表5-5所示。

表5-5　不同性别的大学生体育用品年消费金额方差分析

项目	个案数	平均值	标准差	标准误差	平均值的95%置信区间		最小值	最大值
					下限	上限		
男生	447人	2.30	1.169	0.055	2.19	2.41	1.00	4.00
女生	355人	1.50	0.862	0.045	1.41	1.59	1.00	4.00
总计	802人	1.94	1.116	0.039	1.87	2.02	1.00	4.00

除此之外，组间的平方和为126.298，自由度为1，均方为126.298，F值为115.847，显著性为0.000。组内的平方和为4504.277，自由度为498，均方为9.045。总计的平方和为4518.550，自由度为499。

在消费态度方面，组间的平方和为2201.615，自由度为1，均方为2201.615，F值为6.168，显著性为0.013。组内的平方和为872.177，自由度为800，均方为1.090。总计的平方和为988.475，自由度为801。

从上述结果可以看出，在体育用品的年消费金额方面，男女生均值分别为2.30和1.50，男生明显高于女生，即性别会对体育用品年消费金额产生显著影响。

另外，男大学生在体育用品年消费金额方面均值为2.30，超过女大学生的1.50，反映出男大学生在体育消费金额方面超过女大学生。不同性别的大学生在消费心理方面存在一定区别，所以在体育用品年消费金额方面也会存在一定差异。在通常情况下，男大学生更喜欢运动，所以平时运动次数更多，因此在体育消费方面的积极性更高，有更多的非理性消费。比如，少数男大学生会为了一双运动鞋花费几千元甚至上万元，很多男大学生十分关注体育运动的报道或刊物，等等。相较于男大学生，女大学生在美容、化妆及衣服等方面则表现出更积极的购买意向，但是对体育消费整体表现不够积极。同时，女大学生对体育锻炼的认识不够深入，也没有充分认识到通过体育消费能够获得身心愉悦和享受，女大学生之所以会参与体育消费，在消费动机方面更多的是希望可以通过健身来保持自己的身材。

针对女性的实际消费心理，女性更加关注自己的身材，所以体育品牌应该更加关注健美功能等方面运动器材的开发，在产品的色彩和款式等设计方面要体现出女性的个性追求和时尚追求，在功能方面要实现细化和多元化，以此来赢得女性的青睐，刺激女性的体育消费。

第二节　结论与建议

一、结论

（一）体育用品广告中女性形象对男性消费认知的影响更大

在体育用品广告中女性形象对大学生消费认知的影响，主要体现在男生与女生在面对体育用品广告中的女性形象时，在消费认知方面存在显著差异。首先，在体育广告中女性形象气质方面，男大学生更加倾向健康自然和性感魅惑等类型的气质，女大学生则更加倾向健康自然和个性时尚等方面的气质类型，在性感魅惑方面所占比重较低。其次，在体育广告女性代言人身份类型方面，无论是男生还是女生都十分认可体育用品广告中女性以职场精英的身份类型出现。再次，在女性形象身材类型方面，健美力量型身材更受大学生的喜欢。最后，在社会地位关系方面，在体育广告中呈现出男女平等关系时能够给大学生留下深刻记忆，选择这一项的比例达到了72.4%。

从总体上看，在体育用品广告中所构建的女性形象对于不同性别的大学生消费认知所产生的影响存在显著性差异，其中对男性大学生消费认知所产生的影响超过女性大学生。

（二）体育用品广告中女性形象对男大学生消费情感的影响更大

情感指的是人在对客观事物进行观察或者感受的过程中所产生的一种主观体验。对于消费者而言，在消费过程中会通过自己的记忆、知觉等方面对消费对象进行了解与认识，并且对消费对象产生一定态度。从上述调查分析结果可以看出，体育用品广告中女性气质为健康自然型时，男大学生和女大学生的消费情感不存在显著性差异，大学生对健康自然型气质有几乎一致的喜欢程度，但其他因素对男大学生消费情感所产生的影响均超过对女大学生产生的影响。

比如，在体育用品广告中女性身份为家庭主妇、身材为健美力量型时，男大学生与女大学生的消费态度存在显著性差异，并且男大学生的消费态度平均值超过女大学生。这反映在消费情感层面上，上述所说的女性形象会对男大学生的消费情感产生影响，促使男大学生能够更加快速地积累积极的消费情感。

（三）体育用品广告中女性形象对大学生体育消费行为倾向性的影响趋同

从前文分析可以得出，除了在体育用品广告中女性社会角色为家庭主妇时会对不同性别大学生的消费行为倾向性存在显著性差异，男大学生所产生的购买行为意愿超过女大学生以外，在其他方面，比如女性身材为健美力量型、社会地位为男女平等，这些因素对不同性别大学生的体育消费倾向性不存在显著性差异。因为大学生在体育消费过程中会受到多种因素影响，既会受到体育用品本身的特性，如色彩、款式等方面的影响，也会受到价格和商家服务态度因素的影响。

（四）消费者性别和专业类型对大学生体育用品年消费金额有显著影响

通过上述调查结果分析可以得出，性别会对大学生体育用品年消费金额产生显著影响，并且男大学生的体育用品年消费金额超过女大学生。

从次数方面来看，男大学生参与体育运动和购买各种体育用品的次数远远超过女大学生，所以在运动领域仍然以男性为主。同时，不同专业类别会对大学生体育用品年消费金额产生显著影响，整体上为理工类大学生体育用品年消费金额超过文史类大学生。

二、建议

基于上述研究分析结果，笔者主要从三个方面对体育用品广告中所出现的女性形象建构给予相应建议。

（一）精准定位目标人群

在广告信息快速传播的时代，精准定位目标人群是广告应该坚持的重要原则之一。通过向所有用户传递其所感兴趣的内容，充分挖掘其消费动机，才能实现广告效果转化率的提高。上述调查分析结果表明，无论是性别、专业还是月均生活费都会对大学生的体育消费行为产生影响。最终研究结果也表明，在体育用品广告中出现的女性形象在对不同性别大学生的消费情感、认知等方面所产生的影响有显著性差异，但是对大学生消费行为倾向性所产生的影响不存在显著性差异。这就要求体育用品广告在投放过程中必须重视其中的女性形象，从而促使体育用品能够匹配吻合度更高的用户。

近年来，随着女性自主意识的不断增强，女性形象开始向着独立自主方向发展。在体育用品广告中以男性为主导的审美导向逐渐被打破，更加倾向女性所散发的独特魅力。所以，体育用品商家必须充分了解市场，在结合实际情况的基础上投放体育用品广告，发掘新的消费热点。

对于大学生群体来说，其经济来源主要为家庭支持，所以大学生的家庭情况会对大学生的体育消费产生影响。在实际调查中发现，大学生体育年消费金额在1000元以下的学生占比最高，所以体育用品商家需要充分了解大学生消费群体的实际需求和消费能力，从而依据大学生的体育消费能力进行合理的市场和产品开发。

（二）正确定位女性形象

体育用品广告对女性形象的构建会受到多方面因素的影响，同时体育用品广告中的女性形象会对大学生的消费行为产生一定影响。比如，体育用品广告中的女性气质为性感魅惑类型时，对不同性别的大学生所产生的影响存在显著性差异。这一结果充分反映出在面对体育用品广告中女性形象的气质为性感魅惑型时，男大学生和女大学生的消费认知会存在明显不同。所以，在体育用品广告中需要正确定位女性形象。

（三）加强媒介监管

在当今时代，媒介掌握着女性形象的塑造权，所以必须加强媒介监管，对媒介所传播的内容进行严格审查，不仅要重视各种媒体的经济效益，也要重视各种媒体所产生的社会效益。要想实现这一目标，就需要媒介本身有自我批评的意识和相应的能力。从当前的实际情况来看，很多媒介机构的从业人员为了能够使自己所传播的媒体信息达到更好的宣传效果，往往通过较隐晦的方式展现女性形象，给消费者带来了不良引导。

比如，在一些体育用品广告中，女性形象无论在体重、身材还是在年龄方面都远远超过正常人可以达到的标准；再比如一些护肤产品的广告是以中年女性为消费目标，而这些广告往往会夸大其词，从而误导消费者。所以，体育用品商家在制作广告的过程中应该严格把关，要将增强体质、实现健康自然美作为商品中女性形象美的标准。媒体人员应更客观公正地表现女性形象，以此保障体育用品广告向消费者传递正确价值观念，从而构建更加健康的女性形象。

第六章　运动类App与大学生体育消费

随着互联网技术的飞速发展，运动类App作为体育健身行业的新型载体之一，越来越受到大众的关注与青睐。尤其是在大学生群体中，运动类App应用不仅成为他们健身、锻炼的主要方式，而且对他们的体育消费方式产生了重要影响。本章将探究运动类App对大学生体育消费的影响，以及它们在大学生体育消费中所扮演的角色和意义。

第一节　运动类App与大学生体育消费调查分析

一、研究问卷设计与信效度分析

（一）调查问卷设计

在此次调查中，调查问卷主要分为四个部分：使用运动类App人员的基本信息、运动类App对大学生体育消费行为刺激的测量、大学生感知价值测量及运动类App使用者购买行为的测量。在此次问卷调查中，共计发放问卷400份，回收400份。

（二）问卷信效度分析

为了验证调查问卷所得数据信息的信度，笔者使用SPSS软件对数据进行了可信度分析。最终结果显示，此次调查问卷的可信度较高，并且问卷的各个选项和量表在整体上存在较高相关性，因此本次调查问卷设计合理有效。

二、结果与分析

（一）调查样本基本特征统计

在本次研究中，共发放调查问卷400份，收回问卷400份，在删除其中的无效问卷后，有效问卷367份，有效率为92%。

调查样本基本信息统计具体分析结果如下所示。

运动类App男性用户共有182人，所占比例为49.6%；女性用户共有185人，占比为50.4%。从男性和女性人数来看，男女比例基本为1:1，男性和女性不存在明显的数据差异，说明此次研究中男性和女性比例正常。

在有效问卷中，18岁以下的大学生人数为52人，占比为14.2%；19岁到20岁的大学生人数为171人，占比为46.6%；21岁到22岁的大学生人数为93人，占比为25.3%；22岁以上的大学生人数为51人，占比为13.9%。从上述统计数据可以看出，运动类App的用户多是22岁以下的大学生，共计316人，占比为86.1%。

在有效问卷中，大专学历的大学生人数为42人，占比为11.4%；本科学历的大学生人数为198人，占比为54.0%；硕士研究生学历的大学生人数为47人，占比为12.8%；博士研究生学历的大学生人数为80人，占比为21.8%。从上述数据可以看出，本科学历的学生人数最多，大专学历、硕士研究生、博士研究生人数较少。

在有效问卷中，月均生活费在1000元以下的学生人数为66人，占比为18.0%；月均生活费在1000元到2000元以下的学生人数为74人，占比为20.2%；月均生活费在2000元到3000元以下的学生人数为92人，占比为25.1%；月均生活费在3000元到4000元以下的学生人数为81人，占比为22.1%；月均生活费在4000元以上的学生人数为54人，占比为14.7%。从上述数据可以看出，月均生活费在1000元到4000元的人数为247人，占比为67.3%；在1000元以下和4000元以上的人数为120人，占比为32.7%。

（二）运动类App对大学生体育消费行为刺激变量的描述性统计

运动类App对大学生体育消费行为刺激变量的具体统计结果如表6-1所示。

表6-1　运动类App对大学生体育消费行为刺激变量描述性统计

项目	极小值	极大值	均值	标准差
单人使用模式1	1	7	4.74	1.358
单人使用模式2	1	7	4.74	1.358
单人使用模式3	1	7	4.63	1.377
单人使用模式4	1	7	4.77	1.382
多人社交模式1	1	7	4.68	1.352
多人社交模式2	1	7	4.77	1.362
多人社交模式3	1	7	4.72	1.310
多人社交模式4	1	7	4.74	1.369
App营销模式1	1	7	3.50	1.808
App营销模式2	1	7	4.38	1.442
App营销模式3	1	7	4.61	1.307
App营销模式4	1	7	4.66	1.316
App营销模式5	1	7	4.74	1.260
App营销模式6	1	7	4.65	1.305
App营销模式7	1	7	4.69	1.267
App营销模式8	1	7	4.67	1.271
App营销模式9	1	7	4.67	1.251

根据上述数据进行简单计算得出总体均值为4.61，其中单人使用模式4和多人社交模式2的均值为4.77，App营销模式1均值在4以下，只有3.50。

（三）大学生体育消费感知价值描述性统计

大学生体育消费感知价值描述性统计具体结果如表6-2所示。

表6-2　大学生体育消费感知价值描述性统计

项目	极小值	极大值	均值	标准差
感知实用1	1	7	4.73	1.246
感知实用2	1	7	4.66	1.240
感知实用3	1	7	4.74	1.201
感知情感1	1	7	4.76	1.256
感知情感2	1	7	4.78	1.232
感知情感3	1	7	4.75	1.226
感知品牌1	1	7	4.87	1.217
感知品牌2	1	7	4.73	1.226
感知品牌3	1	7	4.81	1.202
感知信任1	1	7	4.69	1.128
感知信任2	1	7	4.77	1.177
感知信任3	1	7	4.71	1.154

根据上述数据进行简单计算，在大学生体育消费感知测量所得各个指标的描述性统计数据中，感知品牌1的平均值为4.87和感知品牌3的平均值为4.81，高于总体平均值4.75。感知实用2的平均值最低，只有4.66。

（四）大学生体育消费行为描述性统计

大学生体育消费行为描述统计具体结果如表6-3所示。

表6-3　大学生体育消费行为描述性统计

项目	极小值	极大值	均值	标准差
购买行为1	1	7	4.81	1.184
购买行为2	1	7	4.61	1.205
购买行为3	1	7	4.72	1.205
购买行为4	1	7	4.56	1.237
购买行为5	1	7	4.65	1.190

通过简单计算得出，大学生体育消费行为各指标描述性数据总体均值为4.67，购买行为1的均值远远超过总体均值，而购买行为4的均值最低，只有4.56。

三、运动类App中各变量之间的相关性分析

为了对运动类App中的各个变量所存在的关系进行论证，笔者在以下内容中对自变量与中介变量、中介变量和因变量使用SPSS 22.0统计软件进行数据分析处理，最终所得结果如下。

在单人模式方面，与感知实用的相关性为0.768[**]；与感知情感的相关性为0.782[**]；与感知品牌的相关性为0.749[**]；与感知信任的相关性为0.762[**]。

在多人模式方面，与感知实用的相关性为0.759[**]；与感知情感的相关性为0.761[**]；与感知品牌的相关性为0.766[**]；与感知信任的相关性为0.724[**]。

在营销模式方面，与感知实用的相关性为0.849[**]；与感知情感的相关性为0.806[**]；与感知品牌的相关性为0.810[**]；与感知信任的相关性为0.821[**]。

两者的相关系数处于0~1，系数越接近于1，表示两者的相关性越高，越接近于0，表示两者的相关性越低。如果P值小于0.05则表示两者有显著相关性。在上述所有数据中，所有相关性系数均有[**]，所以都存在显著性差异。从上述数据也可以看出，所有系数都在0.7以上，所以都具有较高的相关性。

在感知价值和购买行为的相关性方面，感知实用和购买行为的相关系数为0.803[**]；感知情感和购买行为的相关系数为0.810[**]；感知品牌和购买行为的相关系数为0.815[**]；感知信任和购买行为的相关系数为0.870[**]。

从上述数据结果可以看出，4个中介变量都与因变量呈现显著的正相关关

系，并且相关系数都在0.8以上，相关度较高。

在运动类App各模式和购买行为的相关性方面，单人使用模式与购买行为的相关系数为0.770[**]，多人使用模式与购买行为的相关系数为0.715[**]；App营销模式与购买行为的相关系数为0.826[**]。

从上述数据可以看出，自变量中的各项和因变量都呈现显著正相关关系，并且相关系数在0.7以上，相关性较高。

四、运动类App对大学生体育消费行为的影响分析

为了充分论证运动类App对大学生体育消费行为所产生的影响，本次研究主要使用回归分析方法，把多人社交模式、单人使用模式及App营销模式作为自变量，将大学生的感知价值作为中介变量，并且将大学生的体育消费购买行为作为因变量来进行验证，最终得出的结果如下所示。

（一）运动类App不同模式对感知实用的影响

在对单人模式和中介变量消费者感知实用进行回归分析后，所得结果如表6-4所示。

表6-4   自变量和中介变量消费者感知实用回归分析

模型	R	R 方	调整 R 方	标准估计误差
模型 1	0.849[a]	0.722	0.721	1.78
模型 2	0.858[b]	0.736	0.734	1.74
模型 3	0.860[c]	0.740	0.738	1.73

注：1.a 表示营销模式。
　　2.b 表示营销模式与单人模式。
　　3.c 表示营销模式、单人模式与多人模式。

从上述数据能够看出，调整后的R方值均在0~1，越靠近1表明模型的拟合度越好。R方值在0.7以上说明模型的拟合度较好，0.7已经是较高的水平。

上述数据表示自变量营销模式、单人模式及多人模式和中介变量消费者感知实用之间能够进行回归分析。

回归分析之后得出的结果具体如表6-5所示。

表6-5　自变量和消费者感知实用回归分析

项目		非标准化系数		标准化系数		
		Beta	标准误差	Beta	t	Sig.
模型1	常量	2.326	0.395		5.886	0.000
	营销模式	0.291	0.009	0.849	30.753	0.000
模型2	常量	1.960	0.394		4.972	0.000
	营销模式	0.231	0.016	0.675	14.159	0.000
	单人模式	0.148	0.033	0.211	4.423	0.000
模型3	常量	1.860	0.394		4.723	0.000
	营销模式	0.215	0.018	0.629	12.287	0.000
	单人模式	0.097	0.039	0.139	2.471	0.014
	多人模式	0.090	0.037	0.131	2.415	0.016

从上述回归分析结果可以看出，自变量营销模式、单人模式及多人模式均显著，并且有3个变量的Sig值小于0.05，表示符合条件的变量有3个。

由回归分析结果可知，自变量营销模式、单人模式及多人模式的P值，即Sig值小于0.05，并且标准化系数为正，分别为0.629、0.139、0.131。由此反映出自变量营销模式、单人模式及多人模式和中介变量感知实用指标呈现正相关关系，这一结论和实际情况相符合。具体为，运动类App中的功能越丰富，使用起来越富有乐趣，就会给使用者带来更多便利，促使用户感到运动类App更加实用。同时，标准化系数越大说明相对一样的模式对用户的感知使用产生的影响越明显，具体为营销模式对用户的感知实用影响较大，单人模式对用户的感知实用影响次之，多人模式影响最小。由此也可以看出，运动类App中的单人使用模式会对大学生感知实用指标产生正向影响，社交模式也会对大学生的感知实用指标产生正向影响，营销模式也有正向影响。

对于运动类App来说，好的使用功能是留住客户的第一步。运动类App的使用者关注的并不只是卡路里的消耗、训练计划等某一项功能，因为所有的运动类App都具有这些功能。研究数据显示，大学生对运动类App更加关注的是其中的营销部分，从这里能够看出大学生对体育消费的关注程度较高，所以运动类App能否充分满足大学生体育消费的实际需求，是大学生选择使用哪一类运动类App的重要影响因素。

（二）运动类App中的模式对感知情感的影响

为了论证运动类App中的不同模式对大学生感知情感的影响，本小节对运动类App中自变量单人模式、多人模式及营销模式和中介变量感知情感进行回归分析，具体结果如表6-6所示。

表6-6　自变量与中介变量的感知情感回归分析

模型	R	R 方	调整 R 方	标准估计误差
模型 1	0.806[a]	0.649	0.648	2.03
模型 2	0.832[b]	0.692	0.690	1.91
模型 3	0.836[c]	0.700	0.697	1.89

注：1.a 表示营销模式。
　　2.b 表示营销模式与单人模式。
　　3.c 表示营销模式、单人模式与多人模式。

从上述分析结果可以看出，单人模式、多人模式及营销模式，R方值接近0.7，说明模型的拟合度较好，适合进行回归分析。

回归分析之后得出的结果具体如表6-7所示。

表6-7　自变量与消费者感知情感回归分析

模型		非标准化系数		标准化系数		
		Beta	标准误差	Beta	t	Sig.
模型 1	常量	2.915	0.450		6.473	0.000
	营销模式	0.280	0.011	0.806	25.990	0.000
模型 2	常量	2.270	0.432		5.253	0.000
	营销模式	0.175	0.018	0.503	9.774	0.000
	单人模式	0.260	0.037	0.367	7.121	0.000
模型 3	常量	2.135	0.430		4.967	0.000
	营销模式	0.153	0.019	0.441	8.021	0.000
	单人模式	0.192	0.043	0.270	4.484	0.000
	多人模式	0.122	0.041	0.174	2.991	0.003

从上述回归分析结果可以看出，营销模式、单人模式及多人模式影响均显著，并且有3个变量的Sig值小于0.05，表示符合条件的变量有3个。

由回归分析结果可知，自变量营销模式、单人模式及多人模式的P值，即Sig值小于0.05，并且标准化系数为正，分别为0.441、0.270、0.174。由此反映出自变量中的营销模式、单人模式及多人模式和中介变量感知情感指标呈正相关关系，这一结论和实际情况相符合。同时，标准化系数越大说明相对一样的模式对用户的感知情感指标产生的影响越明显，具体为营销模式对用户的感知情感影响较大，单人模式对用户的感知情感影响次之，多人模式影响最小。由此也可以看出，运动类App中的单人使用模式会对大学生感知情感产生正向影响，社交模式也会对大学生的感知情感指标产生正向影响，营销模式也有正向影响。

对于大学生而言，其本身的情感或情绪形成及变化会直接影响其体育消费行为，因此让使用运动类App的大学生在使用过程中得到相应的享受就能够促进大学生的体育消费行为。

（三）运动类App的模式对感知品牌的影响

为了论证运动类App中的不同模式对大学生感知品牌的影响，在这里对运动类App中自变量单人模式及营销模式和中介变量感知品牌的回归分析，具体结果如表6-8所示。

表6-8　自变量与中介变量对大学生感知品牌的影响回归分析

模型	R	R 方	调整 R 方	标准估计误差
模型 1	0.810[a]	0.656	0.655	1.96
模型 2	0.831[b]	0.690	0.688	1.86

注：1.a 表示营销模式。
　　2.b 表示营销模式与单人模式。

从上述分析结果可以看出，单人模式及营销模式，R方接近于0.7，说明模型的拟合度较好，适合进行回归分析。

回归分析之后得出的结果具体如表6-9所示。

表6-9　自变量与感知品牌回归分析

模型	项目	非标准化系数		标准化系数		
		Beta	标准误差	Beta	t	Sig.
模型 1	常量	3.284	0.437		7.561	0.000
	营销模式	0.274	0.010	0.810	26.365	0.000
模型 2	常量	2.743	0.431		6.513	0.000
	营销模式	0.187	0.017	0.552	11.040	0.000
	单人模式	0.216	0.034	0.318	6.359	0.000

由回归分析结果可知，自变量营销模式和单人模式的P值，即Sig值小于0.05，并且标准化系数为正，分别为0.552、0.318。由此反映出自变量中的营销模式及单人模式和中介变量感知品牌指标呈现正相关关系，这一结论和实际情况相符合。同时，标准化系数越大说明相对一样的模式对用户的感知品牌所产生的影响越明显，具体为营销模式对用户的感知品牌影响较大，单人模式影响较小。由此可以看出，运动类App中的单人模式会对大学生的感知品牌产生正向影响，营销模式也有正向影响。

对于大学生而言，运动类App如果能够带给大学生好的体验，就能促使大学生对该运动类App品牌留下更好的印象。

（四）运动类App的模式对感知信任的影响

为了论证运动类App中的不同模式对大学生感知信任的影响，在这里对运动类App中自变量单人模式及营销模式和中介变量感知信任的回归分析，具体结果如表6-10所示。

表6-10　自变量与感知信任回归分析

模型	R	R 方	调整 R 方	标准估计误差
模型1	0.821[a]	0.674	0.673	1.81
模型2	0.835[b]	0.697	0.695	1.75

注：1.a表示营销模式。
　　2.b表示营销模式与单人模式。

从上述分析结果可以看出，单人模式和营销模式，R方接近于0.7，说明模型的拟合度较好，适合进行回归分析。

回归分析之后得出的结果具体如表6-11所示。

表6-11　自变量与感知信任回归分析

模型	项目	非标准化系数		标准化系数		
		Beta	标准误差	Beta	t	Sig.
模型1	常量	3.478	0.401		8.681	0.000
	营销模式	0.263	0.010	0.821	27.462	0.000
模型2	常量	3.046	0.396		7.694	0.000
	营销模式	0.193	0.016	0.601	11.760	0.000
	单人模式	0.174	0.033	0.266	5.211	0.000

由回归分析结果可知，自变量营销模式和单人模式的P值，即Sig值小于0.05，并且标准化系数为正，分别为0.601、0.266。由此反映出自变量中的营销模式和单人模式与中介变量感知信任指标呈正相关关系，这一结论和实际情况相符合。同时，标准化系数越大说明相对一样的模式对用户的感知信任所产生的影响越明显，具体为营销模式对用户的感知信任影响较大，单人模式影响较小。由此可以看出，运动类App中的单人模式会对大学生的感知信任产生正向影响，营销模式也有正向影响。

运动类App的开发商应十分重视自己产品的信誉度，因为在手机中不受信任的App会受到警告甚至无法上架。同时，运动类App中的营销模式是否能够促进使用者感到满意对其发展十分重要。

（五）大学生感知价值对体育消费行为的影响

为了论证运动类App中已设中间变量感知价值和因变量大学生体育消费行为之间的关系，在此进行回归分析，具体结果如表6-12所示。

表6-12　感知价值对体育消费行为的回归分析

模型	R	R 方	调整 R 方	标准估计误差
模型1	0.870[a]	0.758	0.757	2.60
模型2	0.884[b]	0.781	0.780	2.47
模型3	0.886[c]	0.785	0.784	2.45

注：1.a表示感知信任。

2.b表示感知信任与感知品牌。

3.c表示感知信任、感知品牌与感知情感。

从上述分析结果可以看出，感知信任、感知品牌及感知情感，R方接近于0.7，说明模型的拟合度较好，适合进行回归分析。

回归分析之后得出的结果具体如表6-13所示。

表6-13　感知价值对体育消费行为的回归分析

模型	项目	非标准化系数		标准化系数		
		Beta	标准误差	Beta	t	Sig.
模型1	常量	2.773	0.624		4.443	0.000
	感知信任	1.452	0.043	0.870	33.777	0.000
模型2	常量	1.946	0.608		3.199	0.001
	感知信任	1.054	0.076	0.632	13.945	0.000
	感知品牌	0.449	0.072	0.284	6.274	0.000
模型3	常量	1.909	0.604		3.163	0.000
	感知信任	0.987	0.079	0.592	12.484	0.000
	感知品牌	0.273	0.098	0.172	2.797	0.005
	感知情感	0.247	0.093	0.160	2.642	0.009

从上述回归分析结果可以看出，感知信任、感知品牌及感知情感均显著，并且有3个变量的Sig值小于0.05，表示符合条件的变量有3个。

由回归分析结果可知，中介变量感知信任、感知品牌及感知情感的P值，即Sig值小于0.05，并且标准化系数为正，分别为0.592、0.172、0.160。由此反映出中介变量中的感知信任、感知品牌及感知情感和中介变量感知实用指标呈正相关关系，这一结论和实际情况相符合。同时，标准化系数越大说明相对一样的模式对用户的感知实用所产生的影响越明显，具体为感知信任对用户的感知实用影响较大，感知品牌对用户的感知实用影响次之，感知情感影响最小。由此可以看出，感知情感会对大学生感知实用指标产生正向影响，感知品牌也会对大学生的感知实用产生正向影响，感知信任也有正向影响。

五、大学生的感知价值检验

为了检验本次研究中中介变量感知实用、感知情感、感知品牌及感知信任是否会产生显著影响，通过逐步回归分析方法将所有自变量代入各个中介变量，得出标准系数的变化，以此为基础判断感知价值是否发挥了中介作用。

（一）大学生的感知实用中介效应检验

为了判断大学生本身的感知实用是否产生了中介效应，运用运动类App中的自变量对大学生购买行为进行回归分析，具体结果如下。

自变量：单人模式（见表6–14）。

6–14　感知实用的中介效应回归分析（单人模式）

模型	项目	非标准化系数		标准化系数		
		Beta	标准误差	Beta	t	Sig.
模型1	常量	7.456	0.711		10.481	0.000
	营销模式	0.842	0.036	0.770	23.064	0.000
模型2	常量	4.232	0.670		6.319	0.000
	营销模式	0.408	0.049	0.373	8.353	0.000
	单人模式	0.808	0.070	0.517	11.576	0.000

从上述数据结果可以看出，中介变量感知实用在经过回归分析后，单人模式的Beta值发生变化，从原有的0.770下降为0.373。这反映出新的变量对单人模式产生了中介作用，具体为运动类App中的单人模式能够对大学生体育消费购买行为的感知实用产生中介作用。

自变量：多人模式（见表6–15）。

表6–15　感知实用的中介效应回归分析（多人模式）

模型	项目	非标准化系数		标准化系数		
		Beta	标准误差	Beta	t	Sig.
模型1	常量	8.808	0.768		10.464	0.000
	营销模式	0.769	0.039	0.715	19.555	0.000
模型2	常量	4.711	0.702		6.714	0.000
	营销模式	0.268	0.050	0.249	5.404	0.000
	单人模式	0.961	0.072	0.614	13.331	0.000

从上述数据结果可以看出，中介变量感知实用在经过回归分析后，多人模式的Beta值发生变化，从原有的0.715下降为0.249，这反映出新的变量对多人模式产生了中介作用，具体为运动类App中的多人模式能够对大学生体育消费购买行为的感知实用产生中介作用。

自变量：营销模式（见表6-16）。

表6-16　感知实用的中介效应回归分析（营销模式）

模型	项目	非标准化系数		标准化系数		
		Beta	标准误差	Beta	t	Sig.
模型1	常量	5.400	0.660		8.185	0.000
	营销模式	0.442	0.016	0.826	28.005	0.000
模型2	常量	4.071	0.649		6.268	0.000
	营销模式	0.276	0.028	0.516	9.805	0.000
	单人模式	0.571	0.082	0.365	6.948	0.000

从上述数据结果可以看出，中介变量感知实用在经过回归分析后，营销模式的Beta值发生变化，从原有的0.826下降为0.516，这反映出新的变量对营销模式产生了中介作用，具体为运动类App中的营销模式能够对大学生体育消费购买行为的感知实用产生中介作用。

（二）大学生的感知情感中介效应检验

为了判断大学生本身的感知情感是否产生了中介效应，运用运动类App中的自变量对大学生购买行为进行回归分析，具体结果如下所示。

自变量：单人模式（见表6-17）。

表6-17　感知情感的中介效应回归分析（单人模式）

模型	项目	非标准化系数		标准化系数		
		Beta	标准误差	Beta	t	Sig.
模型1	常量	7.456	0.711		10.481	0.000
	营销模式	0.842	0.036	0.770	23.064	0.000
模型2	常量	4.315	0.663		6.507	0.000
	营销模式	0.384	0.050	0.351	7.684	0.000
	单人模式	0.825	0.070	0.536	11.733	0.000

从上述数据结果可以看出，中介变量感知情感在经过回归分析后，单人模式的Beta值发生变化，从原有的0.770下降为0.351。这反映出新的变量对单人模式产生了中介作用，具体为运动类App中的单人模式能够对大学生体育消费购买行为的感知情感产生中介作用。

自变量：多人模式（见表6-18）。

表6-18　感知情感的中介效应回归分析（多人模式）

模型	项目	非标准化系数		标准化系数		
		Beta	标准误差	Beta	t	Sig.
模型 1	常量	8.808	0.768		10.464	0.000
	营销模式	0.769	0.039	0.715	19.555	0.000
模型 2	常量	4.685	0.691		6.793	0.000
	营销模式	0.251	0.049	0.234	5.113	0.000
	单人模式	0.974	0.070	0.632	13.828	0.000

从上述数据结果可以看出，中介变量感知情感在经过回归分析后，多人模式的Beta值发生变化，从原有的0.715下降为0.234。这反映出新的变量对多人模式产生了中介作用，具体为运动类App中的多人模式能够对大学生体育消费购买行为的感知情感产生中介作用。

自变量：营销模式（见表6-19）。

表6-19　感知情感的中介效应回归分析（营销模式）

模型	项目	非标准化系数		标准化系数		
		Beta	标准误差	Beta	t	Sig.
模型 1	常量	5.400	0.660		8.185	0.000
	营销模式	0.442	0.016	0.826	28.005	0.000
模型 2	常量	3.546	0.628		5.644	0.000
	营销模式	0.264	0.024	0.493	10.981	0.000
	单人模式	0.636	0.069	0.413	9.190	0.000

从上述数据结果可以看出，中介变量感知情感在经过回归分析后，营销模式的Beta值发生变化，从原有的0.826下降为0.493。这反映出新的变量对营销模式产生了中介作用，具体为运动类App中的营销模式能够对大学生体育消费购买行为的感知情感产生中介作用。

（三）大学生的感知品牌中介效应检验

为了判断大学生的感知品牌是否产生了中介效应，运用运动类App中的自变量对大学生购买行为进行回归分析，具体结果如下所示。

自变量：单人模式（见表6-20）。

表6-20　感知品牌的中介效应回归分析（单人模式）

模型	项目	非标准化系数		标准化系数		
		Beta	标准误差	Beta	t	Sig.
模型 1	常量	7.456	0.711		10.481	0.000
	营销模式	0.842	0.036	0.770	23.064	0.000

续表

模型	项目	非标准化系数		标准化系数		
		Beta	标准误差	Beta	t	Sig.
模型2	常量	3.475	0.663		5.242	0.000
	营销模式	0.397	0.046	0.364	8.730	0.000
	单人模式	0.859	0.066	0.543	13.031	0.000

从上述数据结果可以看出，中介变量感知品牌在经过回归分析后，单人模式的Beta值发生变化，从原有的0.770下降为0.364。这反映出新的变量对单人模式产生了中介作用，具体为运动类App中的单人模式能够对大学生体育消费购买行为的感知品牌产生中介作用。

自变量：多人模式（见表6-21）。

表6-21 感知品牌的中介效应回归分析（多人模式）

模型	项目	非标准化系数		标准化系数		
		Beta	标准误差	Beta	t	Sig.
模型1	常量	8.808	0.768		10.464	0.000
	营销模式	0.769	0.039	0.715	19.555	0.000
模型2	常量	4.140	0.701		5.904	0.000
	营销模式	0.237	0.049	0.220	4.812	0.000
	单人模式	1.022	0.072	0.646	14.121	0.000

从上述数据结果可以看出，中介变量感知品牌在经过回归分析后，多人模式的Beta值发生变化，从原有的0.715下降为0.220。这反映出新的变量对多人模式产生了中介作用，具体为运动类App中的多人模式能够对大学生体育消费购买行为的感知品牌产生中介作用。

自变量：营销模式（见表6-22）。

表6-22 感知品牌的中介效应回归分析（营销模式）

模型	项目	非标准化系数		标准化系数		
		Beta	标准误差	Beta	t	Sig.
模型1	常量	5.400	0.660		8.185	0.000
	营销模式	0.442	0.016	0.826	28.005	0.000
模型2	常量	3.194	0.637		5.013	0.000
	营销模式	0.258	0.024	0.482	10.681	0.000
	单人模式	0.672	0.071	0.425	9.404	0.000

从上述数据结果可以看出，中介变量感知品牌在经过回归分析后，营销模式的Beta值发生变化，从原有的0.826下降为0.482。这反映出新的变量对营销模式产生了中介作用，具体为运动类App中的营销模式能够对大学生体育消费购买行为的感知品牌产生中介作用。

（四）大学生的感知信任中介效应检验

为了判断大学生的感知信任是否产生了中介效应，运用运动类App中的自变量对大学生购买行为进行回归分析，具体结果如下所示。

自变量：单人模式（见表6-23）。

表6-23　感知信任的中介效应回归分析（单人模式）

模型	项目	非标准化系数		标准化系数		
		Beta	标准误差	Beta	t	Sig.
模型1	常量	7.456	0.711		10.481	0.000
	营销模式	0.842	0.036	0.770	23.064	0.000
模型2	常量	2.107	0.597		3.528	0.000
	营销模式	0.278	0.041	0.254	6.770	0.000
	单人模式	1.129	0.063	0.676	18.001	0.000

从上述数据结果可以看出，中介变量感知信任在经过回归分析后，单人模式的Beta值发生变化，从原有的0.770下降为0.254。这反映出新的变量对单人模式产生了中介作用，具体为运动类App中的单人模式能够对大学生体育消费购买行为的感知信任产生中介作用。

自变量：多人模式（见表6-24）。

表6-24　感知信任的中介效应回归分析（多人模式）

模型	项目	非标准化系数		标准化系数		
		Beta	标准误差	Beta	t	Sig.
模型1	常量	8.808	0.768		10.464	0.000
	营销模式	0.769	0.039	0.715	19.555	0.000
模型2	常量	2.201	0.616		3.571	0.000
	营销模式	0.192	0.039	0.178	4.992	0.000
	单人模式	1.237	0.060	0.741	20.450	0.000

从上述数据结果可以看出，中介变量感知信任在经过回归分析后，多人模式的Beta值发生变化，从原有的0.715下降为0.178。这反映出新的变量对多人模式产生了中介作用，具体为运动类App中的多人模式能够对大学生体育消费购买行为的感知信任产生中介作用。

自变量：营销模式（见表6-25）。

表6-25　感知信任的中介效应回归分析（营销模式）

模型	项目	非标准化系数		标准化系数		
		Beta	标准误差	Beta	t	Sig.
模型1	常量	5.400	0.660		8.185	0.000
	营销模式	0.442	0.016	0.826	28.005	0.000

续表

模型	项目	非标准化系数		标准化系数		
		Beta	标准误差	Beta	t	Sig.
模型 2	常量	1.978	0.582		3.400	0.001
	营销模式	0.183	0.022	0.342	8.248	0.000
	单人模式	0.984	0.069	0.590	14.215	0.000

从上述数据结果可以看出，中介变量感知信任在经过回归分析后，营销模式的Beta值发生变化，从原有的0.826下降为0.342。这反映出新的变量对营销模式产生了中介作用，具体为运动类App中的营销模式能够对大学生体育消费购买行为的感知信任产生中介作用。

六、运动类App对大学生体育消费行为探索性分析

在不受所有中介变量和协变量的影响下，对自变量——运动类App中的各个模式和因变量——大学生体育消费行为通过逐步回归方法进行分析，一是论证自变量和因变量之间的因果关系，二是对前文内容所获得的研究结果进行比较。具体结果如表6-26、表6-27所示。

表6-26 自变量对感知信任回归分析

模型	R	R 方	调整 R 方	标准估计误差
模型 1	0.826[a]	0.682	0.682	0.595
模型 2	0.841[b]	0.707	0.705	0.573

注：1.a 表示营销模式。

2.b 表示营销模式与单人模式。

表6-27 自变量对感知品牌回归分析

模型	项目	非标准化系数		标准化系数		
		Beta	标准误差	Beta	t	Sig.
模型 1	常量	1.080	0.132		8.185	0.000
	营销模式	0.796	0.028	0.826	28.005	0.000
模型 2	常量	0.930	0.130		7.163	0.000
	营销模式	0.576	0.048	0.597	11.893	0.000
	单人模式	0.242	0.044	0.277	5.519	0.000

从上述结果可以看出，运动类App营销模式会对大学生的感知价值产生较大影响，但是这种影响既包含正面影响也包含负面影响。比如，很多大学生对运动类App中植入的广告较为反感，甚至一些大学生对这些广告已经产生了抵触情绪。所以，对于运动类App而言，必须在进行广告的推送前对广告内容进行严格审核，向大学生推送制作精良的广告，这样才能够促使大学生产生购买

意愿，形成良好体验，对运动类App形成信任。同时，运动类App的运营商在广告推送方面需要提升用户和广告的接触质量，如可以在启动程序的过程中向用户推送一些广告，这样能够促使广告和用户的接触质量有所提升。

第二节　结论与建议

一、结论

首先，运动类App中的单人模式对于大学生体育消费者感知实用能够产生正向影响，对大学生的感知情感也能够产生正向影响，对大学生的感觉信任也具有正向影响。

其次，运动类App中的社交模式能够对大学生体育消费者的感知实用产生正向影响，对大学生的感知情感也能够产生正向影响，对大学生的感觉信任也具有正向影响。

再次，运动类App中的营销模式能够对大学生体育消费者的感知实用产生正向影响，对大学生的感知情感也能够产生正向影响，对大学生的感知品牌有正向影响，对大学生的感觉信任也具有正向影响。

最后，大学生的消费情感对其体育消费行为有正向影响，感知品牌对其体育消费行为有正向影响，感知信任对其体育消费行为有正向影响。

二、建议

（一）运动类App单人模式方面的建议

运动类App的单人模式是运动类App中最基础的功能，同时也是最重要的功能。从某种程度上来看，运动类App的单人使用模式在消费者是否会继续使用运动类App方面起到了决定性作用。在运动类App中，用户最常使用到的功能是其中的数据统计功能及训练计划制订功能。用户进入运动类App后，首先会使用数据统计功能和运动训练计划制订功能，以此来对自己的体育锻炼进行规划。从目前来看，一些运动类App的主界面较为单一，这样就会对用户使用该App产生一定负面影响，所以运动类App可以在不影响消费者使用的基础上使界面更加丰富多样，这样能够促使用户感觉更为舒适，从而对消费者的感知情感产生影响；也可以在主界面中合理地加入一些品牌的信息，这样不仅能将信息更好地传递给用户，还能让用户与品牌信息有更长的接触时间，这样能够刺激用户产生消费需求；还可以向用户推送一些广告，需要注意的是，推送的广告要给用户留下好的印象，这样才能够更好地吸引用户的注意力。

（二）运动类App多人模式方面的建议

从上述研究结果可以看出，感知信任会对大学生体育消费行为产生影响。尽管这种信任所产生的影响并不是因运动类App本身导致的，但是通过某些方法能促使运动类App的多人模式对大学生感知信任形成正面影响，从而促进大学生的体育消费。在多人模式中存在较多有价值的信息，但是大学生会因为其他方面的因素而对这些信息产生怀疑，所以运动类App应对这些信息进行严格审核后再进行宣传，这样能使大学生对运动类App的感知信任得到提升。

（三）运动类App营销模式方面的建议

从上述结果可以看出，运动类App营销模式会对大学生的感知价值产生较大影响，这种影响既包含正面影响也包含负面影响。比如，很多大学生对运动类App中所植入的广告较为反感，甚至一些大学生对这些广告已经产生了抵触情绪。所以对于运动类App而言，要对推送的广告进行严格审核，向大学生推送制作精良的广告，这样才能够促使大学生产生购买意愿，形成良好体验，进而对运动类App形成信任。同时，运动类App的运营商在广告推送方面需要提升用户和广告之间的接触质量，如可以在启动程序的过程中向用户推送一些广告，这样能够促使广告和用户之间的接触质量得到提升。

第七章 户外真人秀节目
与大学生体育消费

随着人们生活水平的提高，大家更加注重身体健康与休闲娱乐。在这样的背景下，户外真人秀节目逐渐成为现代社会中备受关注的话题。户外真人秀节目通过展现选手在自然环境中的生存能力和智慧，吸引了众多观众的关注。大学生体育消费是指大学生在校园内或周边地区参与各类体育运动、购买相关器材和服装等行为。本章将探讨户外真人秀节目对大学生体育消费的影响。

第一节 户外真人秀节目与体育消费

一、户外真人秀节目

从目前来看，关于真人秀还没有形成统一的定义。我国对真人秀的定义是清华大学教授尹鸿等人所给出的，具体为：普通人在相应的情景中或者在一定规则的限制下，为了达到某种目标而做出的行动，并且这些行动被记录或者被加工后以节目的方式播出。[1]同时，尹鸿教授等人还提出了真人秀节目具备的几个方面，如规定情境、自愿参与、设置规则、明确目标等。本章主要以《奔跑吧兄弟》为例，探索户外真人秀节目对大学生体育消费所产生的影响。《奔跑吧兄弟》是一档户外真人秀节目，即场景设置在户外。户外真人秀节目具有较强的体育竞技特点，所以观众在观看户外真人秀节目的过程中，会产生身临

---

[1] 尹鸿，冉儒学，陆虹．娱乐旋风：认识电视真人秀 [M]．北京：中国广播电视出版社，2006:15-18.

其境的感觉，会对节目中参与者最终的输赢与成败产生极强的期待感，所以直播类户外真人秀节目成为各大电视台收视率的保障。相关数据显示，在全世界范围内，那些拥有高收视率的节目中，真人秀节目占到了50%以上。同时，户外真人秀节目往往需要到全世界各地进行拍摄，所以其节目中的活动会在不同的环境中进行。由于环境不同，嘉宾在环境中的真实反应也不同，从而产生整个节目无法预料的结果，因此会对观众产生巨大的吸引力。

《奔跑吧兄弟》初次开播时，占据了同时段节目收视率第一的位置，颇受好评。在此之后，户外真人秀节目的形式愈加丰富，不仅邀请了众多明星参与，还将竞技、户外充分结合，最终形成了备受观众喜欢的节目形态。在《奔跑吧兄弟》等户外真人秀节目的冲击下，我国其他电视台也开始制作不同的真人秀节目，如中央电视台引进的《了不起的挑战》，这些节目都引发了较好的社会反响。

二、户外真人秀和体育消费的互动

户外真人秀节目集体育竞技和娱乐观赏于一体，相较于其他节目具有极强的参与性和带动性。同时，在户外真人秀节目中，参与的成员为了能够获得节目组设置的比赛项目的胜利，就需要通过各种体育类游戏和其他成员进行身体上的对抗或者心理上的博弈，因此对观众有极大的吸引力。另外，电视媒体在信息传递上拥有巨大优势，如电视媒体可以将节目中成员的临场反应和在参与比赛项目过程中所产生的精彩瞬间进行剪辑，从而将这些精彩的部分连续且完整地展现在观众眼前，从而吸引观众的注意力。

媒体是体育和市场的重要介质之一。在媒体发挥自身优势的情况下，体育消费可以获得正确的引导，能促进我国的体育消费快速发展。从我国体育产业的发展状况来看，不同阶段的媒体对体育产业所产生的效果各不相同。比如在体育产业发展的萌芽时期，杂志和电视这些媒体并没有充分发挥促进体育消费发展的功能，所以没有为我国体育产业的发展提供良好支撑。就目前来看，随着科学技术的突破与发展，媒介的传播手段更加多样化，体育逐渐向产业化转变。户外真人秀节目开始通过各种体育比赛、体育游戏来吸引观众的注意力，从而促使观众更加关注体育运动。借助户外真人秀节目充分向观众展示体育竞技的魅力，扩大体育产业的受众覆盖范围，提升体育产业的影响力，进而刺激体育消费的发展。

体育无形资产的种类繁多，这些无形资产主要指的是体育活动的组织者、举办者及参与者所带来的收益。尽管体育中的无形资产不具备物质形态，但其中的资源具有较高的价值，如这些无形资产能够为相关企业带来广告宣传效应。在户外真人秀节目中，开展的各种体育运动促进了体育消费。所以，户外真人秀节目能够提升体育无形资产的整体价值，从而在此基础上进一步推动体育消费市场的发展。

从目前来看，我国大众的体育观念已经有了很大转变，大众体育观念的不断更新推动了我国体育消费市场的发展，同时为我国体育产业市场的不断开拓提供了更多可能性。电视媒体拉近了观众与体育的距离，观众可以通过电视媒体的宣传进一步了解体育，并最终参与体育活动。

当前我国各大电视台推出了大量的户外真人秀节目，这些真人秀节目是推动我国体育消费发展的重要动力。同时，由于电视媒体本身能够对观众产生潜移默化的影响，因此在户外真人秀节目中，无论是嘉宾的衣着打扮，还是其在节目中所享用的美食或使用的交通工具，都会刺激观众的消费欲望，从而促进体育消费的发展。电视媒体的受众范围较为广泛，而户外真人秀节目的收视率是所有节目中的佼佼者。随着各种户外真人秀节目的播出，人们的体育观念在无形中发生变化，从而促使人们逐渐产生了更加丰富的体育消费需求，这些体育消费需求为我国体育消费市场的发展提供了广阔的空间。

所以，户外真人秀节目能够对体育游戏、体育项目及体育观念进行宣传，改变观众对体育的认知，进而促使更多观众参与体育，刺激体育消费，促进体育产业的发展壮大。从长远来看，在户外真人秀节目的刺激下，我国体育产业的产值在未来将实现新的提升。

第二节　基于户外真人秀的大学生体育消费调查分析

在此次调查中，调查主要通过网络进行，与一般的纸质问卷发放存在一定区别。同时，在此次问卷调查中的采样地点是各大高校校园内，所选择的调查对象是高校大学生。调查采用随机采样的方式，共计发放问卷247份，最终回收问卷247份，在筛选掉无效问卷之后，有效问卷数量为226份，有效率为91.5%，符合问卷结果分析要求。

一、户外真人秀节目《奔跑吧兄弟》的学生受众情况

（一）节目认知度广

关于"是否看过浙江卫视的综艺节目《奔跑吧兄弟》"这一问题，调查结果为：有198名学生表示自己收看过该户外真人秀节目，所占比例为87.6%；有28名学生表示自己没有收看过该户外真人秀节目，所占比例为12.4%。

这一调查结果反映当前大学生对该档真人秀节目整体收看情况符合该户外真人秀节目的整体收视率和定位。大部分学生表示自己看过此档真人秀节目，表示自己没有看过的大学生只占少数。

（二）受众的忠诚度较高

《奔跑吧兄弟》是一档户外真人秀节目，每期时长大约90分钟。所以，通过调查大学生观看每期节目的时长可以充分了解该户外真人秀节目在大学生群体中的整体忠诚度和观看黏性。具体调查结果为（本题有效数为198人）：每期必看的学生人数为78人，占比为39.4%；经常收看的学生人数为50人，占比为25.3%；偶尔会看的学生人数为70人，占比为35.3%。

通过上述结果初步了解大学生在观看该真人秀节目每期的具体情况。选择每期都看该档真人秀节目的大学生占据了其中的大部分，所占比例接近40%。

选择经常收看该档真人秀节目的大学生所占比例为25%，选择偶尔观看该档真人秀节目的大学生占总人数的35%。

观看节目时长方面的调查结果为（本题有效问卷为198份）：有38名学生表示自己每期观看时长在0~30分钟，占比为19.2%；有54名学生表示自己每期观看时长在30~60分钟，占比为27.3%；有106名学生表示自己每期观看时长在60~90分钟，占比为53.5%。

通过上述调查结果可以了解到，大学生收看该户外真人秀节目的时长大部分选择了60~90分钟，所占比例达到了一半以上。选择30~60分钟的大学生所占比例接近30%；选择0~30分钟的大学生人数最少，仅仅占总人数的19.2%。从上述内容我们了解到，该户外真人秀节目每期时长约为90分钟，而选择观看60~90分钟的大学生占大部分，反映大部分学生在观看过程中会从头看到尾，进一步反映该户外真人秀节目拥有较多的大学生粉丝。

二、户外真人秀节目对大学生体育消费所产生的影响

一档优秀的户外真人秀节目，不仅能够获得好的收视率，而且能够对观众产生好的影响。《奔跑吧兄弟》真人秀节目的受众包含大学生群体，所以在本次研究中对大学生进行了调研，结果发现户外真人秀节目会对大学生群体的体育消费产生重要影响。

（一）为大学生树立正确的体育观念

在关于"您会受到节目影响而参与体育运动吗"这一问题方面，调查结果为：有106名学生表示会受节目影响而参与体育运动，占比为46.9%；有120名学生表示不会受节目影响而参与体育运动，占比为53.1%。

从这一调查结果可以看到有部分学生因为受到该户外真人秀节目的影响而参与体育运动，占比为46.9%。总体上来讲，户外真人秀节目在某种程度上对大学生参与体育运动产生了影响。

随着社会和科学技术的不断发展与进步，大众对信息的整体需求不断增长，正是在这种情况下，我国媒体迎来了一段高速发展的时期。同时，互联网的快速发展，进一步促使大众的信息接受能力不断提升，从而为包括体育在

内的信息传播提供了更多的平台。对于大学生来说，这些促进了其自身体育消费意识的发展。另外，随着生活水平的不断提高，人们开始从提高自己的物质生活水平转向丰富自己的精神生活，这样就促使体育运动和大众的联系更加紧密。在这样的情况下，大众传播媒介转化为体育和大学生的桥梁，大学生在这一桥梁的支撑下可以被动或主动地获得更多关于体育的信息，甚至会积极参与其中。

（二）帮助大学生形成体育消费观念

在关于"观看节目后，您对体育消费的观念有发生改变吗"这一问题方面，调查结果为：有78名学生表示自己的体育观念已经发生变化，占比为34.5%；有148名学生表示自己的体育观念没有发生变化，占比为65.5%。

从这一调查结果可以看出，34.5%的大学生表示自己的体育观念在观看节目后已经发生变化，反映户外真人秀节目会对大学生群体的体育观念产生影响。

大众媒介在各种传播手段的加持下可以推广体育运动，在潜移默化中对大众的思维意识产生影响，并且进一步改变人们的整体行为模式，从而引导受众参与体育消费。所以，户外真人秀节目会对部分大学生的体育消费观念产生影响，甚至一些大学生会在该档户外真人秀节目的影响下进行体育消费。

（三）勾起了大学生的体育消费欲望

该户外真人秀节目中所设置的各种体育游戏环节都与奔跑相关，所以该节目的嘉宾会穿戴运动服饰或者运动鞋帽。

在关于"节目中的嘉宾身穿的运动服饰您喜欢吗"这一问题方面，具体调查结果为：有92名大学生表示自己喜欢节目中嘉宾所穿的运动服饰，占比为40.7%；有120名学生表示自己对节目中嘉宾所穿的运动服饰喜欢程度一般，占比为53.1%；有14名学生表示自己不喜欢节目中嘉宾所穿的运动服饰，占比为6.2%。

从这一结果可以看出，表示喜欢的大学生占总人数的40.7%，表示喜爱程度一般的大学生占比为53.1%，这充分反映出在户外真人秀节目中嘉宾所穿的运动服会对大学生产生一定的吸引力，而这种吸引力是促使大学生进行体育消费的前提和基础。

在该档户外真人秀节目中，嘉宾需要参与各种体育游戏或者体育运动，有时甚至需要游泳或者分组对抗，因此在这些运动中不同的小组会身穿不同颜色的运动服。在这一过程中，赞助该节目的品牌商借助嘉宾充分展示自己的品牌服装，从而形成体验式传播。节目中的嘉宾本身自带商品属性，所以那些拥有鲜明个性的运动服饰会吸引更多年轻人的目光，尤其是大学生群体，从而促使大学生产生体育消费行为。

在关于"您最想购买嘉宾身上的哪些运动装备"这一问题方面，具体调查结果为：有56.6%的学生表示最能引发自己购买欲望的是嘉宾所穿的运动鞋；有18.6%的学生表示最能引发自己购买欲望的是运动服；有15.9%的学生表示最能引发自己购买欲望的是运动背包；有8.8%的学生表示最能引发自己购买欲望的是运动帽。

从这一结果可以看出，运动鞋是吸引大部分大学生进行体育消费的主要因素，其他依次为运动服装、运动背包及运动帽。

（四）激发大学生参与运动的热情

《奔跑吧兄弟》围绕追逐和奔跑来设置游戏，所以能够给观众带来耳目一新的感觉，观众每次观看节目都会有新的期待。

在关于"您最喜欢其中的哪些游戏环节"这一问题方面，具体调查结果为（本题有效问卷为198份）：有121名学生表示自己最喜欢的游戏环节是撕名牌，占比为61.1%；有26名学生表示自己最喜欢的游戏环节是指压板，占比为13.1%；有14名学生表示自己最喜欢的游戏环节是泥潭大战，占比为7.1%；有4名学生表示自己最喜欢的游戏环节是纸船渡江，占比为2.0%；有18名学生表示自己最喜欢的游戏环节是入水比赛，占比为9.1%；有15名学生表示自己喜欢其他，占比为7.6%。

从这一统计结果可以看出，大学生群体最喜欢的游戏环节是撕名牌，占比达到了60.0%以上。撕名牌游戏是这一真人秀节目最具代表性的游戏，节目中每一位成员的背后都贴着写有自己名字的名牌，如果被撕去就代表该成员被淘汰出局。同时，这一档节目在撕名牌的基础上延伸出了其他的游戏内容，比如追逐、"背叛"及心理战，这些是观众喜欢观看该真人秀节目的重要原因。

在关于"您在生活中玩过这些游戏吗"这一问题方面（本题有效问卷为226份），有82名学生表示自己曾经玩过真人秀节目中的这些游戏，占比为36.3%；有144名学生表示自己没有玩过真人秀节目中的这些游戏，占比为63.7%。

从上述调查结果可以看出，该户外真人秀节目播出后，部分大学生已经玩过该节目中曾经出现的一些游戏，反映出户外真人秀节目会对大学生群体产生影响。从整体上来看，户外真人秀节目中出现的各种体育游戏激发了大学生群体的运动因子，促使大学生群体在日常学习与生活中尝试玩耍节目中曾经出现过的各种体育游戏，特别是该节目最具有代表性且最为精彩的撕名牌游戏，已经成为一些大学生聚会或者进行某些活动中的必备游戏。

在关于"您想亲自体验节目中您最喜欢的体育游戏吗"这一问题方面（有效问卷为226份），具体调查结果为：有120名学生表示自己想体验这些体育游戏，占比为53.1%；有64名学生表示自己想体验这些体育游戏的程度一般，占比为28.3%；有42名学生表示自己不想体验这些体育游戏，占比为18.6%。

通过上述结果可以了解到，在户外真人秀节目中所出现的各种体育游戏氛围，能够较好地吸引大学生参与体育运动，并且能够激发大学生的体育热情，从而促使大学生产生更为强烈的体育消费意识和行为。

（五）激发大学生的体育旅游意愿

在该真人秀节目播出的过程中，很多拍摄场地成了较为热门的旅游场所，一些观众在观看节目后，希望自己可以到这些拍摄地旅游。

在关于"您最喜欢哪些拍摄地点？"这一问题方面（本题有效问卷为198份且可以多选），有26名学生表示自己喜欢《白蛇传说》这一期节目中出现的杭州，占比为13.1%；有28名学生表示自己喜欢《前世情侣》这一期节目中出现的乌镇，占比为14.1%；有58名学生表示自己喜欢《人在囧途之韩囧》这一期节目中出现的韩国，所占比例为29.3%；有12名学生表示自己喜欢《逃离秀山岛》这一期节目中出现的舟山，占比为6.1%；有10名学生表示自己喜欢

《穿越世纪的爱恋》这一期节目中出现的上海，占比为5.1%；有26名学生表示自己喜欢《敦煌大劫案》这一期节目中出现的敦煌，占比为13.1%；有16名学生表示自己喜欢《大漠公主争夺战》这一期节目中出现的敦煌，占比为8.1%；有32名学生表示自己喜欢《楚汉之争》这一期节目中出现的武汉，占比为16.2%；有30名学生表示自己喜欢《三校争霸赛》这一期节目中出现的杭州，占比为15.2%；有20名学生表示自己喜欢《新年运动会》这一期节目中出现的杭州，占比为10.1%；有20名学生表示自己喜欢《寻找神秘人》这一期节目中出现的杭州，占比为10.1%；有22名学生表示自己喜欢《秘密合伙人》这一期节目中出现的重庆，占比为11.1%；有36名学生表示自己喜欢《超能力巅峰之战》这一期节目中出现的重庆，占比为18.2%。

从上述结果可以看出，大学生群体对该户外真人秀节目中所出现的拍摄地，单次选项最多的是韩国，排在第二位的是《超能力巅峰之战》这一期节目中出现的重庆，排在第三、第四位的分别是《楚汉之争》这一期节目中出现的武汉和《三校争霸赛》这一期节目中出现的杭州。

在关于"观看节目后您想去拍摄地游玩吗"这一问题方面（有效问卷为226份），有76名学生表示自己在观看节目后非常想到拍摄地点游玩，所占比例为33.6%；有128名学生表示自己在观看节目后想到拍摄地点游玩的程度一般，所占比例为56.6%；有22名学生表示自己在观看节目后不想到拍摄地点游玩，所占比例为9.7%。

从上述结果可以看出，分别有33.6%和56.6%的大学生表示自己观看节目后非常想去拍摄地点旅游及对拍摄地点旅游的程度一般，只有极少数学生表示自己不想到拍摄地点旅游。由此可以得出，户外真人秀节目可以在一定程度上激发大学生的旅游消费欲望，从而促使大学生产生实际消费的行为。

这里需要指出的是，该户外真人秀节目近些年来嘉宾更换频繁，所以在实际调查过程中主要以该真人秀节目的第一季到第三季为主。在该户外真人秀节目中，拍摄地点主要集中在我国的浙江省、湖北省、甘肃省、重庆市。在拍摄过程中，节目制作组每一期都会根据地方特色来制定节目主题，所以在每一期节目中都会涉及该地区的历史文化，如介绍该地区的标志性建筑物或者介绍当地的美食，这些内容不仅使节目形式更为丰富，还起到了宣传当地传统历史文化及风景名胜的作用，推动了当地旅游业的发展。

第三节　结论与建议

一、结论

（一）树立积极健康的体育消费观

我国的户外真人秀节目提倡的是正向健康的体育价值观，其中在体育理念的提倡方面，节目中所出现的嘉宾会通过自身的健康形象展现现代运动观，向观众传递积极向上的价值观。同时，嘉宾也会通过参与各种体育竞技游戏将娱乐内容传递给受众。

同时，在户外真人秀节目中，制作团队会根据各种体育游戏的进程来向观众传递永不放弃的体育精神。整个节目积极推广体育精神，促进受众在当今时代更好地领悟体育精神，从而实现积极健康的发展。

该户外真人秀节目不仅传递了健康的体育观念，还积极参与公益事业，如节目组为我国贫困山区的孩子捐献了大量的体育设施和运动服装，传递一种在体育面前没有贫富与贵贱，任何人都有机会参与体育运动的理念。节目组向贫困山区的孩子捐献体育设施和运动服装能帮助他们更好地参与体育锻炼，同时宣扬了整个节目一直秉承的奔跑精神，向社会大众传递正能量，也向受众传递了正确的体育消费观。

大众媒体可以通过传播推广群众体育运动，在无形之中对群众的思维意识产生影响，促使人们的行为模式发生改变，从而引导受众参与体育消费。户外真人秀节目以电视为主要手段宣传体育精神和健康向上的思想意识，对于大学生群体来说，在观看这一节目的过程中会受到体育精神和积极向上思想意识的影响，从而实现体育消费观念的转变，这样能帮助大学生更好地成长与发展。

（二）促使大学生产生体育消费意愿

在这一档户外真人秀节目中，节目中的所有成员和邀请的嘉宾都向观众传递了一种积极向上的体育精神，他们穿着充满活力的运动服饰参与有趣和刺激的体育游戏，节目中还出现了大量中国传统文化和各种景点，这些对大学生产生了极强的吸引力，促使大学生产生合理的体育消费意愿。

在节目中，出于运动需要，节目成员和邀请的嘉宾都身穿运动服。在整个节目中，有成员需要不停地在各个地方奔跑或者参与各种体育游戏，在一些情况下还需要身着泳衣下水或者进行分组对抗。在这些游戏中，嘉宾所穿的运动服装会对大学生产生吸引力，激发大学生产生体育消费意愿。

这一档户外真人秀节目是在韩国原版节目的基础上进行制作的，但是在各种主题设定、体育游戏环节及制作模式等方面融入了我国的本土文化。在节目拍摄地点方面，选取了我国具有特色的旅游景点，如西湖、敦煌、舟山等。除此之外，在节目内容方面还贯穿了我国不同地区的风土人情，以及融入了生活在这些地方的人们的生活方式和各种价值观念。正是这些元素的融入，促使整个节目的形式更为丰富，并且以此为基础对我国的历史和传统文化进行了正面宣讲，推动了旅游业的发展，激发大学生产生旅游消费的兴趣。

（三）激发大学生实现体育消费

户外真人秀节目对外传递的是一种健康的体育价值观，这种体育价值观在大学生接触世界和认识世界的过程中会起到极其重要的促进作用。大学生作为消费主体必然会受到电视节目的影响而产生相关的体育消费行为。

大众媒体主要从国内的市场向受众推广体育运动，能够在无形之中对人们的思维意识产生影响，并且以此为基础促使人们的行为模式发生变化，进一步引导受众参与体育消费。户外真人秀节目是在电视传播的基础上宣传体育精神和健康向上的体育价值观，所以大学生在观看节目时其体育观念和体育消费观念必然会受到影响，从而发生一定改变，进而激发大学生的体育消费行为。

大学生在进行体育消费的过程中会寻找可以满足自身精神需求的内容，同时会通过体育消费来体现自己的追求，并且在体育消费过程中放松自己，更加了解自身。

（四）引发大学生的非理性消费

户外真人秀节目是一种娱乐节目，某种程度上可能会对大学生产生一定的负面影响。从体育认知方面来看，户外真人秀节目往往会根据娱乐特征和节目效果的需要而传播非体育方面的知识，而大学生正处于不成熟到成熟的发展阶段，其世界观、人生观、价值观尚未完全成形，所以节目中所传递的非体育信息或其他信息可能会对大学生对体育的理解产生一定负面影响，从而影响大学生对体育的整体认识。从体育消费方面来看，户外真人秀节目也会造成大学生对某一位嘉宾出现盲目崇拜的问题，这可能会对大学生的体育消费观念产生负面影响，从而导致大学生出现非理性体育消费。

大学生正处于从学生到社会人转型的重要时期，在这一过程中，大学生的意志较为薄弱，对社会的认知容易产生动摇或改变。从当前的实际情况来看，大学生获取信息的主要途径是大众传媒，所以大众媒介要将真实的信息和正确的价值观传递给大学生，从而对大学生的体育消费行为产生正确的引导。在传递这些真实信息和正确价值观的同时，会在无形中让大学生接触到某些不健全的人生价值观念，而这些价值观念会在一定程度上对大学生的虚荣心和攀比心产生影响，从而使大学生产生过度消费甚至是奢侈消费的问题。

在体育消费过程中，大学生十分重视体育用品本身的价值和品牌内涵，也会重视体育用品中所涵盖的社会文化意义。所以，在现代品牌营销中，很多体育用品商家会把握学生的这一消费心理，打造一种青春、叛逆及特立独行的品牌形象，同时采取饥饿营销方式进行营销。大学生在这一过程中为了购买自己喜欢的品牌产品，往往会加价购买，甚至通过超前消费方式进行购买，这会促使大学生的非理性化体育消费问题不断恶化。另外，社会公众人物会对大学生的体育消费产生重要影响，如很多大学生认为社会公众人物所使用的品牌就是一种时尚的代名词，所以这部分大学生为了追求时尚会不惜代价去购买，从而形成非理性消费。

二、建议

（一）培养大学生树立正确消费观

在户外真人秀节目的影响下，大学生容易受到嘉宾的影响从而形成习惯性消费行为。所以，在大学生的消费引导方面，必须促使大学生形成正确的消费观念，而不是只以提升大学生的体育消费水平为最终目标。因为从目前的实际情况来看，大学生对户外真人秀嘉宾使用过的体育产品有较弱的抵抗能力，所以必须引导大学生形成正确的消费观念。

对于户外真人秀节目组来说，应该对嘉宾的整体行为进行规范，促使大学生能够正确判断嘉宾的行为和传递的信息，从而在日常生活中做出合理的体育消费选择。同时，还可以通过户外真人秀中的嘉宾鼓励大学生通过更加合理的方式进行体育消费。比如，明星可以鼓励大学生量力而行，在自己经济能力允许范围内进行体育消费。

（二）优化大学生的体育消费结构

优化大学生的体育消费结构可以提高大学体育的发展质量和效率，使大学生的身心发展更健康。第一，提高体育课程的设计和教学质量。体育课程是大学生体育消费的重要组成部分，高校应注重体育教育的质量和效果，加强教师培训和教学评估，提高体育课程的教学质量和趣味性，让大学生爱上运动。第二，管理好校内体育场馆。高校应合理规划场馆使用，延长开放时间，合理收费，使大学生能够充分地使用校内场馆。同时，高校必须加强场馆设施维护、安全管理，保障大学生的安全。第三，建立良好的俱乐部和社团制度。学生俱乐部和社团是大学生体育消费的重要形式，学校应加强对俱乐部和社团的管理和监督，建立良好的运行机制和活动规划，让大学生有更多选择和参与的机会。第四，加强体育用品销售管理。学校可与专业体育用品商家合作，提供购买优惠和质量保障等服务，同时严格监管商家，保护大学生的消费权益。此外，学校可以借助互联网平台和电子商务的发展，为大学生提供更多便捷的购买方式。第五，将体育文化融入大学教育。高校应通过各种方式推广体育文化，让大学生在校园里感受体育热情和体育精神，这不仅能够增强大学生的身体素质，还能够培养他们的优良品质和团队协作精神。

（三）引导大学生理性消费

引导大学生理性消费，需要从以下三个方面着手：第一，强调健康和安全

117

意识，让大学生明白自己的身体健康和安全是最重要的。在选购运动装备时，要注意品牌和质量，不购买低质量和不合格的产品。此外，在参加比赛或者活动时，一定要认真准备和保护自己的身体，特别是一些高风险的运动项目，必须遵循相关规则和要求，实施必要的保护措施。第二，培养大学生的理性消费观念。比如，让学生认识到高端运动装备不一定就是最好的选择，而应该根据自己的实际需求和经济状况进行选择。因此，大学生应了解市场上不同品牌、不同价格的运动装备的优缺点，以及选择品牌和商家的基本原则和方法。同时，高校还需要教育学生在购买和使用运动装备时保护自己的合法权益。第三，培养大学生的运动兴趣和能力。只有真正深入体验过运动的乐趣，才能更好地理解和欣赏高水平的体育比赛。因此，教育工作者应积极推广运动文化，为大学生提供必要的运动机会和条件，鼓励他们参加不同类型的运动项目，增强他们的运动能力和体育素质，提高他们的健康水平。这样大学生才会更加理性和自信地进行体育消费，并且能够更好地欣赏高水平的体育比赛。

第八章　体育品牌文化与大学生体育消费

　　随着我国经济的不断发展，以及人们生活水平的提高，越来越多的人开始关注健康和体育锻炼，体育品牌文化也逐渐成为人们生活中不可或缺的一部分。体育产品以独特的品牌文化和产品魅力，吸引了众多年轻人的关注和追捧，成为年轻消费者购物清单上的重要组成部分。大学生作为社会中最具活力和创新精神的群体，具有强烈的个性和时尚感，对新潮的体育品牌和体育用品有着极高的敏感度，成为体育品牌竞争的重要客户群体。

　　本章旨在探讨体育品牌文化与大学生体育消费的关系及相互影响，通过深入剖析体育品牌文化的影响，探索大学生体育消费者的消费心理和消费行为，力求为体育品牌商提供发展战略和市场定位方面的参考，也为大学生体育消费者提供更全面的消费指南和购物建议。

第一节　体育品牌文化与大学生体育消费调查分析

一、研究对象和研究方法

（一）研究对象

　　此次研究主是针对体育品牌文化对大学生体育消费的影响，所以研究的主要内容是体育品牌文化对大学生消费心理、消费模式、消费行为及消费结果的影响。

（二）研究方法

1.文献资料法

此次研究主要借助不同渠道和手段，如图书馆、互联网等收集实体资料和网络资料，并且以此为基础进行汇总分析，从而为此次研究提供更多参考。

2.访谈法

在实际调查过程中，充分借助访谈法对大学生进行实际访谈，并且对大学生所提出的建议进行整理和总结。

3.问卷调查法

为了更好地完成研究，就需要获得一定数据信息的支撑，因此在此次研究中使用了问卷调查法，即通过对不同院校的大学生进行问卷调查以收集数据信息。对于调查对象的选择，主要采用抽样调查方式，即从不同院校随机选择大学生进行调查。在此次调查中，共随机选择510名大学生发放调查问卷，并进行问卷回收和有效调查问卷统计。共发放问卷510份，回收506份，有效问卷为500份，问卷有效率为98.8%，基本可以满足本次研究的实际需求。

4.数理统计法

在调查问卷数据汇总的基础上，通过统计软件SPSS 17.0进行数据处理。

二、研究结果与分析

（一）体育品牌文化对大学生体育消费心理的影响

品牌文化作为企业长期发展的重要基础，之所以在激烈的市场竞争中能发挥非常重要的作用，根本的一点是品牌文化对消费者具有心理暗示的作用，而且这种暗示实际上是品牌文化影响消费者心理的核心。因为绝大多数的消费者对自身所需求的产品没有足够深入的了解，也就是说，消费者对目标产品并没有非常专业的了解，他们对某一品牌产品的认知是需要通过各类渠道获得的。但对产品而言，企业所能提供给消费者了解的渠道往往是各种各样的广告与宣传，这使消费者只能借助这些信息来了解产品，直到可以满足自身需求的程度。在这种情况下，品牌文化的作用便显露出来，它成为促进消费者不断认知产品并为消费者带去更好感知的重要手段。实际上，对于大多数的品牌产品，消费者都会尽可能多地收集这些品牌的不同信息，但消费者毕竟不是专业人士，缺乏品牌产品的专业知识，所以深入了解的难度很大。还有部分消费者，由于没有过多的精力花费在购买产品这种行为上，更不可能寻找各种与产品有关的信息，因此便直接借助品牌文化来了解，以品牌及其相关的文化底蕴来作为对商品进行评价的基础。

从企业的角度来看，对于自身产品，企业希望更多的消费者能获取足够的对产品有利的信息，因此企业更乐意借助品牌效应来满足消费者的心理需求，达到暗示消费者该产品安全可靠的目的。品牌文化的存在同样也是一种对消费者消费情结的暗示，甚至有人说，品牌文化是活在消费者心中的一种购物情结。实际上，这种情结是品牌文化为消费者营造的一种幻象与暗示。

著名的心理学家马斯洛认为人的需求从低到高可以划分为五个层次，分别为生理需求、安全需求、爱与归属感、尊重及自我实现。在该需求理论模式下，品牌文化隶属于品牌消费的领域，给消费者带来的是多重的需求暗示。首先是安全暗示。品牌文化的产生，会让很多的消费者认为这是长期购买经验的积累，是前人的经历，是产品发展的历史积淀，越来越多的消费者对拥有特定品牌文化的产品给予肯定的态度，认为可以对产品进行重复购买，这从根本上消除了消费者对该产品的后顾之忧，从而促使消费者在更短的时间内选择产品并购买产品。可以说，品牌文化给消费者一个安全可靠的暗示，让消费者每次出现类似需求时都能首先想到认同的品牌。其次是品牌文化可以为消费者提供一种强烈的归属感。品牌文化的出现受时代、地域及社会等方面的影响，是群体认同的一种结果，具有一定的广泛性。这种广泛性与人的特点有明显的统一性。人作为一种群体生物，在社会生活中的很多方面具有较强的归属感，这使人在品牌文化的影响过程中很容易由于归属感的存在而表现出对群体意愿的屈从，从而产生对品牌的青睐。尽管很多时候这种屈从不是非常明确，也可能只是为了追赶时代潮流，但这都是由品牌文化所带来的改变。最后是品牌文化可以暗示给人们更多的成就感。大多数人活在复杂的社会中，所追求的并非简单的生存，而是价值的彰显。而这种价值的彰显恰恰和品牌文化带给人们消费的成就感有很大的关联。换句话说，品牌文化可以带给人们更多的认同、评价和羡慕，从而让消费者自身获得极大的满足。一般来讲，凡是出色的品牌，从产品的定位到研发，再到市场销售，其中所蕴含的品牌文化往往是深远的、独特的，这使品牌文化本身所代表的含义已经超越了产品本身。同时，优秀的品牌文化可以引领时代的潮流，而大学生在精神上对品牌文化的高度认同最终也会使大学生形成强烈的品牌忠诚度，从而影响大学生的体育消费心理。

1.体育品牌文化对大学生体育消费动机的影响

消费动机是大学生进行体育消费的根本原因所在。在大学生群体中，消费动机十分复杂，如一部分大学生可能是为了满足自身的基本需求而进行消费，也有一部分大学生是为了充分展现自己的个性而进行消费，还有一部分大学生可能是为了满足自己的攀比心理而进行消费。从总体上来看，无论是哪种消费动机，都是为了促使大学生完成消费。

问卷调查发现，高校大学生的体育消费动机十分复杂，并且呈现出多样化发展趋势。最终调查结果如下所示。

在1395个选择中，有425名学生表示自己进行体育消费的主要动机是体育有助于自己的身心健康，所占比例为30.5%，个案百分比为85.0%；有185名学生表示自己进行体育消费的主要动机是自身对审美有所追求，所占比例为13.3%，个案百分比为37.0%；有260名学生表示自己进行体育消费的主要动机是可以提升自己的运动水平，所占比例为18.6%，个案百分比为52.0%；有65名学生表示自己进行体育消费的主要动机是存在一定的从众心理，所占比例为4.7%，个案百分比为13.0%；有15名学生表示自己进行体育消费的主要动机是自己有攀比心理，所占比例为1.1%，个案百分比为3.0%；有305名学生表示自己进行体育消费的主要动机是体育消费品是自己的生活必需品，所占比例为21.9%，个案百分比为61.0%；有140名学生表示自己进行体育消费的主要动机是其他，所占比例为10.0%，个案百分比为28.0%。

从上述数据结果可以看出，有30.5%的学生表示自己进行体育消费的主要动机是有助于自己的身心健康，有21.9%的学生认为自己进行体育消费的主要动机是体育消费品是自己的生活必需品，有18.6%的学生表示自己进行体育消费的主要动机是可以提升自己的运动水平，有13.3%的学生表示自己进行体育消费的主要动机是自身对审美有所追求，有4.7%的学生表示自己进行体育消费的主要动机是存在一定的从众心理，极少数学生表示自己进行体育消费的动机是存在攀比心理。

从上述不同的消费动机可以看出，大部分学生的消费动机受到了体育品牌文化的影响，其中较为典型的是有助于身心健康、审美追求、从众心理、攀比心理等。该高校的大学生已经成了这一地区体育用品市场的主要消费群体，并且大学生群体所产生的不可替代性在不断增强。尤其是今天的大学生，多是家中的独生子女，形成了一种典型心理，即追求体育消费过程中的文化性和优越性。之所以会形成这种消费心理，除了与其家庭生活和物质文化环境紧密相关以外，也受到体育品牌文化的影响。如果从消费心理学角度来看，这种消费心理属于独特消费心理特征。体育品牌文化对大学生消费动机的影响主要体现在以下两个方面。

一方面，体育品牌文化对大学生所产生的影响可以促使大学生从原本满足自身生活基本需求逐渐转变为追求更多附加价值。体育品牌文化对大学生的消费动机产生了重要影响，是促使大学生群体消费动机产生根本改变的原因之一。具体来看，高校大学生在消费动机上受体育品牌文化的影响较大，很多大学生开始追求高品质的生活，所以对很多体育品牌的产品有深入了解。在深入了解这些体育品牌文化的过程中，大学生便开始表现出对这种体育品牌文化的追求，从而逐渐产生消费动机的高端化发展和消费行为低端化发展的矛盾，即很多大学生对体育品牌的追求已经超越了产品本身，更加重视这些体育品牌背后所蕴含的文化价值。

另一方面，体育品牌文化往往会促使大学生群体的体育消费动机更加集中。从前文的数据统计中可以看出，大学生的消费动机更多集中在某几个方面，大学生对其他的消费动机没有表现出过多的热衷。从表面来看，这些动机的产生与体育品牌文化密切相关，但事实上体育品牌文化的产生基本上是围绕这几种消费动机展开的，无论是有助于身心健康、可以提高运动水平，还是对审美有所追求，这些都是体育品牌文化所能够体现出的重点内容。在各种体育品牌中，无论是阿迪达斯还是李宁的品牌文化，都充分体现了上述消费动机。所以，在体育品牌文化的影响下，高校的大学生群体的体育消费动机相较于以往更为集中。

2.体育品牌文化对大学生体育消费观念的影响

当今的消费时代，人们的消费观念会随着时代和环境的改变而发生改变。大学生进行的体育消费过程本质上是一种观念更新的过程，是在学习和借鉴中不断演化的过程。换言之，因为大学生群体能够接触各种新的体育消费观念，所以大学生在不断积累和发展变化中形成了新的消费观念。同时，大学生在进行思考和探讨的过程中也会通过新的体育消费观念来指导自己的体育消费行为。

通过问卷调查数据可以看出，对于体育运动品牌消费的看法，33%的大学生表示进行运动品牌消费是一种正常消费，31%的大学生表示进行运动品牌的消费具有必要性，23%的大学生表示对运动品牌的消费只有在需要时才进行，13%的大学生表示进行运动品牌的消费没有必要。

从上述调查结果可以看出，高校的大部分大学生认为体育品牌消费理念基本为正常消费观念。同时，在对大学生进行实际访谈的过程中发现，绝大部分大学生认为如果在自己经济条件允许的情况下没有进行体育品牌产品的消费，那就是一种不正常的行为。通过这些数据可以发现，在影响高校的大学生体育消费观念的各种因素中，体育品牌文化是一种重要因素，主要表现在以下两个方面。

第一，体育品牌文化十分容易促进大学生产生新的消费观念。对于任何一位大学生而言，其消费观念和消费行为的建立，往往是由其家庭教育和自身所处的环境影响而产生的。但是这些学生进入大学后，消费观念开始受到周围同学和老师等人的影响，这样就促使大学生的消费心理开始发生变化。很多大学生就是通过体育品牌文化所传递的信息而获取了一种消费观念，并且这种获取信息的方式最为简单和直接，从而对大学生产生了消费暗示。大学生在长期接触体育品牌文化的过程中，自身的消费心理会逐渐发生变化，被体育品牌文化中所包含的经典、时尚等要素影响，从而开始追求这种品牌文化，并以此为基础形成这一系列体育品牌的消费观念。

第二，体育品牌文化促使大学生的消费观念更加具有时代性。大学生的体育消费心理会在与体育品牌文化接触的过程中不断成熟，这一过程是大学生原有消费观念被体育品牌文化中所包含的消费观念打破的过程。除此之外，随着体育品牌文化的不断宣传，更多大学生会受到体育品牌文化的心理暗示，认为当今时代是潮流的时代，是应该由自己选择消费方式的时代。同时，体育品牌文化还会暗示大学生认同自己的品牌，促使大学生进行体育品牌产品的消费。

3.体育品牌文化对大学生体育消费意识的影响

相较于其他群体，大学生群体的消费意识更加强烈，因为大学生群体本身所处的环境相较于一般社会群体具有一定优越性，并且大学生群体的物质基础较高，在消费意识方面更为单纯。需要注意的是，尽管大学生的消费意识较为单纯，但也存在不同的意识分歧，这一点可以从高校大学生体育消费情况调查问卷结果看出。这一方面的调查结果具体如下所示。

有80名学生表示自己在意体育品牌，并且只买名牌产品，所占比例为16.0%；有275名学生表示自己无所谓体育品牌，并且什么品牌都可以，所占比例为55.0%；有145名学生表示自己一般不买名牌产品，大多数情况下买杂牌，所占比例为29.0%。上述结果充分体现了大学生的体育消费意识，并且反映出在选择在意品牌和不在意品牌之间，不同大学生有不同选择，甚至在选择品牌方面不同大学生也存在一定差别。

对大学生选择国内、国外品牌的具体调查结果如下所示。

有35名学生表示自己只购买国外的体育品牌产品，所占比例为7.0%；有70名学生表示自己经常购买国外的体育品牌产品，也会购买国内品牌产品，所占比例为14.0%；有280名学生表示自己无所谓，只要是适合自己的就会购买，所占比例为56.0%；有70名学生表示自己经常购买国内的体育品牌产品，也会购买国外品牌产品，所占比例为14.0%；有45名学生表示自己只购买国内品牌产品，所占比例为9.0%。从上述数据结果可以看出，高校大学生在体育品牌选择方面基本形成了自己的主见，虽然有超过一半的学生表示自己不在意体育品牌，但是仍然有接近一半的学生会以自己的主观为基础购买一些国外体育品牌产品或国内体育品牌产品，这也反映高校大学生的体育消费意识呈现多样化。之所以会出现这种情况，主要原因是大学生受到了体育品牌文化的影响，主要体现在以下几个方面。

第一，体育品牌文化对大学生的消费意识产生了影响，促使大学生消费意识向个性化方向发展。在体育品牌文化的影响下，大学生会在主观意识上主动了解更多的体育品牌，从而在潜意识中对各种体育品牌出现一定的选择倾向性。很多大学生认为，自己在进行体育消费过程中如果购买自己喜欢的体育品牌，就能够充分体现自身的特点。而正是了解了大学生群体的这一特点，很多体育运动品牌在充分宣传这一方面的内容，如李宁品牌文化中的"一切皆有可能"。由此可以看出，大学生群体体育消费欲望产生的同时，已经受到体育品牌文化的影响，并且在这些文化影响的基础上逐渐形成了具有自身情感和价值需求的品牌意识，进而通过这些体育品牌产品来彰显自己的消费品位和追求。

第二，体育品牌文化在促进大学生消费意识提升的亲和力得到增强。从当前国内外的品牌文化宣传实际情况来看，大部分品牌文化在宣传和传播过程中十分重视与消费者之间的亲和力，这已经成为体育品牌文化信息产品的重要内容之一，也是不同体育产品进行竞争的重要区别之一。大学生作为体育运动的主要群体，必然会对体育产品有实际需求，而体育品牌不仅能够在包装和设计等方面充分满足大学生的实际需求，也能够通过品牌文化的亲和力来满足大学生的精神需求。从当前大学生群体的体育消费实际情况来看，很多大学生会追求时尚品牌，选择能够体现自身消费理念的体育品牌。从感知理论方面来看，消费意识能够充分体现消费者的人生观和各项特点，而体育品牌文化能够促使大学生展现某种人生观或个性化特点，符合大学生的实际需求，能够引发大学生群体潜意识中的共鸣，从而促使大学生对体育品牌产生更大的亲和力。

（二）体育品牌文化对大学生体育消费行为的影响

1.体育品牌文化实现了大学生体育消费水平的提高

近年来，在全民运动的带动下，我国体育用品市场发展迅速。大学生群体受整体形势的影响，体育品牌消费水平也在不断提升。在对大学生体育消费水平的调查统计中发现，体育消费对于大部分大学生而言已经常态化，大部分大学生会在日常学习生活中进行体育消费，并且从消费水平方面来看比成年人更高。下面内容显示的是高校大学生体育消费情况的统计结果。

在所调查的大学生中，有15名大学生表示自己的月体育消费金额在100元及以下，所占比例为3.0%；有60名大学生表示自己的体育消费金额在100元到200元（含200元），所占比例为12.0%；有85名大学生表示自己的体育消费金额在200元到400元（含400元），所占比例为17.0%；有105名大学生表示自己的体育消费金额在400元到600元（含600元），所占比例为21.0%；有65名大学生表示自己的体育消费金额在600元到800元（含800元），所占比例为13.0%；有90名大学生表示自己的体育消费金额在800元到1000元（含1000元），所占比例为18.0%；有80名大学生表示自己的体育消费金额在1000元以上，所占比例为16.0%。

在每月生活费方面，有60名大学生表示自己每月生活费在1000元以上，所占比例为12.0%；有100名大学生表示自己每月生活费在800元到1000元（含1000元），所占比例为20.0%；有280名大学生表示自己每月生活费在600元到800元（含800元），所占比例为56.0%；有45名大学生表示自己每月生活费在400元到600元（含600元），所占比例为9.0%；有15名大学生表示自己每月生活费在400元及以下，所占比例为3.0%。

从上述统计结果可以看出，在高校中大部分大学生进行体育消费每月的金额在100元及以上，甚至有16%的大学生体育消费金额超过1000元。从大学生体育消费金额与大学生每月生活费比较可以看出，所占比例较大。这反映高校大部分的大学生对体育的消费已经进入常态化，体育消费成为大学生日常学习生活的重要组成部分。在这一过程中，该高校大学生的体育消费金额和消费水平的变化受到多方面因素的影响，体育品牌文化所带来的影响就是其中的重要因素之一。主要表现在以下几个方面。

第一，体育品牌文化在无形中促使体育产品价格提升。在高校大学生群体中，选择其中一种体育品牌进行消费主要是这些大学生对这种体育品牌的文化价值较为认同。该品牌的文化价值和文化理念会对大学生购买体育产品的意识产生影响，促使大学生在购买过程中不太关注产品的价格，而是将更多关注点放在该体育品牌的文化价值上，这样就导致一些体育品牌产品出现了价格虚高的问题。特别是对于一些家庭经济条件较好的大学生来说，体育品牌文化会对其消费心理产生重要影响。事实上，从目前来看，大部分体育品牌商品的市场价格存在虚高问题。

第二，体育品牌文化在不断完善的过程中必然促使大学生的文化消费更为繁荣，特别是在当前我国国内文化消费水平较低的形势下，大学生群体作为体育文化消费的主要群体，在体育品牌文化消费中占据重要位置。从当前来看，很多高校的大学生由于受到网络的影响，其消费范围不断扩大。下面内容展示的是高校大学生日常学习与生活中体育消费情况的统计结果。

在所调查的学生中，有460名学生表示自己在日常学习与生活中会购买运动品牌中的服装或者鞋类用品，所占比例为30.9%，占总人数的92.0%；有200名学生表示自己在日常学习与生活中会购买一些小型体育用品、体育器材或者体育耗材，所占比例为13.4%，占总人数的40.0%；有110名学生表示自己在日常学习与生活中会购买一些体育场馆的收费项目，所占比例为7.4%，占总人数的22.0%；有165名学生表示自己在日常学习与生活中会购买体育比赛门票，所占比例为11.1%，占总人数的33.0%；有165名学生表示自己在日常学习与生活中会去健身房进行消费或者参加体育培训，所占比例为11.1%，占总人数的33.0%；有390名学生表示自己在日常学习与生活中会购买一些关于体育的其他产品，所占比例为26.2%，占总人数的78.0%。

从上述统计结果可以看出，在高校的大学生日常学习与生活中，有相当一部分学生在体育消费方面主要是购买运动品牌服装或者鞋类用品，并且在购买这些体育产品的过程中会受到体育品牌文化的影响，从而促使部分大学生开始对体育器材、体育比赛和体育培训等方面产生兴趣，并且会将这些加入自己的体育消费中。

2.体育品牌文化促使大学生体育消费个性化行为得到发展

追求个性化是大学生群体相较于其他群体的最大区别之一。从消费来看，大学生往往会进行个性化消费，即在消费过程中倾向选择符合自身个性的产品。具体到体育品牌产品中，大部分大学生对体育品牌产品的选择并不看重该品牌产品质量的好坏，而是更加重视自己是否喜欢和该体育产品是否适合自己。在这方面，从该高校大学生群体调查结果中可以看出。下面内容显示的是高校大学生所消费的主要体育品牌的调查结果（以每个选项人数之和为基数计算）。

表示自己希望消费的主要体育品牌为耐克的学生所占比例为32.2%，表示自己希望消费的主要体育品牌为阿迪达斯的学生所占比例为27.4%，表示自己希望消费的主要体育品牌为匡威的学生所占比例为18.1%，表示自己希望消费的主要体育品牌为锐步的学生所占比例为22.8%，表示自己希望消费的主要体育品牌为李宁的学生所占比例为23.5%，表示自己希望消费的主要体育品牌为安踏的学生所占比例为17.4%，表示自己希望消费的主要体育品牌为乔丹的学生所占比例为20.2%，表示自己希望消费的主要体育品牌为361° 的学生所占比例为22.1%，表示自己希望消费的主要体育品牌为特步的学生所占比例为19.3%，表示自己希望消费的主要体育品牌为双星的学生所占比例为16.7%。

从上述数据可以看出，在体育消费过程中，不同的大学生所选择的品牌不同。如果从这些体育品牌的分布情况来看，就可以发现大学生群体所具有的个性化消费特征。

在调查中发现，有29.2%的大学生消费较多的体育品牌是耐克，有31.3%的学生消费较多的体育品牌是阿迪达斯，有24.2%的大学生消费较多的体育品牌是匡威，有29.1%的大学生消费较多的体育品牌是李宁，有22.6%的大学生消费较多的体育品牌是安踏，有26.5%的大学生消费较多的体育品牌是乔丹，有28.5%的大学生消费较多的体育品牌是361° ，有21.8%的大学生消费较多的体育品牌是特步中。

从这一组数据可以看出，高校大学生在体育品牌消费方面主要集中在那些具有深厚品牌文化的产品上。这反映出体育品牌文化对高校大学生的个性化消费存在一定影响，产生这种影响的主要原因体现在以下两个方面。第一，高校大学生的个性化消费与体育品牌文化相契合。正如前文内容所言，对于当代大学生群体而言，其消费意识或主张更多倾向于自己喜欢，这是一种十分典型的消费理念。而当前的体育品牌文化向学生传递的各种品牌个性成了大学生群体进行这种个性化消费主张的主要对象。从某种层面来看，这是高校大学生本身所形成的个性化需求和体育品牌文化的一种自然衔接，因此可以说，体育品牌文化已经成了当代大学生群体展现自身个性化的重要渠道，并且这种渠道相较于体育品牌产品本身更加具有价值。第二，高校大学生的个性化消费需求主要通过各种体育品牌文化来得以实现。在消费时代，社会已经转变成为一个消费与时尚并存的社会，各种时尚消费元素充斥于大学生群体中，虽然大学生群体没有固定的收入来源，但是他们对时尚的追求和需求相较于其他群体更高，他们不希望别人在时尚和个性化方面对自己的评价过低。所以，当代大学生群体十分希望能够通过体育品牌文化来获得其他人对自己的关注，这也是大学生希望自己可以时刻追寻时尚脚步的实际需求。同时，不同的体育品牌文化所展现的时尚理念存在差异，对于大学生来说，选择适合自己的品牌是增强自身时尚性的重要选择。另外，正是不同体育品牌文化所具有的风格不同，才导致大学生群体形成了基于各种体育品牌的流行时尚。

3.体育品牌文化促使大学生体育消费定向实现拓展

消费定向指的是消费者在消费过程中对某种类型的产品按照自身喜好或者一种定式思维来完成消费的特点。对于大学生群体来说，消费定向是大学生群体的重要特点之一，因为大部分大学生经济条件比较有限，所以通过消费定向能够使大学生群体得到更多实惠。大学生群体在进行体育品牌消费的过程中，消费定向特征同样存在。根据高校大学生体育品牌消费是否为固定品牌的调查，最终得到的结果如下所示。

有90名大学生表示自己只固定买两种或三种品牌的体育产品，所占比例为18.0%；有130名大学生表示自己只固定买一种品牌的体育产品，但偶尔会改变，所占比例为26.0%；有105名大学生表示自己只固定买一种品牌的体育产品，所占比例为21.0%；有175名大学生表示自己不在意体育产品的品牌，所占比例为35.0%。

从上述统计数据可以看出，有少部分学生会固定买两种或三种品牌的体育产品，有26.0%的学生经常会买一个品牌的体育产品且偶尔会改变，有21.0%

的学生只会购买一个品牌的体育产品且没有改变，还有35.0%的大学生表示自己对品牌不在意。这反映出大部分学生有自己所喜欢的体育品牌，具有十分明显的消费定向。另外，在对该高校大学生进行访谈的过程中发现，大部分大学生认为自己对某种品牌有十分强烈的消费意向，原因在于自己觉得该品牌能够充分体现自己的个性化特点，或者能够充分满足自己的实际价值需求，这些都是体育品牌文化对学生产生影响的结果。换言之，体育品牌文化能够对大学生的消费定向产生影响，主要原因表现在以下几个方面。

第一，体育品牌文化能够向大学生传递良好的品牌形象。现如今，大学生群体已经形成较强的品牌意识，并且大学生在品牌选择过程中并不会按照品牌的实际价值进行选择，而是会从品牌形象能否满足自身个性化需求或者给自己带来更多感觉来作为是否选择的基础。同时，大部分体育品牌会从文化角度来为大学生提供一种新的生活形态，或者提供一种生活方式，从而通过品牌文化的影响来促使大学生形成与之相关的生活目标，这样就促使品牌文化成了大学生日常学习与生活中的一种重要理念。比如，阿迪达斯的"没有不可能"就是一种能够充分体现个性化的文化理念，十分符合大学生的实际需求，从而影响了大学生群体的消费定向。

第二，体育品牌文化能够充分满足大学生对体育品牌的消费情感。在对高校大学生进行调查的过程中发现，大部分大学生对自己所消费的体育品牌有较深的感情，这些大学生熟悉自己所消费体育品牌的来源、历史及文化等方面的知识，并且表现出十分强烈的满足感。很多大学生认为，自己的情感体验远比产品的价值更加重要。所以，从这一角度来看，体育品牌文化对大学生消费情感的关注较多，能够充分满足大学生的实际需求。

（三）体育品牌文化对大学生体育消费模式的影响

1.消费模式的划分

消费模式是指同消费资料相结合的方法和形式，是消费的表现形式。

通常情况下，消费模式可以分为两种：第一种为自然消费模式；第二种为社会消费模式。其中自然消费模式指的是消费过程和消费资料之间存在的结合模式为自然性质的，这种结合模式具有自然性质，如可以满足居住需要的房屋、可以满足吃喝需要的食物。社会消费模式是消费过程表现出一定的社会组织形式，包括群体消费、合理性消费、个体消费，社会消费模式可以代表社会中存在的消费关系。

在不同的社会消费模式中，按照不同标准可以划分为不同的具体类别。比如，按照收入水平，可以将社会消费模式划分为贫困消费模式、温饱消费模式、富豪消费模式；按照消费的结构，则可以划分为直系消费模式、单身消费模式及核心消费模式；从需求角度，可以划分为浪费消费模式、合理消费模式及自由消费模式。

2.体育品牌文化促进了大学生社会消费模式的产生

在大学生群体中，必然存在社会消费模式。大学生是一个较为特殊的群体，大学生的日常生活范围较为狭窄，在一定程度上促使大学生的群体消费模式在社会消费模式方面程度更高。在大学生群体中，无论是富豪消费模式、自由消费模式、单身消费模式还是贫困消费模式，都普遍存在。对高校大学生消费时间的调查结果如下。

有195名学生表示自己进行体育消费主要是在做活动或打折促销时，占比为39.0%；有75名学生表示自己进行体育消费主要是在心血来潮或一时兴起时，占比为15.0%；有175名学生表示自己进行体育消费主要是在自己有需要时，占比为35.0%；有55名学生表示自己进行体育消费什么时候都有可能，占比为11.0%。

从上述数据可以看出，高校大学生的消费时间并不固定。不同学生的消费时间选择不同充分体现了高校大学生在社会消费模式方面的不同。这是我国大学生群体普遍存在的一种现象。从整体上看，体育品牌文化对大学生的社会消费模式能产生促进作用，主要表现在以下两个方面。

一方面，体育品牌文化可能促使学生逐渐向浪费消费模式发展。从根源方面来看，体育品牌产品在满足大学生的物质需求方面表现得并不突出，更多表现在能够充分满足大学生的精神需求上，正因为这种精神需求的满足使大学生在日常学习与生活中不顾自身的实际经济情况购买某种体育品牌产品，于是出现了一时兴起或心血来潮时购买体育品牌产品的现象。这对于部分大学生而言，是一种浪费性质的消费模式。

另一方面，体育品牌文化不仅使大学生的精神需求得到增强，而且使大学生群体的消费模式趋向多样化。大学生十分重视自身的精神需求，需要注意的是，大学生群体的精神需求并不是唯一需求，而是多方面需求，但是这些精神需求并不会完全显现出来。从心理学角度来看，多数情况下，人所形成的精神需求不易被发掘，只有在特定情况下或者有特定条件的刺激时，人才会发掘自身的精神需求，并以此为基础引发满足该精神需求的行为动机。在体育品牌文化发展过程中，大学生会受到体育品牌文化的影响，从而形成新的精神需求，并且这种精神需求会被进一步激发，使大学生群体的消费模式向多元化方向发展。

（四）体育品牌文化对大学生体育消费结果的影响

1.体育品牌文化会导致大学生体育消费的盲目性与浪费性

消费是一种十分简单的过程，也是一种会在短时间内完成的过程。对于大学生群体来说，大学生活是大部分大学生首次离开父母完全自己生活的体验，同时消费也完全由自己支配。但是，大学生在进入大学前并没有十分丰富的社会生活经验，也没有形成稳定且完善的消费观念，所以在消费过程中不具有良好的计划性。由于大部分大学生的经济来源得到家庭的支持，所以他们在经济方面不会产生太大压力，这样就导致大部分大学生在进行体育品牌消费过程中只凭借自身喜好进行消费，并不会考虑自己的经济情况。在对高校大学生体育消费地点选择的调查方面，具体结果如下所示（所占比例以每个选项选择人数之和为基数计算）。

有225名学生表示自己进行体育品牌消费的地点主要为超市，所占比例为11.5%，占总人数的45.0%；有390名学生表示自己进行体育品牌消费的地点主要为专卖店，所占比例为20.0%，占总人数的78.0%；有480名学生表示自己进行体育品牌消费的地点主要为大型商场，所占比例为24.6%，占总人数的96.0%；有430名学生表示自己进行体育品牌消费的地点主要为小型店铺，所占比例为22.1%，占总人数的86.0%；有425名学生表示自己进行体育品牌消费的地点主要为网络，所占比例为21.8%，占总人数的85.0%。

通过上述数据可以看出，在体育品牌消费地点选择方面，高校大学生并没有表现出十分明显的倾向性，在不同场合购买体育品牌产品的行为均有出现。这反映出，大学生在哪些地点购买体育品牌产品并没有明显区别，只要大学生产生购买某一品牌产品的想法或者他们在生活中偶遇某一体育品牌，都会产生购买该体育品牌产品的行为。这种随意进行购买的行为从某种程度上会导致大学生进行的体育品牌消费具有一定浪费性和盲目性。从当前来看，各种体育品牌文化的不断发展必然会加剧大学生的这种盲目性与浪费性的消费。

另外，通过与高校大学生进行访谈发现，近一半的大学生表示自己在休息日外出时首选地点为各大商场，其中包括很多体育品牌的商场。尽管自己的消费目标并不明确，但是最终的消费结果往往是进行体育品牌消费，并且所进行的体育品牌消费具有多且快的特点，这种消费方式无疑具有极大的盲目性。很多大学生表示，自己在进行体育品牌产品消费的过程中并不会考虑自己是否真正需要该产品。在这一过程中，体育品牌文化对大学生所造成的心理影响十分明显。如果这些体育品牌文化抓住大学生追求时尚、个性化的心理特点，就能促使大学生在消费过程中具有更强的盲目性和随意性，从而导致大学生体育消费产生浪费问题。

2.体育品牌文化加剧了大学生的消费矛盾

消费是消费主体经济与需求的一种博弈。在通常情况下，如果消费主体经济承受能力较强，就能够充分满足自我需求的消费。自我需求存在多个方面，不仅包括物质需求，也包括精神需求。消费经济能力大小决定了人们消费层次的高低，而消费层次和消费水平之间如果不协调就必然会产生消费矛盾。作为一个经济承受能力较弱的消费主体，大学生在日常生活中的消费大部分来自父母的经济支持，这使大学生的消费层次会被限制在一定范围之内，但是从实际情况来看，大学生的消费水平与其消费层次存在一定的不契合现象。大多数大学生认为像李宁、阿迪达斯及耐克等体育品牌，如果进行购买就必须保证产品是正品，而不能是仿品，因为在大学生看来，购买体育品牌并不是简单满足自己的物质需求，而是需要充分满足自身的精神需求和展现自己的个性化、时尚化。对该校大学生购买体育品牌仿品的调查结果具体如下。

有95名学生表示自己经常购买体育品牌仿品，所占比例为19.0%；有190名学生表示自己无所谓，如果适合就会购买，所占比例为38.0%；有215名学生表示自己不考虑购买体育品牌仿品，所占比例为43.0%。

从上述调查结果可以发现，有43.0%的学生对购买体育品牌仿品十分反感，并且表示自己不考虑购买这些仿制品。这部分学生整体消费水平较高，他们追逐正品，而正品的价格往往较高，这就导致这部分大学生本身的消费水平和消费层次不协调，从而产生了消费矛盾。这种矛盾的产生，也可能是受到了体育品牌文化的影响。

一是，体育品牌文化能够刺激大学生失去节制，使大学生消费层次无序提升。根据前文内容所述，体育品牌文化所体现的文化多为精神方面，而精神方面的文化正是大学生进行体育品牌产品购买的重要支撑之一。所以，体育品牌文化只要符合大学生自身的精神需求，就会促使大学生产生强烈的购买意向，从而导致大学生的消费层次无序提升。但是，从大学生的实际消费水平来看，其真实消费水平无法达到自身的消费层次，这样就会导致大学生的消费矛盾加剧。

二是，体育品牌文化容易诱导大学生进入体育消费误区。体育品牌文化本身属于一种理念，但是随着市场经济的快速发展，体育文化逐渐成了一种可以被炫耀的资本。很多大学生之所以追求各种体育品牌尤其是价格较高的名牌产品，主要是因为他们认为消费这种体育品牌的产品可以为自己带来更多向其他人炫耀的资本，这在很大程度上影响了大学生的消费行为，导致大学生在其消费能力之外进行消费，从而产生了较高的消费额度，导致大学生进入消费误区。

第二节　结论与建议

体育品牌文化对大学生的体育消费会产生多方面影响，笔者通过前述内容的研究得出了以下几方面结论，并且提出相应建议。

一、结论

第一，体育品牌文化对大学生能够产生心理上的影响，因为大学生在与体育品牌文化进行接触的过程中会在潜移默化中受到体育品牌文化的影响，从而形成消费情结。体育品牌文化对大学生消费心理的影响还体现在体育品牌文化会对大学生的消费动机、消费理念及消费意识产生影响等方面。

第二，体育品牌文化会对大学生群体的消费行为产生重要影响，具体主要体现在：体育品牌文化促使大学生体育消费水平得到提高，促进了大学生体育消费个性化行为的发展，拓展了大学生的体育消费定向。

第三，体育品牌文化会对大学生群体的消费模式产生重要影响。从前述调查结果可以看出，在大学生群体中，社会消费模式必然存在并且已经形成。同时，大学生群体作为一个特殊群体，其日常学习与生活范围较为狭窄，大学生的消费模式在一定程度上具有极其强烈的社会消费特点。具体来看，体育品牌文化增加了学生的需求，促使大学生的消费模式向多样化方向发展。

第四，体育品牌文化能够对大学生的体育消费结果产生影响，大学生在消费过程中很快完成过程与结果之间的转换。体育品牌文化促使大学生的消费矛盾得到进一步加剧，导致大学生在实际消费过程中形成盲目性消费或者浪费性消费现象。

二、建议

根据上述内容，大学生群体在体育消费方面十分容易受到体育品牌文化的影响，其中部分影响对大学生有积极作用，部分影响对大学生有消极作用。在消极影响方面，大学生应积极避免。就此，本书提出了以下几方面建议。

首先，大学生在面对体育品牌的诱惑时，必须坚持原则，保持理性，在合理范围内消费，在合理范围内充分利用体育品牌自身的价值为自己带来物质和精神方面的满足感。

其次，在实际生活中，各种体育品牌向大学生传递的体育品牌文化丰富多样，大学生应该更多考虑体育品牌产品本身所具有的物质价值，因为从某种程度来看，物质价值是体育品牌产品的重要组成部分，是体育品牌产品精神价值的载体，如果失去物质价值，精神价值将不复存在。

最后，高校应该加强培养大学生的正确消费习惯，促使大学生在合理范围内进行消费，避免出现体育消费与自身经济实力不相符的问题。高校还需要对大学生进行正确引导，以避免大学生在体育消费过程中出现盲目性和随意性消费等问题。

第九章　互联网时代大学生体育消费分析

互联网时代的到来，改变了人们的生活方式和消费观念，也深刻地影响了大学生的体育消费。随着大学生物质生活水平的提高，对健康和体育运动的关注度也越来越高。同时，网络技术和数字化平台的普及，为大学生提供了更加便利的途径进行体育娱乐、体育消费，随之而来的是消费模式和消费行为的变化。本章将从大学生的角度出发，分析互联网时代下大学生体育消费的现状、问题和趋势，希望对规范大学生的体育消费行为有所启示。

第一节　互联网时代大学生体育消费特征分析

关于互联网时代大学生体育消费特征分析方面，本书主要通过文献资料法、问卷调查法、数理统计法及逻辑分析法进行调查与分析，下面是此次研究得出的研究结果。

一、大学生样本基本情况分析

（一）所调查学校、年级及性别分布情况

在本次研究中，主要通过描述性统计对样本的基本情况进行统计，样本的特征主要通过学校、年级、性别及月消费金额等方面进行描述。在建立数据库的基础上，通过SPSS统计软件对整理完成的数据进行分析。本次研究选取了6所学校共计585人，具体情况如下所示。

在学校方面，SD高校学生人数为97人，占总人数的16.6%；SKD高校学生人数为99人，占总人数的16.9%；SJZ高校学生人数为97人，占总人数的

16.6%；SWZ高校学生人数为96人，占总人数的16.4%；SNZ高校学生人数为98人，占总人数的16.8%；SZD高校学生人数为98人，占总人数的16.8%。

在年级方面，大学一年级人数为200人，占总人数的34.2%；大学二年级人数为219人，占总人数的37.4%；大学三年级人数为166人，占总人数的28.4%。

在性别方面，男生人数为301人，占总人数的51.5%；女生人数为284人，占总人数的48.5%。

根据问卷调查结果，6所高校接受调查的学生人数相差较小，可以对不同学校在不同文体指标方面的差异性进行有效分析。在年级方面，大学一年级和大学二年级学生人数相差较小，大学三年级学生人数之所以与一年级与二年级相差较大，主要原因是6所高校中存在大专院校，而大专院校大三年级学生面临毕业，所以在校人数较少。在学生的性别方面，男生人数与女生人数基本相等，整体均匀，能够反映出男生和女生的不同想法。

（二）大学生月均消费情况

在大学生月均消费方面，具体情况如下（本次以总人数585人为基数计算）。

月均消费在1000元及以下的学生人数为13人，所占比例为2.2%；月均消费在1000元到1500元（含）的学生人数为233人，所占比例为39.8%；月均消费在1500元到2000元（含）的学生人数为215人，所占比例为36.8%；月均消费在2000元到2500元（含）的学生人数为97人，所占比例为16.6%；月均消费在2500元以上的学生人数为27人，所占比例为4.6%。

（三）大学生月均收入来源

在所调查的大学生群体中，月均生活费的来源情况具体如下。

有576名学生表示自己所赚取的生活费占月均生活费的0~50%，所占比例为98.5%；有9名学生表示自己所赚取的生活费占月均生活费的51%~100%，所占比例为1.5%。有9名学生表示父母给予生活费占月均生活费的0~50%，所占比例为1.5%；有576名学生表示父母给予生活费占月均生活费的51%~100%，所占比例为98.5%。

从这一统计结果可以看出，大部分大学生的月均生活费来自父母给予，只有少部分学生月均生活费是由自己赚取的。

二、互联网时代大学生体育消费用品内容对比分析

此次研究将大学生的体育消费划分为四种类型：第一种类型为购买运动服装、运动鞋帽及其他体育用品器材，第二种类型为购买体育锻炼卡、参与各种培训班、参与俱乐部及租用体育场馆方面的费用，第三种类型为用于购买各种体育报纸、体育杂志、体育画报及音像制品，第四种类型为用于观看体育比赛、体育表演及体育赛事转播方面。为了能够更加方便地分析互联网时代大学生的体育消费内容，在下面的内容中将这四种类型分别简称为购买运动服装及器材、参与体育培训、购买体育音像制品资料、观看体育表演。

（一）大学生实体体育消费内容分析

在实体体育消费内容方面，调查结果具体如下。

在所有接受调查的学生中，共有533名学生表示自己所进行的实体体育消费为购买运动服装及器材，其中将购买运动服装以及器材作为第一选择的学生人数有462人，所占比例为86.7%；将购买运动服装及器材作为第二选择的学生人数有41人，所占比例为7.7%；将购买运动服装及器材作为第三选择的学生人数有23人，所占比例为4.3%；将购买运动服装及器材作为第四选择的学生人数有7人，所占比例为1.3%。

有256名学生表示自己所进行的实体体育消费为参与体育培训，其中将参与体育培训作为第一选择的学生人数有24人，所占比例为9.4%；将参与体育培训作为第二选择的学生人数有134人，所占比例为52.3%；将参与体育培训作为第三选择的学生人数有43人，所占比例为16.8%；将参与体育培训作为第四选择的学生人数有55人，所占比例为21.5%。

有199名学生表示自己所进行的实体体育消费为购买体育音像制品资料，其中将购买体育音像制品资料作为第一选择的学生人数有31人，所占比例为15.6%；将购买体育音像制品资料作为第二选择的学生人数有72人，所占比例

为36.2%；将购买体育音像制品资料作为第三选择的学生人数有64人，所占比例为32.2%；将购买体育音像制品资料作为第四选择的学生人数有32人，所占比例为16.1%。

有218名学生表示自己所进行的实体体育消费为观看体育表演，其中将观看体育表演作为第一选择的学生人数有68人，所占比例为31.2%；将观看体育表演作为第二选择的学生人数有50人，所占比例为22.9%；将观看体育表演作为第三选择的学生人数有41人，所占比例为18.8%；将观看体育表演作为第四选择的学生人数有59人，所占比例为27.1%。

从上述结果能够看出，在不同的实体体育消费类型中，学生所选择的优先程度最高的是购买运动服装及器材，在这一方面学生人数最多，所占比例达到86.7%。优先程度第二的是参与体育培训，整体优先程度第三的是观看体育表演，并且在各个优先级方面相差较小。总体优先等级排在最后的是购买音像制品资料，同时选择这一方面的人数最少。

（二）大学生互联网体育消费内容分析

大学生互联网体育消费内容实际调查结果如下。

在所有接受调查的学生中，共有532名学生表示自己所进行的互联网体育消费为购买运动服装及器材，其中将购买运动服装及器材作为第一选择的学生人数有470人，所占比例为88.3%；将购买运动服装及器材作为第二选择的学生人数有29人，所占比例为5.5%；将购买运动服装及器材作为第三选择的学生人数有19人，所占比例为3.6%；将购买运动服装及器材作为第四选择的学生人数有14人，所占比例为2.6%。在购买运动服装及器材方面，总得分为4038分。

有210名学生表示自己所进行的互联网体育消费为参与体育培训，其中将参与体育培训作为第一选择的学生人数有27人，所占比例为12.9%；将参与体育培训作为第二选择的学生人数有78人，所占比例为37.1%；将参与体育培训作为第三选择的学生人数有39人，所占比例为18.6%；将参与体育培训作为第四选择的学生人数有66人，所占比例为31.4%。在参与体育培训方面，平均得分为1278分。

有213名学生表示自己所进行的互联网体育消费为购买体育音像制品资

料，其中将购买体育音像制品资料作为第一选择的学生人数有26人，所占比例为12.2%；将购买体育音像制品资料作为第二选择的学生人数有89人，所占比例为41.8%；将购买体育音像制品资料作为第三选择的学生人数有82人，所占比例为38.5%；将购买体育音像制品资料作为第四选择的学生人数有16人，所占比例为7.5%。在购买体育音像制品资料方面，平均得分为1102分。

有223名学生表示自己所进行的互联网体育消费为观看体育表演，其中将观看体育表演作为第一选择的学生人数有61人，所占比例为27.4%；将观看体育表演作为第二选择的学生人数有63人，所占比例为28.3%；将观看体育表演作为第三选择的学生人数有38人，所占比例为17.0%；将观看体育表演作为第四选择的学生人数有61人，所占比例为27.4%。在观看体育表演方面，平均得分为1140分。

从上述调查结果可以看出，在四种消费类型中，整体优先程度最高的依然是运动服装及器材，选择这一类型的学生人数最多，所占比例为88.3%。总体优先程度排在第二的是观看体育表演，其中有接近一半的学生选择了观看体育表演。排在第三的是购买音像制品资料，将其作为第一选择的学生人数较少。总体优先程度排在最后的是参与体育培训，与购买体育音像制品资料和观看体育表演的人数较为接近。

（三）大学生实体体育消费和互联网体育消费内容对比分析

崔久剑2008年的研究得出如下结论：有超过65%的大学生在体育消费方面选择了购买运动服装、运动器材这一方面，有5%的大学生选择了参与各种体育培训、租用体育场馆或者购买体育锻炼卡等，有接近10%的学生选择购买关于体育的杂志、画报及音像制品等，有接近20%的大学生选择观看体育比赛或者体育表演。

在此次研究中，绝大部分学生的实体体育消费内容较为单一（总人数为585，选择这一项的有533人），在购买运动服装及器材方面比例为91.1%，参与体育培训的比例为43.8%，购买音像制品资料的比例为34.0%，观看体育表演的比例为37.3%。在互联网体育消费方面，有326名学生的消费内容较为单一，具体情况如下，购买运动服装及器材比例为91.0%，参与体育培训的比例为35.9%，购买体育音像制品资料的比例为36.4%，观看体育表演的比例为38.1%。

综上所述，相较于10多年前，大学生在不同类型的体育消费中占比有所提升，特别是在参与体育培训方面提升最为明显。之所以会产生这种差别，主要原因是现在的大学生的经济水平在一定程度上有所提高，精神需求也在不断增加，很多大学生具备相应的经济条件参与各种体育消费。

从整体来看，大学生的实体体育消费与互联网体育消费在内容方面主要为运动服装及器材，在参与体育培训、购买体育音像制品资料及观看体育表演方面人数较少。对于高校而言，要加强对大学生的引导，尤其是引导大学生在学习与生活中开展各种体育活动，以此促使大学生树立终身体育的意识，解决大学生在体育消费过程中产生的问题。

（四）大学生实体体育消费和互联网体育消费水平对比分析

根据上述调查结果可以看出，无论是大学生所进行的实体体育消费内容，还是互联网体育消费内容，选择购买运动服装及器材的学生人数都是最多的，其中实体体育消费方面学生人数达到533人，互联网体育消费方面学生人数达到532人，两者相差不大。同时，在学生群体中将购买运动服装及器材作为自己第一选择的人数最多，在实体体育消费方面人数达到462人，在互联网体育消费方面则达到470人。在参与体育培训方面，互联网体育消费人数低于实体体育消费人数。在另外两种类型方面，实体体育消费与互联网体育消费在优先程度方面相差较小。

之所以会出现这种结果，主要是因为实体体育消费与互联网体育消费各有优劣，大学生可以自由选择其中一种进行体育消费。在不同类型消费方面，运动服装及器材是大学生所进行的最基本的体育消费，因此大部分大学生会在这一方面进行消费。在参与体育培训方面，由于体育培训的模式更多的是面对面进行教学，只有较少的网络课程，因此在参与体育培训方面，实体体育消费超过了互联网体育消费。在购买音像制品资料和观看体育表演方面，两者都属于更高层次的精神需求，所以只有少部分大学生在这些方面进行消费。

三、互联网时代大学生体育消费结构分析

大学生在体育消费结构方面存在较大差别，因此本书只通过开放题的形式对互联网体育消费结构和实体体育消费结构进行调查与分析，并且在充分结合具体体育消费内容的基础上对各种体育消费内容之间的比例进行确定。

（一）大学生实体体育消费结构分析

在对大学生的实体体育消费结构进行分析前，将大学生实体体育消费划分为三个等级：只参与某一种体育消费、参与某一类型体育消费的比例在50%~99%、参与某一类型体育消费的比例在0~49%。

大学生实体体育消费结构具体调查结果如下（以总人数585为基数计算）。

有234名学生只参与购买运动服装及器材的体育消费，所占比例为40.0%；有13名学生只参与体育培训的体育消费，所占比例为2.2%；有12名学生只参与购买体育音像制品资料的体育消费，所占比例为2.1%；有23名学生只参与观看体育表演的体育消费，所占比例为3.9%。

有203名学生参与购买运动服装及器材的体育消费，其比例在50%~99%，占总人数的34.7%；有49名学生参与体育培训的体育消费，其比例在50%~99%，占总人数的8.4%；有0名学生参与购买体育音像制品资料的体育消费，其比例在50%~99%，占总人数的比例为0；有8名学生参与观看体育表演的体育消费，其比例在50%~99%，占总人数的1.4%。

有91名学生参与购买运动服装及器材的体育消费，其比例在0~49%，占总人数的15.6%；有197名学生参与体育培训的体育消费，其比例在0~49%，占总人数的33.7%；有81名学生参与购买体育音像制品资料的体育消费，其比例在0~49%，占总人数的13.9%；有82名学生参与观看体育表演的体育消费，其比例在0~49%，占总人数的14.0%。

从上述结果可以看出，在实体体育消费中，有接近一半的大学生参与单一类型的体育消费，其中选择购买运动服装及器材的学生所占比例为40.0%。在多类型的体育消费中，消费比例在50%~99%，参与最多的是购买运动服装及

器材，学生人数所占比例为34.7%；处于第二位的是参与体育培训，所占比例为8.4%。消费比例在0~49%，参与体育培训的学生人数最多，所占比例达到33.7%，购买运动服装及器材、购买音像制品资料和观看体育表演三项的学生人数相差较小。从这里可以看出，大学生所进行的实体体育消费还是以购买运动服装及器材为主，参与体育培训排在第二位，最后是观看体育表演和购买体育音像制品资料。

（二）大学生互联网体育消费结构分析

在对大学生互联网体育消费结构进行分析前，将大学生互联网体育消费划分为三个等级：只参与某一种体育消费、参与某一类型体育消费的比例在50%~99%、参与某一类型体育消费的比例在0~49%。

大学生互联网体育消费结构具体调查结果如下（以总人数585为基数计算）。

有282名学生只参与购买运动服装及器材的体育消费，所占比例为48.2%；有10名学生只参与体育培训的体育消费，所占比例为1.7%；有10名学生只参与购买体育音像制品资料的体育消费，所占比例为1.7%；有23名学生只参与观看体育表演的体育消费，所占比例为3.9%。

有174名学生参与购买运动服装及器材的体育消费，其比例在50%~99%，占总人数的29.7%；有31名学生参与体育培训的体育消费，其比例在50%~99%，占总人数的5.3%；有0名学生参与购买体育音像制品资料的体育消费；有7名学生参与观看体育表演的体育消费，其比例在50%~99%，占总人数的1.2%。

有74名学生参与购买运动服装及器材的体育消费，其比例在0~49%，占总人数的12.6%；有169名学生参与体育培训的体育消费，其比例在0~49%，占总人数的28.9%；有202名学生参与购买体育音像制品资料的体育消费，其比例在0~49%，占总人数的34.5%；有192名学生参与观看体育表演的体育消费，其比例在0~49%，占总人数的32.8%。

从上述结果可以看出，在互联网体育消费中有超过一半的大学生参与单一类型的体育消费，其中选择购买运动服装及器材的学生所占比例为48.2%。在多类型的体育消费中，消费比例在50%~99%，参与最多的是购买运动服装及器材，学生人数所占比例为29.7%，处于第二位的是参与体育培训，所占比例为5.3%。消费比例在0~49%，购买体育音像制品资料的学生人数最多，所占比例达到34.5%；观看体育表演处于第二位，参与体育培训处于第三位，购买体育音像制品资料的人数最少。从这里可以看出，大学生所进行的互联网体育消费还是以购买运动服装及器材为主，观看体育表演排在第二位，之后是参与体育培训和购买体育音像制品资料。

（三）体育消费结构十多年前后的对比分析

崔久剑2008年的研究指出，有超过65%的大学生在体育消费方面选择了购买运动服装、运动器材这一方面；有5%的大学生选择参与各种体育培训、租用体育场馆或购买体育锻炼卡等；有接近10%的学生选择购买关于体育的杂志、画报及音像制品等；有接近20%的大学生选择观看体育比赛或者体育表演。但是崔久剑的调查只包含一种体育消费类型，而本研究将体育消费分为了互联网消费和实体消费两种类型，还以此为基础对参与多种体育消费结构中的学生进行了调查。

首先，在实体体育消费方面，现在的大学生的体育消费结构还是以购买运动服装及器材为主，排在第二位的是参与体育培训。在其他类型方面学生人数所占比例都有一定程度的提升，特别是参与体育培训方面，学生人数所占比例提升较为显著。除此之外，大学生实体体育消费在结构方面也更加复杂，绝大部分的大学生会参与多种体育消费。

其次，在互联网体育消费方面，相较于10多年前，购买运动服装及器材仍然是大学生群体主要的体育消费类型，排在第二位的是观看体育表演。在参与体育培训和购买体育音像制品资料方面，学生人数所占比例有较大提升。同时，大学生的互联网体育消费结构也更加复杂，因为大学生在互联网体育消费方面可以通过更多渠道参与。

大学生体育消费结构之所以发生变化，主要原因是随着大学生生活水平的提高和各种体育培训机构的快速发展，再加上互联网为大学生购物带来的各种便利，大学生的体育消费结构向多元化方向发展。同时，高校也加强了体育活动宣传，大学生能够接触到更多的体育运动项目和体育用品，为大学生消费结构多元化打下了基础。

四、互联网时代大学生体育消费水平分析

（一）大学生实体体育消费水平分析

1.不同高校大学生实体体育消费水平对比分析

不同高校大学生实体体育消费水平具体调查结果如下。

在SD高校中，大学生每月实体体育消费水平在100元以下的人数为23人，占6所高校该消费水平总人数的18.5%；实体体育消费水平在100元（含）到200元的人数为29人，占6所高校该消费水平总人数的14.6%；实体体育消费水平在200元（含）到300元的人数为15人，占6所高校该消费水平总人数的12.1%；实体体育消费水平在300元（含）及以上的人数为30人，占6所高校该消费水平总人数的21.6%。

在SKD高校中，大学生每月实体体育消费水平在100元以下的人数为12人，占6所高校该消费水平总人数的比例为9.7%；实体体育消费水平在100元（含）到200元的人数为36人，占6所高校该消费水平总人数的比例为18.2%；实体体育消费水平在200元（含）到300元的人数为23人，占6所高校该消费水平总人数的比例为18.5%；实体体育消费水平在300元（含）及以上的人数为28人，占6所高校该消费水平总人数的比例为20.1%。

在SJZ高校中，大学生每月实体体育消费水平在100元以下的人数为15人，占6所高校该消费水平总人数的比例为12.1%；实体体育消费水平在100元（含）到200元的人数为34人，占6所高校该消费水平总人数的比例为17.2%；实体体育消费水平在200元（含）到300元的人数为28人，占6所高校该消费水平总人数的比例为22.6%；实体体育消费水平在300元（含）及以上的人数为20人，占6所高校该消费水平总人数的比例为14.4%。

在SWZ高校中，大学生每月实体体育消费水平在100元以下的人数为22人，占6所高校该消费水平总人数的比例为17.7%；实体体育消费水平在100元（含）到200元的人数为29人，占6所高校该消费水平总人数的比例为14.6%；

实体体育消费水平在200元（含）到300元的人数为23人，占6所高校该消费水平总人数的比例为18.5%；实体体育消费水平在300元（含）及以上的人数为22人，占6所高校该消费水平总人数的比例为15.8%。

在SNZ高校中，大学生每月实体体育消费水平在100元以下的人数为20人，占6所高校该消费水平总人数的比例为16.1%；实体体育消费水平在100元（含）到200元的人数为39人，占6所高校该消费水平总人数的比例为19.7%；实体体育消费水平在200元（含）到300元的人数为20人，占6所高校该消费水平总人数的比例为16.1%；实体体育消费水平在300元（含）及以上的人数为19人，占6所高校该消费水平总人数的比例为13.7%。

在SZD高校中，大学生每月实体体育消费水平在100元以下的人数为32人，占6所高校该消费水平总人数的比例为25.8%；实体体育消费水平在100元（含）到200元的人数为31人，占6所高校该消费水平总人数的比例为15.7%；实体体育消费水平在200元（含）到300元的人数为15人，占6所高校该消费水平总人数的比例为12.1%；实体体育消费水平在300元（含）及以上的人数为20人，占6所高校该消费水平总人数的比例为14.4%。

其中，在100元以下的卡方值为15.06*，P值为0.010；100元（含）到200元的卡方值为3.05，P值为0.646；200元（含）到300元的卡方值为8.08，P值为0.152；300元（含）及以上的卡方值为6.08，P值为0.299。

从上述结果可以看出，不同高校学生的实体体育消费在100元（含）到200元、200元（含）到300元以及300元及以上无显著性差异。实体体育消费在100元以下的学生具有显著性差异。同时，实体体育消费金额在100元（含）到200元的学生人数最多，但是在100元（含）到200元各大高校的学生人数所占比例相差不大。之所以会出现这一结果，主要受到大学生本身消费水平、学习生活习惯及大学生生活环境等方面因素的影响。

2.不同年级大学生实体体育消费对比分析

不同年级大学生实体体育消费对比具体调查结果如下。

在大学一年级中，大学生实体体育消费水平在100元以下的人数为48人，占所有年级该消费水平总人数的比例为38.7%；实体体育消费水平在

100元（含）到200元的人数为62人，占所有年级该消费水平总人数的比例为31.3%；实体体育消费水平在200元（含）到300元的人数为42人，占所有年级该消费水平总人数的比例为33.9%；实体体育消费水平在300元（含）及以上的人数为48人，占所有年级该消费水平总人数的比例为34.5%。

在大学二年级中，大学生实体体育消费水平在100元以下的人数为49人，占所有年级该消费水平总人数的比例为39.5%；实体体育消费水平在100元（含）到200元的人数为76人，占所有年级该消费水平总人数的比例为38.4%；实体体育消费水平在200元（含）到300元的人数为51人，占所有年级该消费水平总人数的比例为41.1%；实体体育消费水平在300元（含）及以上的人数为43人，占所有年级该消费水平总人数的比例为30.9%。

在大学三年级中，大学生实体体育消费水平在100元以下的人数为27人，占所有年级该消费水平总人数的比例为21.8%；实体体育消费水平在100元（含）到200元的人数为60人，占所有年级该消费水平总人数的比例为30.3%；实体体育消费水平在200元（含）到300元的人数为31人，占所有年级该消费水平总人数的比例为25.0%；实体体育消费水平在300元（含）及以上的人数为48人，占所有年级该消费水平总人数的比例为34.5%。

其中，实体体育消费金额在100元以下的卡方值为3.54，P值为0.170；100元（含）到200元的卡方值为1.19，P值为0.552；200元（含）到300元的卡方值为1.21，P值为0.546；300元（含）及以上的卡方值为4.50，P值为0.105。

从上述调查结果可以看出，3个年级在体育消费区间方面没有产生明显差异，同时在3个年级中100元（含）到200元这一区间的体育消费人数最多。之所以会出现这一现象，主要受到大学生本身经济状况、体育消费内容及大学生本身习惯爱好方面的影响。

3.不同性别大学生实体体育消费对比分析

不同性别大学生实体体育消费对比具体调查结果如下。

在100元以下，男生的人数为67人，所占比例为54.0%；女生的人数为57人，所占比例为46.0%。卡方值为0.42，P值为0.517。在100元（含）到200元，男生人数为98人，所占比例为49.5%；女生人数为100人，所占比例为

50.5%。卡方值为0.46，P值为0.498。在200元（含）到300元，男生人数为64人，所占比例为51.6%；女生人数为60人，所占比例为48.4%。卡方值为0.00，P值为0.986。在300元（含）及以上，男生人数为72人，所占比例为51.8%；女生人数为67人，所占比例为48.2%。卡方值为0.01，P值为0.926。

从上述结果可以看出，男生和女生在各个区间中没有明显差异。同时，除了100元（含）到200元外，男生与女生在其他区间相差较小。其主要原因为受高校课程需要方面的影响，具体为男生有锻炼身体的需要，女生则有塑造自身形体的需要，同时男生和女生都有休闲娱乐方面的需要。

（二）大学生互联网体育消费水平分析

1.不同高校大学生互联网体育消费水平对比分析

不同高校大学生互联网体育消费水平对比具体调查结果如下。

在SD高校中，大学生互联网体育消费水平在100元以下的人数为21人，占所有高校该消费水平总人数的比例为19.3%；互联网体育消费水平在100元（含）到200元的人数为35人，占所有高校该消费水平总人数的比例为16.1%；互联网体育消费水平在200元（含）到300元的人数为14人，占所有高校该消费水平总人数的比例为10.0%；互联网体育消费水平在300元（含）及以上的人数为27人，占所有高校该消费水平总人数的比例为22.9%。

在SKD高校中，大学生互联网体育消费水平在100元以下的人数为10人，占所有高校该消费水平总人数的比例为9.2%；互联网体育消费水平在100元（含）到200元的人数为32人，占所有高校该消费水平总人数的比例为14.7%；互联网体育消费水平在200元（含）到300元的人数为32人，占所有高校该消费水平总人数的比例为22.9%；互联网体育消费水平在300元（含）及以上的人数为25人，占所有高校该消费水平总人数的比例为21.2%。

在SJZ高校中，大学生互联网体育消费水平在100元以下的人数为12人，占所有高校该消费水平总人数的比例为11.0%；互联网体育消费水平在100元（含）到200元的人数为35人，占所有高校该消费水平总人数的比例为16.1%；互联网体育消费水平在200元（含）到300元的人数为35人，占所有高校该消费水平总人数的比例为25.0%；互联网体育消费水平在300元（含）及以上的人数为15人，占所有高校该消费水平总人数的比例为12.7%。

在SWZ高校中，大学生互联网体育消费水平在100元以下的人数为19人，占所有高校该消费水平总人数的比例为17.4%；互联网体育消费水平在100元（含）到200元的人数为37人，占所有高校该消费水平总人数的比例为17.0%；互联网体育消费水平在200元（含）到300元的人数为22人，占所有高校该消费水平总人数的比例为15.7%；互联网体育消费水平在300元（含）及以上的人数为18人，占所有高校该消费水平总人数的比例为15.3%。

在SNZ高校中，大学生互联网体育消费水平在100元以下的人数为18人，占所有高校该消费水平总人数的比例为16.5%；互联网体育消费水平在100元（含）到200元的人数为40人，占所有高校该消费水平总人数的比例为18.3%；互联网体育消费水平在200元（含）到300元的人数为24人，占所有高校该消费水平总人数的比例为17.1%；互联网体育消费水平在300（含）元及以上的人数为16人，占所有高校该消费水平总人数的比例为13.6%。

在SZD高校中，大学生互联网体育消费水平在100元以下的人数为29人，占所有高校该消费水平总人数的比例为26.9%；互联网体育消费水平在100元（含）到200元的人数为39人，占所有高校该消费水平总人数的比例为17.9%；互联网体育消费水平在200元（含）到300元的人数为13人，占所有高校该消费水平总人数的比例为9.3%；互联网体育消费水平在300元（含）及以上的人数为17人，占所有高校该消费水平总人数的比例为14.7%。

其中，在100元以下的卡方值为16.39**，P值为0.006；100元（含）到200元以下的卡方值为1.99，P值为0.849；200元（含）到300元以下的卡方值为23.42**，P值为0.000；300元（含）及以上的卡方值为8.62，P值为0.125。

从上述结果可以看出，不同高校大学生互联网体育消费在100元（含）到200元、300元（含）及以上无显著性差异。互联网体育消费在100元以下、200元（含）到300元的大学生具有显著性差异。同时，SKD高校与SJZ高校学生在100元（含）到200元、200元（含）到300元所占比例接近。SD高校、SKD高校在300元（含）及以上在4个区间内占比最高。之所以会出现这一结果，主要是各大高校对大学生身心健康重视程度不一样。在一所高校中，大学生空闲时间较多，并且高校能够为大学生提供相应的体育锻炼设施或者组织相关体育活动，会充分影响到大学生的体育消费。除此之外，大学生本身的经济水平、对体育活动的兴趣、对互联网的兴趣及对电子设备的使用都会对大学生的互联网体育消费产生一定程度的影响。

2.不同年级大学生互联网体育消费对比分析

不同年级大学生互联网体育消费对比具体调查结果如下。

在大学一年级中，大学生互联网体育消费水平在100元以下的人数为43人，占所有该消费水平的比例为39.4%；互联网体育消费水平在100元（含）到200元的人数为75人，占所有该消费水平的比例为34.4%；互联网体育消费水平在200元（含）到300元的人数为46人，占所有该消费水平的比例为32.9%；互联网体育消费水平在300元（含）及以上的人数为36人，所占比例为30.5%。

在大学二年级中，大学生互联网体育消费水平在100元以下的人数为42人，占所有该消费水平的比例为38.5%；互联网体育消费水平在100元（含）到200元的人数为81人，占所有该消费水平的比例为37.2%；互联网体育消费水平在200元（含）到300元的人数为55人，占所有该消费水平的比例为39.3%；互联网体育消费水平在300元（含）及以上的人数为41人，所占比例为34.7%。

在大学三年级中，大学生互联网体育消费水平在100元以下的人数为23人，占所有该消费水平的比例为21.1%；互联网体育消费水平在100元（含）到200元的人数为62人，占所有该消费水平的比例为28.4%；互联网体育消费水平在200元（含）到300元的人数为42人，占所有该消费水平的比例为30.0%；互联网体育消费水平在300元（含）及以上的人数为39人，所占比例为33.0%。

其中，在100元以下的卡方值为3.88，P值为0.144；100元（含）到200元的卡方值为0.05，P值为0.974；200元（含）到300元的卡方值为0.81，P值为0.667；300元（含）及以上的卡方值为1.86，P值为0.395。

从上述调查结果可以看出，3个年级在体育消费区间方面没有产生明显差异，同时在3个年级中100元（含）到200元这一区间的体育消费人数最多。大学二年级在200元（含）到300元、300元（含）及以上的这两个区间比例超过了大学一年级和大学三年级。大学一年级在100元以下这一区间所占比例最高。之所以会出现这一现象，主要是因为随着年龄的增长，大学生本身会更加重视自己身体素质方面的发展。一年级学生由于刚刚进入大学，对这一方面重视程度不足，大学三年级学生即将毕业所以没有足够时间参与体育活动，所以大学二年级学生更加重视参与体育活动。除此之外，大学二年级学生在互联网购物方面也拥有更多的经验。

3.不同性别大学生互联网体育消费对比分析

不同性别大学生互联网体育消费对比具体调查结果如下。

大学生互联网体育消费在100元以下，男生的人数为55人，所占比例为50.9%；女生的人数为53人，所占比例为49.1%。卡方值为0.01，P值为0.918。在100元（含）到200元，男生人数为121人，所占比例为55.5%；女生人数为97人，所占比例为45.5%。卡方值为2.38，P值为0.123。在200元（含）到300元，男生人数为64人，所占比例为45.7%；女生人数为76人，所占比例为54.3%。卡方值为2.36，P值为0.124。在300元及以上，男生人数为59人，所占比例为50.9%；女生人数为57人，所占比例为49.1%。卡方值为0.02，P值为0.902。

从上述结果可以看出，男生和女生在各个区间中没有明显差异。同时，男生与女生在各个区间相差较小，主要原因是当前所有大学生都需要学习体育课程，并且在学习体育过程中很多学生会对自己的身材提出一定要求，从而进行体育课程外的锻炼或者参与体育活动。

（三）大学生实体体育消费和互联网体育消费水平对比分析

在实体体育消费方面，有124名大学生的实体体育消费在100元以下，所占比例为21.2%；有198名大学生的实体体育消费在100元（含）到200元，所占比例为33.8%；有124名大学生的实体体育消费在200元（含）到300元，所占比例为21.2%；有139名大学生的实体体育消费在300元（含）及以上，所占比例为23.8%。

在互联网体育消费方面，有109名大学生的互联网体育体育消费在100元以下，所占比例为18.6%；有218名大学生的互联网体育消费在100元（含）到200元，所占比例为37.3%；有140名大学生的互联网体育消费在200元（含）到300元，所占比例为23.9%；有118名大学生的互联网体育消费在300元（含）及以上，所占比例为20.1%。

从上述调查结果可以看出，大学生实体体育消费在100元以下、300元（含）及以上这两个区间相较于互联网体育消费所占比例更高，但是在100元（含）到200元、200元（含）到300元这两个区间相较于互联网体育消费比例较低。无论是实体体育消费还是互联网体育消费，两者在100元（含）到200元的所占比例都是最高的。其主要原因为，随着各种互联网购物平台的出现，大学生通过互联网购物平台进行购物更为便捷，如大学生通过互联网平台可以花费更少的时间或者投入更少的精力购买自己所需要的物品。

（四）大学生体育消费内容与10多年前消费内容对比分析

根据相关学者10多年前对大学生体育消费进行的研究分析，从整体上来看当时大学生的体育消费水平较低，超过80%的大学生每月体育消费金额在200元及以下，并且男生和女生在体育消费方面有较为明显的差异，男生明显超过女生。比如龚亚荣在《互联网对大学生体育生活方式的影响》调查研究中得出，10多年前大学生的月平均体育消费最高水平在200元及以上，大部分学生的体育消费水平较低，并且有接近40%的大学生每月平均体育消费在50元及以下，这也反映出在当时大学生的体育消费水平较低，并且存在较为严重的两极分化现象。

从当前来看，大学生群体的实体体育消费中已经有近一半的学生月平均消费金额在200元及以上，互联网体育消费中有45%左右的学生月消费金额在200元及以上，并且男生与女生在体育消费方面差异并不明显。因此，从整体上来看，当前大学生的体育消费水平相较于10多年前有一定提高，但是仍然存在一些学生受到各种因素影响，体育消费水平较低。

五、互联网时代大学生体育消费动机分析

在参考了相关体育消费的文献后，本书将体育消费动机分为四种类型：第一种为锻炼身体需求，第二种为体育课程需求，第三种为社交手段需求，第四种为娱乐休闲需求。

在本次研究中对大学生体育消费动机人数和相关比例进行了调查分析，具体调查结果如下。

有191名学生表示自己的体育消费动机为锻炼身体需求，所占比例为32.6%；有205名学生表示自己的体育消费动机为体育课程需求，所占比例为35.0%；有18名学生表示自己的体育消费动机为社交手段需求，所占比例为3.1%；有171名学生表示自己的体育消费动机为娱乐休闲需求，所占比例为29.2%。

从上述调查结果可以看出，体育课程需求、锻炼身体需求及娱乐休闲需求是大学生主要的体育消费动机，少部分学生有社交手段方面的消费动机。

（一）不同高校大学生体育消费动机对比分析

不同高校大学生体育消费动机对比具体调查结果如下。

在锻炼身体需求方面，SD高校中有这一消费动机的学生人数为27人，所占比例为14.1%；SKD高校中有这一消费动机的学生人数为27人，所占比例为14.1%；SJZ高校中有这一消费动机的学生人数为39人，所占比例为20.3%；SWZ高校中有这一消费动机的学生人数为35人，所占比例为18.2%；SNZ高校中有这一消费动机的学生人数为31人，所占比例为16.1%；SZD高校中有这一消费动机的学生人数为33人，所占比例为17.2%。卡方值为4.93，P值为0.425。

在体育课程需求方面，SD高校中有这一消费动机的学生人数为40人，所占比例为19.5%；SKD高校中有这一消费动机的学生人数为41人，所占比例为20.0%；SJZ高校中有这一消费动机的学生人数为29人，所占比例为14.1%；SWZ高校中有这一消费动机的学生人数为32人，所占比例为15.6%；SNZ高校中有这一消费动机的学生人数为27人，所占比例为13.2%；SZD高校中有

这一消费动机的学生人数为36人，所占比例为17.6%。卡方值为7.19，*P*值为0.207。

在社交手段需求方面，SD高校中有这一消费动机的学生人数为3人，所占比例为16.7%；SKD高校中有这一消费动机的学生人数为4人，所占比例为22.2%；SJZ高校中有这一消费动机的学生人数为1人，所占比例为5.6%；SWZ高校中有这一消费动机的学生人数为2人，所占比例为11.1%；SNZ高校中有这一消费动机的学生人数为4人，所占比例为22.2%；SZD高校中有这一消费动机的学生人数为4人，所占比例为22.2%。卡方值为2.65，*P*值为0.754。

在娱乐休闲需求方面，SD高校中有这一消费动机的学生人数为27人，所占比例为15.9%；SKD高校中有这一消费动机的学生人数为27人，所占比例为15.9%；SJZ高校中有这一消费动机的学生人数为28人，所占比例为16.5%；SWZ高校中有这一消费动机的学生人数为27人，所占比例为15.9%；SNZ高校中有这一消费动机的学生人数为36人，所占比例为21.2%；SZD高校中有这一消费动机的学生人数为25人，所占比例为14.7%。卡方值为4.07，*P*值为0.539。

从上述统计结果能够看出，各大高校的大学生在不同体育消费动机方面没有呈现出明显差异。不同高校的大学生在不同体育消费动机选择方面相差较小，大学生选择社交手段需求这一体育消费动机的人数最少，选择率最低。其主要原因在于随着大学生生活水平的不断提高，大学生体育消费动机无论是在物质需求方面还是在精神需求方面都得到了极大改善，促使大学生的不同消费动机在大学生群体中更加普遍。

（二）不同年级的大学生体育消费动机统计对比分析

不同年级的大学生体育消费动机统计对比具体调查结果如下。

在锻炼身体需求方面，大学一年级有这一消费动机的学生人数为67人，所占比例为35.1%；大学二年级有这一消费动机的学生人数为69人，所占比例为36.1%；大学三年级有这一消费动机的学生人数为55人，所占比例为28.8%。卡方值为0.21，*P*值为0.899。

在体育课程需求方面，大学一年级有这一消费动机的学生人数为66人，所占比例为32.2%；大学二年级有这一消费动机的学生人数为79人，所占比例为38.5%；大学三年级有这一消费动机的学生人数为60人，所占比例为29.3%。卡方值为0.56，P值为0.757。

在社交手段需求方面，大学一年级有这一消费动机的学生人数为5人，所占比例为27.8%；大学二年级有这一消费动机的学生人数为9人，所占比例为50.0%；大学三年级有这一消费动机的学生人数为4人，所占比例为22.2%。卡方值为1.25，P值为0.534。

在娱乐休闲需求方面，大学一年级有这一消费动机的学生人数为62人，所占比例为36.3%；大学二年级有这一消费动机的学生人数为62人，所占比例为36.3%；大学三年级有这一消费动机的学生人数为47人，所占比例为27.5%。卡方值为0.57，P值为0.754。

从上述统计结果能够看出，对于不同年级的大学生而言，在体育消费动机方面不存在明显差异。三个年级的大学生选择不同体育消费动机的人数相差较小，其中大学二年级和大学三年级的大学生选择体育课程需求这一体育消费动机的人数最多。主要原因是近几年来我国高校大学生体质出现了逐年下降的问题，高校针对这一情况对大学生的体育课程提出了更多要求，如要求大学生在学习体育课程的过程中必须穿相应的运动服装和运动鞋。

（三）不同性别大学生的体育消费动机对比分析

不同性别大学生的体育消费动机对比具体调查结果如下。

在锻炼身体需求方面，男生有这一消费动机的学生人数为104人，所占比例为54.5%；女生有这一消费动机的学生人数为87人，所占比例为45.5%。卡方值为1.02，P值为0.313。

在体育课程需求方面，男生有这一消费动机的学生人数为93人，所占比例为45.4%；女生有这一消费动机的学生人数为112人，所占比例为54.6%。卡方值为4.68*，P值为0.030。

在社交手段需求方面，男生有这一消费动机的学生人数为12人，所占比例为66.7%；女生有这一消费动机的学生人数为6人，所占比例为33.3%。卡方值为1.72，P值为0.190。

在娱乐休闲需求方面，男生有这一消费动机的学生人数为92人，所占比例为53.8%；女生有这一消费动机的学生人数为79人，所占比例为46.2%。卡方值为0.52，P值为0.471。

从上述统计结果能够看出，对于不同性别的大学生而言，在体育消费动机中的锻炼身体需求、社交手段需求和娱乐休闲需求三个方面不存在明显差异，但是男生在这三个方面相较于女生选取率更高。在体育课程需求方面存在显著性差异，并且女生在这一方面的选取率相较于男生更高。主要原因是男生和女生无论是在身体素质方面还是在性格特点方面都存在一定差异，其中男生在日常生活中参与体育运动相较于女生更多，因此在体育课程外男生的体育消费往往超过女生，这就导致男生的体育课程需求相较于女生较低。

（四）大学生10多年前后体育消费动机对比分析

通过调查分析得出，有35.0%的大学生之所以会进行体育消费其主要动机为体育课程需求，有32.6%的大学生之所以会进行体育消费其主要动机为锻炼身体需求，有29.2%的大学生之所以会进行体育消费其主要动机为娱乐休闲需求，只有3.1%的大学生的消费动机为社交手段需求。崔久剑在研究中将大学生体育消费动机分为7种类型，具体为健身要求、消遣娱乐、交往需要、满足自己的好奇心、掌握运动技能、从众心理及其他动机。最终结果显示，在7种体育消费动机中，超过一半的大学生认为自己之所以参与体育消费是出于自身的健身要求，有32.0%的大学生认为自己参与体育消费最主要是为了进行消遣娱乐，共计85.0%的大学生进行体育消费的动机是健身要求和消遣娱乐。除此之外，还有8.1%的学生认为自己的主要动机是掌握运动技能，有1.1%的学生认为自己之所以进行体育消费是因为自己的从众心理。

综上所述，当前大学生的消费动机在体育课程需求方面相较于10多年前更高，在身体锻炼需求和娱乐休闲需求方面占据较大比例，但是在社交方面所占比例较低。从整体上来看，当前大学生的体育消费动机整体处于较低层次。所以对于高校和大学生家长而言，需要在日常生活中积极引导大学生培养对体育运动的正确认识，促使大学生有更大的兴趣参与体育运动，这样才能推动大学生身心健康发展。

六、互联网时代大学生体育消费行为分析

（一）大学生实体体育消费次数分析

互联网时代下，大学生实体体育消费次数具体调查结果如下。

有37名学生表示自己每月的实体体育消费次数为0次，所占比例为6.3%；有321名学生表示自己每月的实体体育消费次数为1~2次，所占比例为54.9%；有160名学生表示自己每月的实体体育消费次数为3~4次，所占比例为27.4%；有67名学生表示自己每月的实体体育消费次数为5次及以上，所占比例为11.5%。

从上述调查结果可以看出，大学生的实际体育消费次数基本集中在1~2次及3~4次，0次与5次及以上的人数较少。从整体上来看，平均每年进行1~2次实体体育消费的学生占大多数。

1.不同高校大学生实体体育消费次数对比分析

不同高校大学生实体体育消费次数对比具体调查结果如下。

在实体体育消费次数为0次方面，SD高校的学生实体体育消费次数为0次的人数为2人，所占比例为5.4%；SKD高校的学生实体体育消费次数为0次的人数为7人，所占比例为18.9%；SJZ高校的学生实体体育消费次数为0次的人数为5人，所占比例为13.5%；SWZ高校的学生实体体育消费次数为0次的人数为1人，所占比例为2.7%；SNZ高校的学生实体体育消费次数为0次的人数为7人，所占比例为18.9%；SZD高校的学生实体体育消费次数为0次的人数为15人，所占比例为40.5%。卡方值为21.24[**]，P值为0.001。

在实体体育消费次数1~2次方面，SD高校的学生实体体育消费次数为1~2次的人数为59人，所占比例为18.4%；SKD高校的学生实体体育消费次数为1~2次的人数为45人，所占比例为14.0%；SJZ高校的学生实体体育消费次数为1~2次的人数为51人，所占比例为15.9%；SWZ高校的学生实体体育消费次数为1~2次的人数为64人，所占比例为19.9%；SNZ高校的学生实体体育消费次数为1~2次的人数为54人，所占比例为16.8%；SZD高校的学生实体体育消费次数为1~2次的人数为48人，所占比例为15.0%。卡方值为11.91[*]，P值为0.036。

在实体体育消费次数3~4次方面，SD高校的学生实体体育消费次数为3~4次的人数为23人，所占比例为14.4%；SKD高校的学生实体体育消费次数为3~4次的人数为33人，所占比例为20.6%；SJZ高校的学生实体体育消费次数为3~4次的人数为31人，所占比例为19.4%；SWZ高校的学生实体体育消费次数为3~4次的人数为24人，所占比例为15.0%；SNZ高校的学生实体体育消费次数为3~4次的人数为23人，所占比例为14.4%；SZD高校的学生实体体育消费次数为3~4次的人数为26人，所占比例为16.3%。卡方值为4.31，P值为0.506。

在实体体育消费次数5次及以上方面，SD高校的学生实体体育消费次数为5次及以上的人数为13人，所占比例为19.4%；SKD高校的学生实体体育消费次数为5次及以上的人数为14人，所占比例为20.9%；SJZ高校的学生实体体育消费次数为5次及以上的人数为10人，所占比例为14.9%；SWZ高校的学生实体体育消费次数为5次及以上的人数为7人，所占比例为10.4%；SNZ高校的学生实体体育消费次数为5次及以上的人数为14人，所占比例为20.9%；SZD高校的学生实体体育消费次数为5次及以上的人数为9人，所占比例为13.4%。卡方值为3.77，P值为0.583。

从上述统计结果能够看出，在不同高校中，大学生所进行的实体体育消费次数在0次这一选项上有显著性差异，在1~2次选项上也存在差异，但是在3~4次、5次及以上这两个选项方面没有明显差异。同时，在所有高校中选择1~2次这一选项的学生人数最多，排在第二位的是3~4次。

2.不同年级大学生实体体育消费次数对比分析

不同年级大学生实体体育消费次数对比具体调查结果如下。

在实体体育消费次数为0次方面，大学一年级的学生实体体育消费次数为0次的人数为14人，所占比例为37.8%；大学二年级的学生实体体育消费次数为0次的人数为17人，所占比例为45.9%；大学三年级的学生实体体育消费次数为0次的人数为6人，所占比例为16.2%。卡方值为3.02，P值为0.221。

在实体体育消费次数1~2次方面，大学一年级的学生实体体育消费次数为1~2次的人数为114人，所占比例为35.5%；大学二年级的学生实体体育消费次数为1~2次的人数为115人，所占比例为35.8%；大学三年级的学生实体体育消费次数为1~2次的人数为92人，所占比例为28.7%。卡方值为0.71，P值为0.701。

在实体体育消费次数3~4次方面，大学一年级的学生实体体育消费次数为3~4次的人数为49人，所占比例为30.6%；大学二年级的学生实体体育消费次数为3~4次的人数为66人，所占比例为41.3%；大学三年级的学生实体体育消费次数为3~4次的人数为45人，所占比例为28.1%。卡方值为1.68，P值为0.431。

在实体体育消费次数5次及以上方面，大学一年级的学生实体体育消费次数为5次及以上的人数为23人，所占比例为34.3%；大学二年级的学生实体体育消费次数为5次及以上的人数为21人，所占比例为31.3%；大学三年级的学生实体体育消费次数为5次及以上的人数为23人，所占比例为34.3%。卡方值为2.07，P值为0.355。

从上述调查结果可以看出，不同年级的大学生在实体体育消费次数方面存在显著性差异。其中，不同年级的大学生在1~2次这一选项方面选择的人数最多，在3~4次这一选项方面的选择处于第二位，5次及以上处于第三位，选择0次这一选项的学生人数较少，主要原因是随着大学生对体育消费认识的加深，各年级的大学生会进行一定程度的实体体育消费。

3.不同性别大学生的实体体育消费次数对比分析

不同性别大学生的实体体育消费次数对比具体调查结果如下。

在实体体育消费次数为0次方面，男生实体体育消费次数为0次的学生人数为21人，所占比例为56.8%；女生实体体育消费次数为0次的学生人数为16人，所占比例为43.2%。卡方值为0.44，P值为0.505。

在实体体育消费次数1~2次方面，男生实体体育消费次数为1~2次的学生人数为158人，所占比例为49.1%；女生实体体育消费次数为1~2次的学生人数为163人，所占比例为50.9%。卡方值为1.63，P值为0.202。

在实体体育消费次数3~4次方面，男生实体体育消费次数为3~4次的学生人数为83人，所占比例为51.9%；女生实体体育消费次数为3~4次的学生人数为77人，所占比例为48.1%。卡方值为1.74，P值为0.188。

在实体体育消费次数5次及以上方面，男生实体体育消费次数为5次及以上的学生人数为39人，所占比例为58.2%；女生实体体育消费次数为5次及以上的学生人数为28人，所占比例为41.8%。卡方值为0.02，P值为0.901。

通过上述调查结果可以看出，男生和女生在实体体育消费次数上不具有显著性差异。同时，无论是男生还是女生主要的实体体育消费次数在1~2次和3~4次，这反映出无论是男生还是女生在实体体育消费次数方面都处于较低水平。这主要和高校周围存在的各种体育消费店铺较少和体育产品质量不高相关，也和互联网体育消费的兴起有关。

（二）大学生互联网浏览体育用品次数对比分析

当消费者产生强烈需求时，必然会通过各种方式获得自身所需要的商品和相关服务信息。对于体育消费者来说，获取体育用品信息的渠道主要分为两种：第一种是消费者回忆或记忆中存储的知识；第二种是寻找另外的信息。随着互联网的快速发展，消费者可以通过外部搜索来找到自身记忆中不包含的信息。为了能充分了解大学生对体育用品的关注程度，在下面内容中设计了大学生平均每月在互联网浏览体育用品信息的次数来进行调查分析。具体调查结果如下。

有50名学生表示自己通过互联网浏览体育用品的次数为0次，所占比例为8.5%；有314名学生表示自己通过互联网浏览体育用品的次数为1~2次，所占比例为53.7%；有156名学生表示自己通过互联网浏览体育用品的次数为3~4次，所占比例为26.7%；有65名学生表示自己通过互联网浏览体育用品的次数为5次及以上，所占比例为11.1%。

从上述调查结果可以看出，有过借助互联网浏览体育用品信息的大学生占到总人数的91.5%。

1.不同高校的大学生通过互联网浏览体育用品次数对比分析

不同高校的大学生通过互联网浏览体育用品次数对比具体调查结果如下。

在通过互联网浏览体育用品信息次数为0次方面，SD高校的学生通过互联网浏览体育用品信息次数为0次的人数为5人，所占比例为10.0%；SKD高校的学生通过互联网浏览体育用品信息次数为0次的人数为11人，所占比例为22.0%；SJZ高校的学生通过互联网浏览体育用品信息次数为0次的人数为8人，所占比例为16.0%；SWZ高校的学生通过互联网浏览体育用品信息次数为0次的人数为8人，所占比例为16.0%；SNZ高校的学生通过互联网浏览体育用品信息次数为0次的人数为8人，所占比例为16.0%；SZD高校的学生通过互联网浏览体育用品信息次数为0次的人数为10人，所占比例为20.0%。卡方值为2.64，P值为0.755。

在通过互联网浏览体育用品信息次数1~2次方面，SD高校的学生通过互联网浏览体育用品信息次数为1~2次的人数为61人，所占比例为19.4%；SKD高校的学生通过互联网浏览体育用品信息次数为1~2次的人数为55人，所占比例为17.5%；SJZ高校的学生通过互联网浏览体育用品信息次数为1~2次的人数为40人，所占比例为12.7%；SWZ高校的学生通过互联网浏览体育用品信息次数为1~2次的人数为53人，所占比例为16.9%；SNZ高校的学生通过互联网浏览体育用品信息次数为1~2次的人数为49人，所占比例为15.6%；SZD高校的学生通过互联网浏览体育用品信息次数为1~2次的人数为56人，所占比例为17.8%。卡方值为10.58，P值为0.060。

在通过互联网浏览体育用品信息次数3~4次方面，SD高校的学生通过互联网浏览体育用品信息次数为3~4次的人数为17人，所占比例为10.9%；SKD高校的学生通过互联网浏览体育用品信息次数为3~4次的人数为20人，所占比例为12.8%；SJZ高校的学生通过互联网浏览体育用品信息次数为3~4次的人数为42人，所占比例为26.9%；SWZ高校的学生通过互联网浏览体育用品信息次数为3~4次的人数为21人，所占比例为13.5%；SNZ高校的学生通过互联网浏览体育用品信息次数为3~4次的人数为33人，所占比例为21.2%；SZD高校的学生通过互联网浏览体育用品信息次数为3~4次的人数为23人，所占比例为14.7%。卡方值为24.08[**]，P值为0.000。

在通过互联网浏览体育用品信息次数5次及以上方面，SD高校的学生通过互联网浏览体育用品信息次数为5次及以上的人数为14人，所占比例为21.5%；SKD高校的学生通过互联网浏览体育用品信息次数为5次及以上的人数为13人，所占比例为20.0%；SJZ高校的学生通过互联网浏览体育用品信息次数为5次及以上的人数为7人，所占比例为10.8%；SWZ高校的学生通过互联网浏览体育用品信息次数为5次及以上的人数为14人，所占比例为21.5%；SNZ高校的学生通过互联网浏览体育用品信息次数为5次及以上的人数为8人，所占比例为12.3%；SZD高校的学生通过互联网浏览体育用品信息次数为5次及以上的人数为9人，所占比例为13.8%。卡方值为5.39，P值为0.371。

从上述结果可以看出，在不同高校中大学生平均每月通过互联网浏览体育用品信息的次数在0次、1~2次、5次及以上这3个区间内没有明显差异，但是在3~4次这一选项方面，不同高校学生存在显著性差异。除此之外，在所有高校中大部分学生浏览体育用品信息次数基本在1~2次。出现这一结果的主要原因是受到大学生自身生活环境、大学生对体育用品需求整体程度及大学生个人的习惯爱好等方面的影响。

2.不同年级的大学生通过互联网浏览体育用品信息次数对比分析

不同年级的大学生通过互联网浏览体育用品信息次数对比具体调查结果如下。

在通过互联网浏览体育用品信息次数为0次方面，大学一年级学生通过互联网浏览体育用品信息次数为0次的人数为22人，所占比例为44.0%；大学二年级学生通过互联网浏览体育用品信息次数为0次的人数为18人，所占比例为36.0%；大学三年级学生通过互联网浏览体育用品信息次数为0次的人数为10人，所占比例为20.0%。卡方值为2.92，P值为0.232。

在通过互联网浏览体育用品信息次数1~2次方面，大学一年级学生通过互联网浏览体育用品信息次数为1~2次的人数为107人，所占比例为34.1%；大学二年级学生通过互联网浏览体育用品信息次数为1~2次的人数为119人，所占比例为37.9%；大学三年级学生通过互联网浏览体育用品信息次数为1~2次的人数为88人，所占比例为28.0%。卡方值为0.07，P值为0.965。

在通过互联网浏览体育用品信息次数3~4次方面，大学一年级学生通过互联网浏览体育用品信息次数为3~4次的人数为45人，所占比例为28.8%；大学二年级学生通过互联网浏览体育用品信息次数为3~4次的人数为62人，所占比例为39.7%；大学三年级学生通过互联网浏览体育用品信息次数为3~4次的人数为49人，所占比例为31.4%。卡方值为2.77，P值为0.251。

在通过互联网浏览体育用品信息次数5次及以上方面，大学一年级学生通过互联网浏览体育用品信息次数为5次及以上的人数为26人，所占比例为40.0%；大学二年级学生通过互联网浏览体育用品信息次数为5次及以上的人数为20人，所占比例为30.8%；大学三年级学生通过互联网浏览体育用品信息次数为5次及以上的人数为19人，所占比例为29.2%。卡方值为1.61，P值为0.447。

从上述调查结果可以看出，不同年级的大学生在通过互联网浏览体育用品信息次数方面没有显著性差异。其中，不同年级的大学生在1~2次这一选项方面选择的人最多，在3~4次这一选项方面的选择处于第二位，5次及以上处于第三位，选择0次这一选项的学生人数较少。主要原因是随着学生对互联网认识的加深，促进了各年级大学生通过互联网浏览体育用品信息的习惯。

3.不同性别的大学生通过互联网浏览体育用品信息次数对比分析

不同性别的大学生通过互联网浏览体育用品信息次数对比具体调查结果如下。

在通过互联网浏览体育用品信息次数为0次方面，男生通过互联网浏览体育用品信息次数为0次的学生人数为29人，所占比例为58.0%；女生通过互联网浏览体育用品信息次数为0次的学生人数为21人，所占比例为42.0%。卡方值为0.938，P值为0.333。

在通过互联网浏览体育用品信息次数1~2次方面，男生通过互联网浏览体育用品信息次数为1~2次的学生人数为150人，所占比例为47.8%；女生通过互联网浏览体育用品信息次数为1~2次的学生人数为164人，所占比例为52.2%。卡方值为3.68，P值为0.055。

在通过互联网浏览体育用品信息次数3~4次方面，男生通过互联网浏览体育用品信息次数为3~4次的学生人数为86人，所占比例为55.1%；女生通过互联网浏览体育用品信息次数为3~4次的学生人数为70人，所占比例为44.9%。卡方值为1.15，P值为0.283。

在通过互联网浏览体育用品信息次数5次及以上方面，男生通过互联网浏览体育用品信息次数为5次及以上的学生人数为36人，所占比例为55.4%；女生通过互联网浏览体育用品信息次数为5次及以上的学生人数为29人，所占比例为44.6%。卡方值为0.45，P值为0.501。

通过上述调查结果可以看出，男生和女生在通过互联网浏览体育用品信息次数上不具有显著性差异。同时，女生通过互联网浏览体育用品信息次数集中在1~2次和3~4次，男生集中在3~4次和5次及以上，且高于女生。主要原因是无论男生、女生都能够熟练使用互联网平台，其中男生相较于女生通过互联网浏览各种信息的次数更多。

（三）大学生互联网购买体育用品途径分析

1.不同高校的大学生互联网购买体育用品途径对比分析

不同高校的大学生互联网购买体育用品途径对比具体调查结果如下。

在通过京东、淘宝等购物App购买体育用品方面，SD高校的学生通过京东、淘宝等购物App购买体育用品的人数为69人，所占比例为16.2%；SKD高校的学生通过京东、淘宝等购物App购买体育用品的人数为65人，所占比例为15.3%；SJZ高校的学生通过京东、淘宝等购物App购买体育用品的人数为73人，所占比例为17.2%；SWZ高校的学生通过京东、淘宝等购物App购买体育用品的人数为75人，所占比例为17.6%；SNZ高校的学生通过京东、淘宝等购物App购买体育用品的人数为72人，所占比例为17.0%；SZD高校的学生通过京东、淘宝等购物App购买体育用品的人数为71人，所占比例为16.7%。卡方值为4.34，P值为0.502。

在通过官方商城购买体育用品方面，SD高校的学生通过官方商城购买体育用品的人数为26人，所占比例为18.2%；SKD高校的学生通过官方商城购买体育用品的人数为30人，所占比例为21.0%；SJZ高校的学生通过官方商城购买体育用品的人数为22人，所占比例为15.4%；SWZ高校的学生通过官方商城购买体育用品的人数为21人，所占比例为14.7%；SNZ高校的学生通过官方商城购买体育用品的人数为22人，所占比例为15.4%；SZD高校的学生通过官方商城购买体育用品的人数为22人，所占比例为15.4%。卡方值为3.01，P值为0.699。

　　在通过网络超市购买体育用品方面，SD高校的学生通过网络超市购买体育用品的人数为1人，所占比例为20.0%；SKD高校的学生通过网络超市购买体育用品的人数为1人，所占比例为20.0%；SJZ高校的学生通过网络超市购买体育用品的人数为0人，所占比例为0；SWZ高校的学生通过网络超市购买体育用品的人数为0人，所占比例为0；SNZ高校的学生通过网络超市购买体育用品的人数为0人，所占比例为0；SZD高校的学生通过网络超市购买体育用品的人数为3人，所占比例为60.0%。卡方值为8.18，P值为0.147。

　　在通过其他互联网平台购买体育用品方面，SD高校的学生通过其他互联网平台购买体育用品的人数为1人，所占比例为8.3%；SKD高校的学生通过其他互联网平台购买体育用品的人数为3人，所占比例为25.0%；SJZ高校的学生通过其他互联网平台购买体育用品的人数为2人，所占比例为16.7%；SWZ高校的学生通过其他互联网平台购买体育用品的人数为0人，所占比例为0；SNZ高校的学生通过其他互联网平台购买体育用品的人数为4人，所占比例为33.3%；SZD高校的学生通过其他互联网平台购买体育用品的人数为2人，所占比例为16.7%。卡方值为5.05，P值为0.410。

　　从上述结果可以看出，不同高校的大学生在互联网购买体育用品方面存在明显差异。其中，在不同互联网购买途径中，京东、淘宝等购物App是大学生购买各种体育用品的主要途径，排在第二位的是官方商城，网络超市和其他平台选择的人数较少。主要原因是当代大学生随着互联网的快速发展已经逐渐适应了互联网购物模式，并且京东、淘宝这些购物平台经常会推出关于体育用品的优惠活动，所以大部分学生会选择京东、淘宝类购物平台来进行体育用品购买。除此之外，一部分大学生之所以在官方商城购买体育用品，主要是官方商城所售卖的体育用品在质量方面有更多保障。

　　2.不同年级的大学生互联网购买体育用品途径对比分析

　　不同年级的大学生互联网购买体育用品途径对比具体调查结果如下。

　　在通过京东、淘宝等购物App购买体育用品方面，大学一年级的学生通过京东、淘宝等购物App购买体育用品的人数为146人，所占比例为34.4%；大学二年级的学生通过京东、淘宝等购物App购买体育用品的人数为159人，所占比例为37.4%；大学三年级的学生通过京东、淘宝等购物App购买体育用品的人数为120人，所占比例为28.2%。卡方值为0.02，P值为0.993。

在通过官方商城购买体育用品方面，大学一年级的学生通过官方商城购买体育用品的人数为48人，所占比例为33.6%；大学二年级的学生通过官方商城购买体育用品的人数为55人，所占比例为38.5%；大学三年级的学生通过官方商城购买体育用品的人数为40人，所占比例为28.0%。卡方值为0.08，P值为0.963。

在通过网络超市购买体育用品方面，大学一年级的学生通过网络超市购买体育用品的人数为2人，所占比例为40.0%；大学二年级的学生通过网络超市购买体育用品的人数为3人，所占比例为60.0%；大学三年级的学生通过网络超市购买体育用品的人数为0，所占比例为0。卡方值为2.17，P值为0.339。

在通过其他互联网平台购买体育用品方面，大学一年级的学生通过其他互联网平台购买体育用品的人数为4人，所占比例为33.3%；大学二年级的学生通过其他互联网平台购买体育用品的人数为2人，所占比例为16.7%；大学三年级的学生通过其他互联网平台购买体育用品的人数为6人，所占比例为50.0%。卡方值为3.43，P值为0.180。

从上述调查结果可以看出，不同年级的大学生通过互联网购买体育用品的途径没有显著性差异，并且不同年级的大学生在通过互联网购买体育用品方面最主要的途径是通过京东、淘宝等购物App进行。

3.不同性别的大学生互联网购买体育用品途径对比分析

不同性别的大学生互联网购买体育用品途径对比具体调查结果如下。

在通过京东、淘宝等购物App购买体育用品方面，男生通过京东、淘宝等购物App购买体育用品的人数为216人，所占比例为50.8%；女生通过京东、淘宝等购物App购买体育用品的人数为209人，所占比例为49.2%。卡方值为0.27，P值为0.602。

在通过官方商城购买体育用品方面，男生通过官方商城购买体育用品的人数为75人，所占比例为52.4%；女生通过官方商城购买体育用品的人数为68人，所占比例为47.6%。卡方值为0.09，P值为0.767。

在通过网络超市购买体育用品方面，男生通过网络超市购买体育用品的人数为4人，所占比例为80.0%；女生通过网络超市购买体育用品的人数为1人，所占比例为20.0%。卡方值为1.66，P值为0.198。

在通过其他互联网平台购买体育用品方面，男生通过其他互联网平台购买体育用品的人数为6人，所占比例为50.0%；女生通过其他互联网平台购买体育用品的人数为6人，所占比例为50.0%。卡方值为0.01，P值为0.924。

通过上述调查结果可以得出，男生和女生在通过互联网购买体育用品的途径方面无显著性差异。京东、淘宝等购物App是所有学生选择最多的互联网购物平台，排在第二位的是网上商城，剩余两种途径选择人数较少。主要原因在于京东、淘宝等购物App从实际情况来看已经对人们的日常生活产生深刻影响，并且这些购物App上体育用品较为齐全，在价格方面也更加优惠，所以无论是男生还是女生都愿意在这些购物App上购买体育用品。还有部分学生更加关注自己所购买体育用品的质量，所以会选择有更多质量保障的官方商城。

从整体来看，大学生进行实体体育消费次数处于一般水平，通过互联网浏览关于体育用品的信息次数也处于一般水平，通过互联网购买体育用品的主要平台为京东、淘宝等购物App。所以对于体育用品的商家而言，实体店可以通过互联网来更好地宣传自己的体育用品信息，高校可以通过互联网让学生了解更多关于体育用品的信息，从而帮助大学生购买到更多符合自身需要且有质量保障的体育用品。

七、互联网时代大学生体育消费影响因素分析

对于任何一个消费者而言，进行体育消费都是为了满足自身的发展或者通过体育消费来实现享受。体育消费者的体育消费行为具有极强的个人特点，是一种由体育消费者自身心理状态和体育消费者所处文化背景等方面因素综合作用后的结果。对于大学生而言，大学生所生活的文化环境、个人心理因素等方面都会影响大学生的体育消费行为。同时，大学生作为一个特殊群体，尽管大多数人没有独立的经济来源，但是大学生群体已经步入成年且初步形成了自己的价值观念和消费观念，所以在体育消费方面，大学生群体有自己独特的个人因素和心理因素。

（一）大学生体育消费水平影响因素对比分析

1.不同高校的大学生体育消费水平影响因素对比分析

不同高校的大学生体育消费水平影响因素对比具体调查结果如下。

在经济承受能力这一经济因素方面，SD高校的学生选择这一经济因素的人数为46人，所占比例为21.0%；SKD高校的学生选择这一经济因素的人数为23人，所占比例为10.5%；SJZ高校的学生选择这一经济因素的人数为28人，所占比例为12.8%；SWZ高校的学生选择这一经济因素的人数为48人，所占比例为21.9%；SNZ高校的学生选择这一经济因素的人数为38人，所占比例为17.4%；SZD高校的学生选择这一经济因素的人数为36人，所占比例为16.4%。卡方值为21.88*，P值为0.001。

在对体育不感兴趣这一兴趣因素方面，SD高校的学生选择这一兴趣因素的人数为30人，所占比例为19.1%；SKD高校的学生选择这一兴趣因素的人数为32人，所占比例为20.4%；SJZ高校的学生选择这一兴趣因素的人数为22人，所占比例为14.0%；SWZ高校的学生选择这一兴趣因素的人数为18人，所占比例为11.5%；SNZ高校的学生选择这一兴趣因素的人数为25人，所占比例为15.9%；SZD高校的学生选择这一兴趣因素的人数为30人，所占比例为19.1%。卡方值为6.84，P值为0.233。

在运动项目限制这一运动因素方面，SD高校的学生选择这一运动因素的人数为11人，所占比例为9.7%；SKD高校的学生选择这一运动因素的人数为23人，所占比例为20.4%；SJZ高校的学生选择这一运动因素的人数为25人，所占比例为22.1%；SWZ高校的学生选择这一运动因素的人数为16人，所占比例为14.2%；SNZ高校的学生选择这一运动因素的人数为17人，所占比例为15.0%；SZD高校的学生选择这一运动因素的人数为21人，所占比例为18.6%。卡方值为6.84，P值为0.127。

在没有时间进行体育活动这一时间因素方面，SD高校的学生选择这一时间因素的人数为10人，所占比例为10.4%；SKD高校的学生选择这一时间因素的人数为21人，所占比例为21.9%；SJZ高校的学生选择这一时间因素的人数为22人，所占比例为22.9%；SWZ高校的学生选择这一时间因素的人数为14

人，所占比例为14.6%；SNZ高校的学生选择这一时间因素的人数为18人，所占比例为18.8%；SZD高校的学生选择这一时间因素的人数为11人，所占比例为11.5%。卡方值为9.63，*P*值为0.087。

从上述结果可以看出，不同高校的大学生在体育消费影响因素方面，经济承受能力这一因素存在显著性差异，另外三个因素没有显著性差异。同时，在四种影响因素中，经济承受能力这一因素在其中五所高校中占比最大，只有在SKD这一所高校中对体育不感兴趣这一因素占比最大。原因在于大学生仍处于学习阶段，没有自己的固定经济收入，主要依靠家庭给予来进行消费。在这样的情况下，大学生的家庭情况决定了其体育消费水平。在日常生活中，大学生的经济来源很大一部分需要用在日常生活中，只有家庭条件较好的学生才能够将更多的收入用到其他方面。通过上述统计结果可以发现，在所有高校中，有近40%的学生选择了经济承受能力这一影响因素。对于大学生群体而言，经济承受能力是其进行体育消费的主要影响因素。

2.不同年级的大学生体育消费水平影响因素对比分析

不同年级的大学生体育消费水平影响因素对比具体调查结果如下。

在经济承受能力这一经济因素方面，大学一年级的学生选择这一经济因素的人数为77人，所占比例为35.2%；大学二年级的学生选择这一经济因素的人数为71人，所占比例为32.4%；大学三年级的学生选择这一经济因素的人数为71人，所占比例为32.4%。卡方值为4.50，*P*值为0.105。

在对体育不感兴趣这一兴趣因素方面，大学一年级的学生选择一因素的人数为54人，所占比例为34.4%；大学二年级的学生选择这一因素的人数为60人，所占比例为38.2%；大学三年级的学生选择这一因素的人数为43人，所占比例为27.4%。卡方值为1.65，*P*值为0.437。

在运动项目限制这一运动因素方面，大学一年级的学生选择这一运动因素的人数为37人，所占比例为32.7%；大学二年级的学生选择这一运动因素的人数为48人，所占比例为42.5%；大学三年级的学生选择这一运动因素的人数为28人，所占比例为24.8%。卡方值为1.65，*P*值为0.437。

在没有时间进行体育活动这一时间因素方面，大学一年级的学生选择这一时间因素的人数为32人，所占比例为33.3%；大学二年级的学生选择这一时间因素的人数为40人，所占比例为41.7%；大学三年级的学生选择这一时间因素的人数为24人，所占比例为25.0%。卡方值为1.02，P值为0.599。

从上述调查结果可以看出，不同年级的大学生在体育消费影响因素方面没有形成显著性差异。影响不同年级大学生的因素，排在第一位的是经济承受能力，排在第二位的是对体育不感兴趣。主要原因是大学生没有自己的经济来源，并且很多大学生自身没有相应的体育技能，所以极少参与体育活动，长此以往便会对体育活动失去兴趣。从当前实际情况来看，在大学校园中除了一些较为新颖的体育项目，无论是田径类运动还是球类运动，大学都有相应的场地或设施。大学生的课余时间较多，所以大学生选择没有时间进行体育运动或者运动项目限制这两个影响因素的人不多。

3.不同性别的大学生体育消费水平影响因素对比分析

不同性别的大学生体育消费水平影响因素对比具体调查结果如下。

在经济承受能力这一经济因素方面，男生选择这一经济因素的人数为119人，所占比例为54.3%；女生选择这一经济因素的人数为100人，所占比例为45.7%。卡方值为1.09，P值为0.295。

在对体育不感兴趣这一兴趣因素方面，男生选择这一兴趣因素的人数为67人，所占比例为42.7%；女生选择这一兴趣因素的人数为90人，所占比例为57.3%。卡方值为6.29*，P值为0.012。

在运动项目限制这一运动因素方面，男生选择这一运动因素的人数为66人，所占比例为58.4%；女生选择这一运动因素的人数为47人，所占比例为41.6%。卡方值为2.65，P值为0.104。

在没有时间进行体育活动这一时间因素方面，男生选择这一时间因素的人数为49人，所占比例为51.0%；女生选择这一时间因素的人数为47人，所占比例为49.0%。卡方值为0.01，P值为0.915。

通过上述调查结果可以看出，男生和女生在经济承受能力、体育项目限制及没有时间进行体育活动3个影响因素方面没有产生明显差异。但是，在对体育不感兴趣这一影响因素方面存在显著性差异，其中女生选择这一影响因素的比例为57.3%，男生选择这一影响因素的比例为42.7%，女生的选择率超过男生。之所以会出现这一结果，主要原因是男生与女生对参与体育活动存在认识上的不同，男生更加重视自己的阳刚之气，而女生更加追求一种温柔气质，所以男生相较于女生会更多地参与体育活动，男生进行体育消费的机会也会多于女生。

（二）大学生互联网体育消费影响因素分析

在互联网体育消费影响因素方面，本研究从互联网体育消费本身寻找相关原因，主要依据的是大学生在进行互联网体育消费过程中存在的各种局限，如安全方面的问题、所购产品质量问题、网络发货物流速度问题及其他消费者对体育用品评价问题。

1.不同高校的大学生互联网体育消费影响因素对比分析

不同高校的大学生互联网体育消费影响因素对比具体调查结果如下。

在支付安全问题这一影响因素方面，SD高校的学生选择这一影响因素的人数为4人，所占比例为16.7%；SKD高校的学生选择这一影响因素的人数为3人，所占比例为12.5%；SJZ高校的学生选择这一影响因素的人数为7人，所占比例为29.2%；SWZ高校的学生选择这一影响因素的人数为5人，所占比例为20.8%；SNZ高校的学生选择这一影响因素的人数为3人，所占比例为12.5%；SZD高校的学生选择这一影响因素的人数为2人，所占比例为8.3%。卡方值为4.31，P值为0.506。

在对产品质量问题这一影响因素方面，SD高校的学生选择这一影响因素的人数为74人，所占比例为17.0%；SKD高校的学生选择这一影响因素的人数为69人，所占比例为15.9%；SJZ高校的学生选择这一影响因素的人数为71人，所占比例为16.3%；SWZ高校的学生选择这一影响因素的人数为75人，所占比例为17.2%；SNZ高校的学生选择这一影响因素的人数为73人，所占比例为16.8%；SZD高校的学生选择这一影响因素的人数为73人，所占比例为16.8%。卡方值为2.10，P值为0.835。

在物流速度问题这一影响因素方面，SD高校的学生选择这一影响因素的人数为7人,所占比例为13.0%;SKD高校的学生选择这一影响因素的人数为11人,所占比例为20.3%;SJZ高校的学生选择这一影响因素的人数为7人,所占比例为13.0%;SWZ高校的学生选择这一影响因素的人数为7人,所占比例为13.0%;SNZ高校的学生选择这一影响因素的人数为8人,所占比例为14.8%;SZD高校的学生选择这一影响因素的人数为14人,所占比例为25.9%。卡方值为5.05,P值为0.410。

在其他消费者评价这一影响因素方面,SD高校的学生选择这一影响因素的人数为12人,所占比例为16.7%;SKD高校的学生选择这一影响因素的人数为16人,所占比例为22.2%;SJZ高校的学生选择这一影响因素的人数为12人,所占比例为16.7%;SWZ高校的学生选择这一影响因素的人数为9人,所占比例为12.5%;SNZ高校的学生选择这一影响因素的人数为14人,所占比例为19.4%;SZD高校的学生选择这一影响因素的人数为9人,所占比例为12.5%。卡方值为3.35,P值为0.646。

从上述结果可以看出,不同高校的大学生互联网体育消费的所有影响因素均没有出现显著性差异。在不同高校中,大学生选择比例最高的影响因素是产品质量问题,其他三个方面的影响因素明显低于这一影响因素。主要原因是大学生在进行互联网体育消费的过程中无法直接接触实际体育用品,所以无法对产品质量进行判断。同时,由于商家所展示的图片效果与实际物品存在一定出入,大学生无法进行准确判断。近年来,各大购物平台上消费者对体育用品所进行的评价也让大学生难以判断真假,比如一些商家会通过刷好评的方式来为一些质量较差的产品刷出较多好评,从而误导大学生消费。正是在这些因素的影响下,产品质量问题成了大学生进行互联网体育消费最主要的影响因素。支付安全问题从互联网开始兴起就成为消费者重要的关注内容之一。从实际情况来看,当前的互联网支付已经实现了手机号绑定,有极高的安全性,通常情况下不会出现安全问题。另外,互联网的快速发展,带动了物流快递业的发展,至今我国物流业已经成为重要行业之一。

2.不同年级的大学生互联网体育消费影响因素对比分析

不同年级的大学生互联网体育消费影响因素对比具体调查结果如下。

在支付安全问题这一影响因素方面，大学一年级的学生选择这一影响因素的人数为10人，所占比例为41.7%；大学二年级的学生选择这一影响因素的人数为9人，所占比例为37.5%；大学三年级的学生选择这一影响因素的人数为5人，所占比例为20.8%。卡方值为0.91，P值为0.634。

在对产品质量问题这一影响因素方面，大学一年级的学生选择这一影响因素的人数为151人，所占比例为34.7%；大学二年级的学生选择这一影响因素的人数为159人，所占比例为36.6%；大学三年级的学生选择这一影响因素的人数为125人，所占比例为28.7%。卡方值为0.57，P值为0.752。

在物流速度问题这一影响因素方面，大学一年级的学生选择这一影响因素的人数为20人，所占比例为37.0%；大学二年级的学生选择这一影响因素的人数为21人，所占比例为38.9%；大学三年级的学生选择这一影响因素的人数为13人，所占比例为24.1%。卡方值为0.57，P值为0.752。

在其他消费者评价这一影响因素方面，大学一年级的学生选择这一影响因素的人数为19人，所占比例为26.4%；大学二年级的学生选择这一影响因素的人数为30人，所占比例为41.7%；大学三年级的学生选择这一影响因素的人数为23人，所占比例为31.9%。卡方值为2.20，P值为0.333。

从上述调查结果可以看出，不同年级的大学生在互联网体育消费影响因素方面没有形成显著性差异。在四种影响因素中，产品质量问题这一影响因素仍然是影响不同年级的大学生进行体育消费的主要因素。主要原因在于不同年级的大学生对互联网的使用已经十分熟练，并且通过互联网进行购物已经是大学生消费的重要渠道。所以，大学生在进行消费过程中对除了质量因素以外的其他因素也有一定了解。但是受互联网这一特殊渠道的影响，大学生无法准确判断体育用品的整体质量。

3.不同性别的大学生互联网体育消费影响因素对比分析

不同性别的大学生互联网体育消费影响因素对比具体调查结果如下：

在支付安全问题这一影响因素方面，男生选择这一影响因素的人数为15人，所占比例为62.5%；女生选择这一影响因素的人数为9人，所占比例为37.5%。卡方值为1.22，P值为0.269。

在对产品质量问题这一影响因素方面，男生选择这一影响因素的人数为223人，所占比例为51.3%；女生选择这一影响因素的人数为212人，所占比例为48.7%。卡方值为0.02，P值为0.876。

在物流速度问题这一影响因素方面，男生选择这一影响因素的人数为29人，所占比例为53.7%；女生选择这一影响因素的人数为25人，所占比例为46.3%。卡方值为0.11，P值为0.739。

在其他消费者评价这一影响因素方面，男生选择这一影响因素的人数为34人，所占比例为47.2%；女生选择这一影响因素的人数为38人，所占比例为52.8%。卡方值为0.54，P值为0.461。

通过上述调查结果可以看出，选择产品质量问题的比例最高，在其他消费者评价这一影响因素方面，女生的选择比例相较于男生更高。主要原因是女生更加重视其他消费者对体育用品的评价，而男生更加重视体育用品本身的质量。

从整体上来看，对大学生互联网体育消费产生影响的因素主要是产品质量，所以对于商家而言，必须严格把控体育用品的质量，提升自己的服务质量和售后保障。只有通过这些措施才能有效降低大学生在通过互联网进行体育消费过程中对产品质量的担忧。除此之外，商家也可以使销售方式更加丰富，给予大学生更多优惠，从而实现体育用品的销量增加。

八、互联网时代大学生体育消费用品选择原因分析

（一）大学生实体体育消费选择原因分析

1.不同高校的大学生实体体育消费原因对比分析

不同高校的大学生实体体育消费原因对比具体调查结果如下。

在可以看到体育用品的质量这一原因方面，SD高校的学生选择这一原因的人数为52人，所占比例为17.7%；SKD高校的学生选择这一原因的人数为42人，所占比例为14.3%；SJZ高校的学生选择这一原因的人数为42人，所占比例为14.3%；SWZ高校的学生选择这一原因的人数为63人，所占比例为21.4%；SNZ高校的学生选择这一原因的人数为49人，所占比例为16.7%；

SZD高校的学生选择这一原因的人数为46人，所占比例为15.6%。卡方值为14.25*，P值为0.014。

在可以实际进行试用这一原因方面，SD高校的学生选择这一原因的人数为17人，所占比例为15.3%；SKD高校的学生选择这一原因的人数为22人，所占比例为19.8%；SJZ高校的学生选择这一原因的人数为27人，所占比例为24.3%；SWZ高校的学生选择这一原因的人数为9人，所占比例为8.1%；SNZ高校的学生选择这一原因的人数为17人，所占比例为15.3%；SZD高校的学生选择这一原因的人数为19人，所占比例为17.1%。卡方值为11.70*，P值为0.039。

在网络上没有卖相关产品这一原因方面，SD高校的学生选择这一原因的人数为1人，所占比例为16.7%；SKD高校的学生选择这一原因的人数为1人，所占比例为16.7%；SJZ高校的学生选择这一原因的人数为1人，所占比例为16.7%；SWZ高校的学生选择这一原因的人数为1人，所占比例为16.7%；SNZ高校的学生选择这一原因的人数为0人，所占比例为0；SZD高校的学生选择这一原因的人数为2人，所占比例为33.3%。卡方值为2.353，P值为0.881。

在个人喜好这一原因方面，SD高校的学生选择这一原因的人数为27人，所占比例为15.5%；SKD高校的学生选择这一原因的人数为34人，所占比例为19.5%；SJZ高校的学生选择这一原因的人数为27人，所占比例为15.5%；SWZ高校的学生选择这一原因的人数为23人，所占比例为13.2%；SNZ高校的学生选择这一原因的人数为32人，所占比例为18.4%；SZD高校的学生选择这一原因的人数为31人，所占比例为17.8%。卡方值为3.44，P值为0.632。

从上述结果可以看出，在不同高校的大学生所选择的四种原因中，可以看到体育用品的质量和可以实际进行试用两方面形成了显著性差异，在网络上没有卖相关产品和个人喜好这两方面没有显著性差异。还可以看出，在可以看到体育用品的质量这一原因方面，有两所高校在这一原因上占比最高。在个人喜好这一原因方面，6所高校的占比分别为15.5%、19.5%、15.5%、13.2%、18.4%、17.8%。在网络上没有卖相关产品这一原因方面，所有高校只有少数学生选择了这一原因。主要原因在于长期以来实体消费都是大学生消费的主要途径之一，而且实体消费和大学生所处的周围环境与生活习惯紧密相关，如大学周围都有相应的生活服务设施，为大学生提供了更多方便。

2.不同年级的大学生实体体育消费原因对比分析

不同年级的大学生实体体育消费原因对比具体调查结果如下。

在可以看到体育用品的质量这一原因方面，大学一年级的学生选择可以看到体育用品的质量这一原因的人数为118人，所占比例为40.1%；大学二年级的学生选择可以看到体育用品的质量这一原因的人数为98人，所占比例为33.3%；大学三年级的学生选择可以看到体育用品的质量这一原因的人数为78人，所占比例为26.5%。卡方值为9.48**，P值为0.009。

在可以实际进行试用这一原因方面，大学一年级的学生选择这一原因的学生人数为30人，所占比例为27.0%；大学二年级的学生选择这一原因的人数为44人，所占比例为39.6%；大学三年级的学生选择这一原因的人数为37人，所占比例为33.3%。卡方值为3.42，P值为0.180。

在网络上没有卖相关产品这一原因方面，大学一年级的学生选择这一原因的人数为1人，所占比例为16.7%；大学二年级的学生选择这一原因的人数为4人，所占比例为66.7%；大学三年级的学生选择这一原因的人数为1人，所占比例为16.7%。卡方值为1.80，P值为0.393。

在个人喜好这一原因方面，大学一年级的学生选择这一原因的人数为51人，所占比例为29.3%；大学二年级的学生选择这一原因的人数为73人，所占比例为42.0%；大学三年级的学生选择这一原因的人数为50人，所占比例为28.7%。卡方值为3.09，P值为0.213。

从上述调查结果可以看出，不同年级的大学生在可以看到体育用品的质量这一原因方面形成了显著性差异，其中大学一年级的学生占比最高，大学二年级的学生处于第二位，大学三年级的学生占比最低。在可以进行试用、网络上没有卖相关产品及个人喜好三个原因方面，所有年级没有显著性差异，并且大学二年级在这三个方面的占比程度最高。从目前实际情况来看，随着互联网的发展和体育用品商家在网络中的网络营销，使很多体育用品可以通过网络渠道购买，但需要注意的是任何网络营销的根本依然是实体营销。由于高校均有相应的生活设施，因此只有少数学生选择了网络上没有卖相关产品这一原因。

3.不同性别的大学生实体体育消费原因对比分析

不同性别的大学生实体体育消费原因对比具体调查结果如下。

在可以看到体育用品的质量这一原因方面，男生选择这一原因的人数为154人，所占比例为52.4%；女生选择这一原因的人数为140人，所占比例为47.6%。卡方值为0.20，P值为0.652。

在可以实际进行试用这一原因方面，男生选择这一原因的人数为54人，所占比例为48.6%；女生选择这一原因的人数为57人，所占比例为51.4%。卡方值为0.43，P值为0.511。

在网络上没有卖相关产品这一原因方面，男生选择这一原因的人数为3人，所占比例为50.0%；女生选择这一原因的人数为3人，所占比例为50.0%。卡方值为0.00，P值为1.000。

在个人喜好这一原因方面，男生选择这一原因的人数为90人，所占比例为51.7%；女生选择这一原因的人数为84人，所占比例为48.3%。卡方值为0.01，P值为0.932。

通过上述调查结果可以得出，4种原因在性别方面没有显著性差异。所有高校的男生和女生选择进入实体店进行消费的原因主要是能够亲眼看到体育用品的质量和可以实际进行试用。

（二）大学生互联网体育消费选择原因分析

1.不同高校的大学生互联网体育消费原因对比分析

不同高校的大学生互联网体育消费原因对比具体调查结果如下。

在节省时间这一原因方面，SD高校的学生选择这一原因的人数为38人，所占比例为18.4%；SKD高校的学生选择这一原因的人数为29人，所占比例为14.1%；SJZ高校的学生选择这一原因的人数为36人，所占比例为17.5%；SWZ高校的学生选择这一原因的人数为37人，所占比例为18.0%；SNZ高校的学生选择这一原因的人数为35人，所占比例为17.0%；SZD高校的学生选择这一原因的人数为31人，所占比例为15.0%。卡方值为3.61，P值为0.606。

在选择性多这一原因方面，SD高校的学生选择这一原因的人数为34人，所占比例为14.8%；SKD高校的学生选择这一原因的人数为41人，所占比例为17.8%；SJZ高校的学生选择这一原因的人数为41人，所占比例为17.8%；SWZ高校的学生选择这一原因的人数为37人，所占比例为16.1%；SNZ高校的学生选择这一原因的人数为34人，所占比例为14.8%；SZD高校的学生选择这一原因的人数为43人，所占比例为18.7%。卡方值为3.23，P值为0.664。

在价格实惠这一原因方面，SD高校的学生选择这一原因的人数为21人，所占比例为19.4%；SKD高校的学生选择这一原因的人数为18人，所占比例为16.7%；SJZ高校的学生选择这一原因的人数为14人，所占比例为13.0%；SWZ高校的学生选择这一原因的人数为18人，所占比例为16.7%；SNZ高校的学生选择这一原因的人数为20人，所占比例为18.5%；SZD高校的学生选择这一原因的人数为17人，所占比例为15.7%。卡方值为3.14，P值为0.678。

在不想到实体店中购买这一原因方面，SD高校的学生选择这一原因的人数为4人，所占比例为9.8%；SKD高校的学生选择这一原因的人数为11人，所占比例为26.8%；SJZ高校的学生选择这一原因的人数为6人，所占比例为14.6%；SWZ高校的学生选择这一原因的人数为4人，所占比例为9.8%；SNZ高校的学生选择这一原因的人数为9人，所占比例为22.0%；SZD高校的学生选择这一原因的人数为7人，所占比例为17.1%。卡方值为5.69，P值为0.337。

根据本次调查结果，在所有被调查高校中，大学生整体上在节省时间和选择性多两个方面的选择率要高于价格实惠和不想到实体店购买两个方面的原因。其中选择性多这一方面的选择率达到40%，节省时间这一原因的选择率达到35%。而有更多的价格实惠和不想到实体店中进行购买的选择率只有18%和7%。另外，所有高校的大学生在互联网体育消费原因方面不存在显著性差异。主要原因在于互联网的发展和普及，给人们的日常生活带来了更多便利，人们只需要在家通过互联网就可以购买到自己想要的任何东西。对大学生群体来说，大学生不仅是重要的知识分子，也是互联网购物的主要使用群体。大部分学生选择了不想到实体店进行购买，反映出互联网时代的大学生在购物方面已经受互联网购物所带来的便利影响。

2.不同年级的大学生互联网体育消费原因对比分析

不同年级的大学生互联网体育消费原因对比具体调查结果如下。

在节省时间这一原因方面，大学一年级的学生选择这一原因的人数为80人，所占比例为38.8%；大学二年级的学生选择这一原因的人数为75人，所占比例为36.4%；大学三年级的学生选择这一原因的人数为51人，所占比例为24.8%。卡方值为3.75，P值为0.150。

在选择性多这一原因方面，大学一年级的学生选择这一原因的人数为75人，所占比例为32.6%；大学二年级的学生选择这一原因的人数为79人，所占比例为34.3%；大学三年级的学生选择这一原因的人数为76人，所占比例为33.0%。卡方值为4.27，P值为0.119。

在价格实惠这一原因方面，大学一年级的学生选择这一原因的人数为36人，所占比例为33.3%；大学二年级的学生选择这一原因的人数为46人，所占比例为42.6%；大学三年级的学生选择这一原因的人数为26人，所占比例为24.1%。卡方值为2.33，P值为0.311。

在不想到实体店中购买这一原因方面，大学一年级的学生选择这一原因的人数为9人，所占比例为22.0%；大学二年级的学生选择这一原因的人数为19人，所占比例为46.3%；大学三年级的学生选择这一原因的人数为13人，所占比例为31.7%。卡方值为2.95，P值为0.228。

从上述调查结果可以看出，不同年级的大学生在互联网体育消费原因方面所做出的选择不存在显著性差异。所有年级的大学生之所以进行互联网体育消费主要是可以节省更多时间、有更多的选择性及价格实惠。其中，大学一年级的学生更多选择了可以节省更多时间这一原因，大学二年级的学生选择这一原因的占比次之，大学三年级的学生选择这一原因的比例最低。在选择性多、价格实惠及不想到实体店购买三个原因方面，大学二年级学生的选择率都处于最高。主要原因在于大学生随着年龄增长会更加倾向于价格实惠、选择性多及不想到实体店中购买，而大一学生更加倾向于互联网购物可以节省更多时间。

3.不同性别的大学生互联网体育消费原因对比分析

不同性别的大学生互联网体育消费原因对比具体调查结果如下。

在节省时间这一原因方面，男生选择这一原因的人数为103人，所占比例为50.0%；女生选择这一原因的人数为103人，所占比例为50.0%。卡方值为0.31，P值为0.581。

在选择性多这一原因方面，男生选择这一原因的人数为127人，所占比例为55.2%；女生选择这一原因的人数为103人，所占比例为44.8%。卡方值为2.05，P值为0.152。

在价格实惠这一原因方面，男生选择这一原因的人数为50人，所占比例为46.3%；女生选择这一原因的人数为58人，所占比例为53.7%。卡方值为1.22，P值为0.269。

在不想到实体店中购买这一原因方面，男生选择这一原因的人数为21人，所占比例为51.2%；女生选择这一原因的人数为20人，所占比例为48.8%。卡方值为0.00，P值为0.965。

通过这一组数据可以得出，男生和女生在互联网体育消费的原因方面不存在显著性差异。但需要注意的是，男生和女生选择率最高的两个原因是节省时间和有更多选择，因为互联网购物平台的快速发展，加上互联网购物平台所具备的优势，使大学生的购物需求能够更快得到满足。

综上所述，实体体育消费的优点在于消费者可以看到体育用品的质量并且可以实际进行试用，从而挑选到符合自己实际需求的体育用品，也可以实现即买即用。但是，实体体育消费需要消费者投入大量时间与精力进行购买。而互联网体育消费的优势在于消费者有更多选择，并且不需要投入过多的时间与精力，只需要在互联网购物平台上进行挑选和购买。互联网体育消费的缺点在于购买完成后需要经过物流配送，所以消费者不能够在第一时间进行产品体验。

九、互联网时代大学生体育消费满意度分析

根据调查结果显示，在实体消费方面，有41名大学生选择了"非常满意"，所占比例为7.0%；有327名大学生选择了"满意"，所占比例为

55.9%；有209名大学生选择了"一般"，所占比例为35.7%；有6名大学生选择了"不太满意"，所占比例为1.0%；有2名大学生选择了"不满意"，所占比例为0.4%。

在互联网消费方面，有33名大学生选择了"非常满意"，所占比例为5.6%；有264名大学生选择了"满意"，所占比例为45.1%；有279名大学生选择了"一般"，所占比例为47.7%；有8名大学生选择了"不太满意"，所占比例为1.4%；有1名大学生选择了"不满意"，所占比例为0.2%。

（一）大学生实体体育消费满意度对比分析

1.不同高校的大学生实体体育消费满意度对比分析

不同高校的大学生实体体育消费满意度对比具体调查结果如下。

在"非常满意"这一选项中，SD高校的学生选择这一选项的人数为3人，所占比例为7.3%；SKD高校的学生选择这一选项的人数为8人，所占比例为19.5%；SJZ高校的学生选择这一选项人数为7人，所占比例为17.1%；SWZ高校的学生选择这一选项的人数为9人，所占比例为22.0%；SNZ高校的学生选择这一选项的人数为9人，所占比例为22.0%；SZD高校的学生选择这一选项的人数为5人，所占比例为12.2%。卡方值为4.68，P值为0.456。

在"满意"这一选项中，SD高校的学生选择这一选项的人数为64人，所占比例为19.6%；SKD高校的学生选择这一选项的人数为46人，所占比例为14.1%；SJZ高校的学生选择这一选项的人数为56人，所占比例为17.1%；SWZ高校的学生选择这一选项的人数为64人，所占比例为19.6%；SNZ高校的学生选择这一选项的人数为56人，所占比例为17.1%；SZD高校的学生选择这一选项的人数为41人，所占比例为12.5%。卡方值为22.22[**]，P值为0.001。

在"一般"这一选项中，SD高校的学生选择这一选项的人数为29人，所占比例为13.9%；SKD高校的学生选择这一选项的人数为43人，所占比例为20.6%；SJZ高校的学生选择这一选项的人数为33人，所占比例为15.8%；SWZ高校的学生选择这一选项的人数为23人，所占比例为11.0%；SNZ高校的学生选择这一选项的人数为32人，所占比例为15.3%；SZD高校的学生选择这一选项的人数为49人，所占比例为23.4%。卡方值为18.91**，P值为0.002。

在"不太满意"这一选项中，SD高校的学生选择这一选项的人数为1人，所占比例为16.7%；SKD高校的学生选择这一选项的人数为2人，所占比例为33.3%；SJZ高校的学生选择这一选项的人数为0，所占比例为0；SWZ高校的学生选择这一选项的人数为0，所占比例为0；SNZ高校的学生选择这一选项的人数为0，所占比例为0；SZD高校的学生选择这一选项的人数为3人，所占比例为50.0%。卡方值为7.96，P值为0.159。

在"不满意"这一选项中，SD高校的学生选择这一选项的人数为0，所占比例为0；SKD高校的学生选择这一选项的人数为0，所占比例为0；SJZ高校的学生选择这一选项的人数为1人，所占比例为50.0%；SWZ高校的学生选择这一选项的人数为0，所占比例为0；SNZ高校的学生选择这一选项的人数为1人，所占比例为50.0%；SZD高校的学生选择这一选项的人数为0，所占比例为0。卡方值为5.03，P值为0.412。

根据上述结果能够看出，在所有高校中大学生选择"非常满意""不太满意"及"不满意"三个方面不存在明显差异，但是在"满意"和"一般"两个选项中存在显著性差异。其中，除SZD高校外，其余5所高校的大学生选择"满意"这一选项的比例最高，而SZD高校的大学生更多选择"一般"这一选项。另外，在所有高校的大学生中，选择"满意"和"一般"选项的人数明显超过选择"非常满意""不太满意"及"不满意"的学生人数。主要原因在于不同高校处于不同地理位置，同时不同高校周边的实体店服务水平也存在一定差异，这样就导致大学生的满意程度存在一定差异。从当前实际情况来看，在实体消费中，大学生会选择进入自己喜欢的店铺进行消费，所以大部分实体店会提升自己的服务质量，这样就使选择"不太满意"和"不满意"的学生人数减少。

2.不同年级的大学生实体体育消费满意度对比分析。

不同年级的大学生实体体育消费满意度对比具体调查结果如下。

在"非常满意"这一选项中，大学一年级的学生选择这一选项的人数为13人，所占比例为31.7%；大学二年级的学生选择这一选项的人数为19人，所占比例为46.3%；大学三年级的学生选择这一选项的人数为9人，所占比例为22.0%。卡方值为2.13，P值为0.346。

在"满意"这一选项中，大学一年级的学生选择这一选项的人数为109人，所占比例为33.3%；大学二年级的学生选择这一选项的人数为127人，所占比例为38.8%；大学三年级的学生选择这一选项的人数为91人，所占比例为27.8%。卡方值为0.58，P值为0.747。

在"一般"这一选项中，大学一年级的学生选择这一选项的人数为75人，所占比例为35.9%；大学二年级的学生选择这一选项的人数为70人，所占比例为33.5%；大学三年级的学生选择这一选项的人数为64人，所占比例为30.6%。卡方值为2.29，P值为0.317。

在"不太满意"这一选项中，大学一年级的学生选择这一选项的人数为3人，所占比例为50.0%；大学二年级的学生选择这一选项的人数为2人，所占比例为33.3%；大学三年级的学生选择这一选项的人数为1人，所占比例为16.7%。卡方值为0.76，P值为0.685。

在"不满意"这一选项中，大学一年级的学生选择这一选项的人数为0，所占比例为0；大学二年级的学生选择这一选项的人数为1人，所占比例为50.0%；大学三年级的学生选择这一选项的人数为0人，所占比例为50.0%。卡方值为1.67，P值为0.434。

从上述调查结果可以看出，不同年级的大学生在实体体育消费满意度方面所做出的选择不存在显著性差异。其中，大学生选择"满意"程度的人数最多，选择"一般"选项的人数次之，选择"非常满意""不太满意"及"不满意"的人数远远低于选择"满意"选项和"一般"选项的学生人数。主要原因在于实体店往往会重视自己的服务质量，所以任何一个年级的大学生在进行实体体育消费过程中都能够得到商家所提供的良好服务，所以学生往往会选择"满意"和"一般"这两个选项。

3.不同性别的大学生实体体育消费满意度对比分析

不同性别的大学生实体体育消费满意度对比具体调查结果如下。

在"非常满意"这一选项中，男生选择这一选项的人数为24人，所占比例为58.5%；女生选择这一选项的人数为17人，所占比例为41.5%。卡方值为0.86，P值为0.353。

在"满意"这一选项中，男生选择这一选项的人数为162人，所占比例为49.5%；女生选择这一选项的人数为165人，所占比例为50.5%。卡方值为1.19，P值为0.275。

在"一般"这一选项中，男生选择这一选项的人数为110人，所占比例为52.6%；女生选择这一选项的人数为99人，所占比例为47.4%。卡方值为0.16，P值为0.694。

在"不太满意"这一选项中，男生选择这一选项的人数为4人，所占比例为66.7%；女生选择这一选项的人数为2人，所占比例为33.3%。卡方值为0.56，P值为0.456。

在"不满意"这一选项中，男生选择这一选项的人数为1人，所占比例为50.0%；女生选择这一选项的人数为1人，所占比例为50.0%。卡方值为0.94，P值为0.332。

通过这一组数据可以看出，男生、女生在5个选项方面都没有形成显著性差异，并且女生在满意程度上超过男生。主要原因在于从当前商店的实际经营情况来看，为了能够充分满足大学生在消费过程中的实际需求，商家往往会不断提高自己的产品质量和服务质量，所以无论是男生、女生都会在消费过程中享受到较好的服务，一般会选择"非常满意""满意"及"一般"这些选项。

（二）大学生互联网体育消费满意度分析

1.不同高校的大学生互联网体育消费满意度对比分析

不同高校的大学生互联网体育消费满意度对比具体调查结果如下。

在"非常满意"这一选项中，SD高校的学生选择这一选项的人数为6人，所占比例为18.2%；SKD高校的学生选择这一选项的人数为9人，所占比例为27.3%；SJZ高校的学生选择这一选项的人数为5人，所占比例为15.2%；SWZ高校的学生选择这一选项的人数为4人，所占比例为12.1%；SNZ高校的学生选择这一选项的人数为7人，所占比例为21.2%；SZD高校的学生选择这一选项的人数为2人，所占比例为6.1%。卡方值为5.50，*P*值为0.357。

在"满意"这一选项中，SD高校的学生选择这一选项的人数为45人，所占比例为17.0%；SKD高校的学生选择这一选项的人数为39人，所占比例为14.8%；SJZ高校的学生选择这一选项的人数为61人，所占比例为23.1%；SWZ高校的学生选择这一选项的人数为43人，所占比例为16.3%；SNZ高校的学生选择这一选项的人数为40人，所占比例为15.2%；SZD高校的学生选择这一选项的人数为36人，所占比例为13.6%。卡方值为17.26**，*P*值为0.004。

在"一般"这一选项中，SD高校的学生选择这一选项的人数为46人，所占比例为16.5%；SKD高校的学生选择这一选项的人数为49人，所占比例为17.6%；SJZ高校的学生选择这一选项的人数为30人，所占比例为10.8%；SWZ高校的学生选择这一选项的人数为49人，所占比例为17.6%；SNZ高校的学生选择这一选项的人数为50人，所占比例为17.9%；SZD高校的学生选择这一选项的人数为55人，所占比例为19.7%。卡方值为14.72*，*P*值为0.01。

在"不太满意"这一选项中，SD高校的学生选择这一选项的人数为0，所占比例为0；SKD高校的学生选择这一选项的人数为1人，所占比例为12.5%；SJZ高校的学生选择这一选项的人数为1人，所占比例为12.5%；SWZ高校的学生选择这一选项的人数为0，所占比例为0；SNZ高校的学生选择这一选项的人数为1人，所占比例为12.5%；SZD高校的学生选择这一选项的人数为5人，所占比例为62.5%。卡方值为13.07，*P*值为0.023。

在"不满意"这一选项中，SD高校的学生选择这一选项的人数为0，所占比例为0；SKD高校的学生选择这一选项的人数为1人，所占比例为100.0%；SJZ高校的学生选择这一选项的人数为0，所占比例为0；SWZ高校的学生选择这一选项的人数为0，所占比例为0；SNZ高校的学生选择这一选项的人数为0，所占比例为0；SZD高校的学生选择这一选项的人数为0，所占比例为0。卡方值为4.92，*P*值为0.426。

根据上述结果能够看出，在所有高校中大学生选择"非常满意""不太满意"及"不满意"3个选项方面不存在明显差异，但是在"满意"和"一般"两个选项方面存在差异，其中在"满意"选项方面存在显著性差异。同时，在所有高校中，大学生对互联网体育消费满意程度在"满意"和"一般"两个选项方面人数最高，远远超过"非常满意""不满意"及"不太满意"选项的人数。主要原因在于大学生在进行互联网消费过程中，十分重视体育用品的整体质量，也重视商家所提供的服务质量和货物运送速度。同时，学生的生活环境和对各种手机App的使用也是导致不同选项出现差异的主要原因。另外，随着互联网购物的快速发展，各大购物平台之间的竞争不断加剧，促使商家必须不断提升自己的整体形象，向大学生提供各种促销活动或优惠活动，所以消费者对互联网体育消费整体满意度基本保持在"一般"以上。

2.不同年级的大学生互联网体育消费满意度对比分析

不同年级的大学生互联网体育消费满意度对比具体调查结果如下。

在"非常满意"这一选项中，大学一年级的学生选择这一选项的人数为10人，所占比例为30.3%；大学二年级的学生选择这一选项的人数为13人，所占比例为39.4%；大学三年级的学生选择这一选项的人数为10人，所占比例为30.3%。卡方值为0.24，P值为0.889。

在"满意"这一选项中，大学一年级的学生选择这一选项的人数为82人，所占比例为31.1%；大学二年级的学生选择这一选项的人数为104人，所占比例为39.4%；大学三年级的学生选择这一选项的人数为78人，所占比例为29.5%。卡方值为2.10，P值为0.350。

在"一般"这一选项中，大学一年级的学生选择这一选项的人数为105人，所占比例为37.6%；大学二年级的学生选择这一选项的人数为98人，所占比例为35.1%；大学三年级的学生选择这一选项的人数为76人，所占比例为27.2%。卡方值为2.86，P值为0.240。

在"不太满意"这一选项中，大学一年级的学生选择这一选项的人数为3人，所占比例为37.5%；大学二年级的学生选择这一选项的人数为3人，所占比例为37.5%；大学三年级的学生选择这一选项的人数为2人，所占比例为25.0%。卡方值为0.06，P值为0.971。

在"不满意"这一选项中，大学一年级的学生选择这一选项的人数为0，所占比例为0；大学二年级的学生选择这一选项的人数为1人，所占比例为100.0%；大学三年级的学生选择这一选项的人数为0，所占比例为0。卡方值为1.67，P值为0.433。

从上述调查结果可以看出，不同年级的大学生在互联网体育消费满意度方面所做出的选择不存在显著性差异。其中，大学生选择"一般"选项的人数最多，选择"满意"选项的人数次之，选择"非常满意""不太满意"及"不满意"的人数远远低于选择"满意"选项和"一般"选项的学生人数。主要原因在于网络店铺往往会重视自己的服务质量，所以任何一个年级的大学生在进行互联网体育消费的过程中都能够得到商家所提供的良好服务，所以学生多会选择"满意"和"一般"这两个选项。

3.不同性别的大学生互联网体育消费满意度对比分析

不同性别的大学生互联网体育消费满意度对比具体调查结果如下。

在"非常满意"这一选项中，男生选择这一选项的人数为18人，所占比例为54.5%；女生选择这一选项的人数为15人，所占比例为45.5%。卡方值为0.13，P值为0.714。

在"满意"这一选项中，男生选择这一选项的人数为127人，所占比例为48.1%；女生选择这一选项的人数为137人，所占比例为51.9%。卡方值为2.16，P值为0.142。

在"一般"这一选项中，男生选择这一选项的人数为151人，所占比例为54.1%；女生选择这一选项的人数为128人，所占比例为45.9%。卡方值为1.52，P值为0.217。

在"不太满意"这一选项中，男生选择这一选项的人数为4人，所占比例为50.0%；女生选择这一选项的人数为4人，所占比例为50.0%。卡方值为0.01，P值为0.934。

在"不满意"这一选项中，男生选择这一选项的人数为1人，所占比例为100.0%；女生选择这一选项的人数为0，所占比例为0。卡方值为0.95，P值为0.331。

通过这一组数据可以看出，男女生在5个选项方面都不存在显著性差异，但女生在满意程度方面超过男生。主要原因在于从当前的网店实际运营情况来看，为了能够充分满足大学生在消费过程中的实际需求，商家往往会不断提高自己的产品质量和服务质量，所以无论是男生、女生都会在消费过程中享受到较好的服务，所以一般会选择"非常满意""满意"及"一般"这些选项。

从整体上来看，大部分大学生对互联网体育消费的评价在"一般"以上。需要注意的是，在互联网体育消费过程中，依然存在一些实体体育消费过程中较少发生或不会发生的问题，如产品质量问题、售后服务问题及快递运输问题。这些方面会对大学生互联网体育消费体验产生直接影响，所以互联网购物平台和商家必须不断提高自身的服务质量，保障大学生所购买的体育用品质量，选择适合的物流公司提升物流速度。

第二节　结论与建议

一、结论

（一）大学生体育消费内容

第一，大学生实体体育消费内容和互联网体育消费内容从整体上来看，购买运动服装和运动器材方面的优先程度最高。第二，实体体育消费内容在整体上处于第二位的是体育培训，互联网体育消费内容方面处于第二位的是观看体育表演。第三，大学生的体育消费相较于以往在内容方面更加丰富多样，丰富了大学生的选择。

（二）大学生体育消费结构

第一，大学生在实体体育消费和互联网体育消费方面，消费结构中占比最高的是购买运动服装及运动器材方面的体育消费，处于第二位的是参与体育类培训方面的消费。第二，在购买运动服装及运动器材方面的体育消费所占百分比相较于10多年前有一定程度下降，而参与体育培训方面的体育消费所占百分比相较于10多年前有一定程度提升。第三，在购买体育音像制品及资料和观看体育表演方面，所占百分比无论是在10多年前还是在今天都处于较低水平，并且相较于10多年前变化较小。

（三）大学生体育消费水平

第一，在大学生群体中，实体体育消费方面，月消费水平处于100元（含）到200元的人数最多，占总人数的30%以上。在互联网体育消费方面，消费在100元（含）到200元的学生人数最多，占总人数的近40%。第二，在实体体育消费和互联网体育消费中，月消费水平在100元以上的学生人数比例基本在20%。第三，在所有被调查的高校中，大学生的实体体育消费水平在100元以下这一选项中存在一定差异，在互联网体育消费中100元以下这一选项和200元（含）到300元这一选项方面消费水平存在显著性差异。第四，不同年级之间及不同性别之间的大学生消费水平不存在显著性差异。

（四）大学生体育消费动机

第一，大学生群体中只有35.0%的大学生表示自己进行体育消费的主要动机为体育课程方面的需求，另外有32.6%的大学生表示自己进行体育消费的动机主要为身体锻炼方面的需求，还有29.2%的大学生表示自己进行体育消费的动机主要为娱乐休闲方面的需求，只有极少数大学生表示自己的体育消费动机是社交方面的需求。第二，在男生和女生方面，体育消费动机存在一定区别，并且男生选择体育课程需求这一消费动机的比例低于女生。

（五）大学生体育消费行为

第一，大学生实体体育消费次数方面，有54.9%的大学生选择了每月1~2次这一选项，有27.4%的大学生选择了每月3~4次这一选项，所以大学生整体上进行实体体育消费的次数较少。同时，在所调查的高校中，不同高校的学生选择消费次数为0次这一选项方面存在显著性差异，并且1~2次这一选项方面也存在显著性差异。第二，有53.7%以上的大学生表示自己每月通过互联网浏览体育用品或者体育服务信息的次数在1~2次，占较大比例。不同高校、年级及性别的学生在通过互联网浏览体育用品及相关服务信息方面不存在显著性差异。第三，有超过70%的大学生在互联网体育消费中主要通过淘宝、京东等购物App进行消费，有近25%的大学生参与的互联网体育消费的主要途径为通过官方商城。

（六）大学生体育消费选择原因

大学生选择实体体育消费的主要原因是实体消费有一定质量保障，然后是大学生的个人喜好。在所调查的高校中，可以看到体育用品的质量和可以进行试用两个因素方面存在显著性差异。大学三年级的学生在可以看到体育用品质量这一方面形成了显著性差异。

（七）大学生体育消费满意度

第一，有55.9%的大学生在实体体育消费方面选择了"满意"这一选项，有35.7%的大学生在实体体育用品效率方面选择的选项为"一般"。在所有高校中，学生选择"满意"和"一般"两个选项存在明显差异，觉得"不太满意"和"不满意"的学生人数整体较少。第二，有接近一半的大学生在互联网体育消费方面选择的选项为"满意"，有近一半的大学生选择了"一般"这一选项，并且在所有高校中，"满意"和"一般"两个选项方面存在显著性差异，选择"不太满意"和"不满意"的学生人数较少。

（八）大学生体育消费影响因素

第一，在大学生体育消费影响因素方面，经济承受能力是学生选择最多的因素，处于第二位的是对体育不感兴趣。同时，在高校方面，大学生在经济承受能力方面存在显著性差异，并且三个年级的学生在对体育不感兴趣方面存在显著性差异。第二，大学生在互联网体育消费中，产品质量问题是影响大学生体育消费的主要因素，同时在不同学校、不同年级及不同性别方面都不存在显著性差异。

二、建议

（一）增强需求，积极对大学生进行引导

根据上述对大学生体育消费内容和消费结构等方面的分析，能够看出当前大学生群体的体育运动消费需求还处于较低水平。其中大学生对运动服装及运

动器材的消费需求最高，同时大学生参与体育培训这一体育消费的需求正在不断提升，在购买音像制品及资料和观看体育表演方面的消费整体水平较低。在消费意识上，高校及家庭要对大学生进行积极引导，促使大学生能够逐渐形成良好的体育锻炼意识，促进大学生的身心健康发展。

（二）丰富校园体育文化，激发消费动机

从上述统计结果可以看出，在大学生的体育消费动机中，体育课程需求占有最高的比例。在选择这一选项的大学生群体中，消费动机往往是考虑自身学业的完成程度，并没有充分参与体育活动。所以，对于高校来说，必须在当前基础上组织开展更多的体育活动或者运动会，并且要积极建设各种关于体育活动的社团及体育方面的场馆设施，这样才能促使更多大学生对体育活动的兴趣得到提升，从而积极参与体育活动。在体育课程学习过程中，相关教师也需要更加重视提升大学生的身体素质和帮助大学生掌握更多运动技能，从而促使大学生逐渐形成能够独立进行体育活动的意识和能力。

（三）充分结合互联网，加强相关宣传

在互联网时代，各种商品都能够通过网络来进行宣传和销售，并且能够促使更多的人对这些商品进行浏览和关注。所以，实体商家和互联网商家可以在充分结合互联网的基础上对自己所销售的体育用品进行推销。对于大学生群体来说，在日常生活中会接触各种各样的信息，体育用品方面的信息只是其中重要的一种。所以，无论是实体商家还是互联网商家都可以充分以互联网为媒介，在结合校园体育的基础上对自己向大学生所提供的体育用品优势以及其他优惠活动进行宣传，从而使大学生能够在日常生活中接触到更多的体育商品信息。

（四）帮助学生树立体育运动意识

很多大学生在学习与生活中不愿意参与体育运动，更不愿意进行体育消费。这种意识是学生在成长过程中逐渐形成的。所以，学校在中小学阶段就必须积极引导学生参与各种体育活动，这样不仅能提升学生的身体素质和其他方面的运动技能，而且能培养学生积极参与体育活动的习惯和意识。同时，在

中小学阶段对学生进行体育活动方面的引导，能有效提升学生对体育运动的兴趣，这样就能保证学生在进入大学后有较为强烈的运动兴趣，从而促使大学生更加积极地参与大学的体育活动，这样就能够在一定程度上提升大学生的体育消费水平，帮助大学生的身心健康得到发展。

（五）提高服务质量，提升满意程度

从目前的实际情况来看，我国的实体经济正在被互联网经济影响，所以无论是实体经济中的商家还是互联网平台中的商家都需要不断提高自己的服务质量，以提升消费者的满意度。特别是对实体经济中的商家而言，由于在经营过程中需要与顾客面对面地进行交流，所以顾客在消费过程中会对商家所提供的服务产生直接感受，这样就要求实体商家为消费者提供更高质量的服务，以便消费者在消费过程中产生美好的购物体验。对于互联网购物平台中的商家而言，不仅需要提升体育用品的产品质量和物流速度，还需要对消费者提出的各种问题及时予以回应，这样才能有效提升消费者的满意程度。

（六）加强网络服务的风险保障，消除大学生网络购物的心理负担

在大学生网络购物的过程中，产品质量是大学生最为关心的问题。因为在网络购物过程中，大学生往往只能看到商家所提供的图片信息，无法看到实际的体育产品，更无法判断该商品的质量。与此同时，在互联网体育消费过程中还存在一些安全问题，如支付安全问题、网络诈骗问题等，这些都是大学生在消费过程中会考虑的问题。所以，在互联网营销过程中，体育用品的商家必须保障自己所销售体育用品的质量，为大学生提供良好的售后服务。

结　语

随着社会的发展和人民生活水平的提高，大学生对体育消费的需求也越来越大。通过本研究，笔者了解到在新时代背景下，大学生体育消费不仅是单纯的运动消费，更具有多元化和全面化的特点。大学生不仅关注运动本身，也关注运动所带来的健康、快乐、社交等功能，这些需求无疑将推动体育产业向更加全面的方向发展。同时，在大学生群体中存在体育意识和体育文化的差异。有些大学生对体育消费并没有特别高的关注度和积极性，这也需要我们在未来的工作中持续加强对体育知识和运动文化的宣传教育，增强大学生对体育的认可和热爱。

笔者希望通过本研究能够为大学生体育消费和体育产业的发展提供一定的参考，让更多的大学生能够享受到体育活动带来的种种好处，同时也为我国体育事业的发展贡献力量。

参考文献

[1]尹鸿，冉儒学，陆虹.娱乐旋风：认识电视真人秀[M].北京：中国广播电视出版社，2006：15–18.

[2]顾丹东，刘冬磊，王子朴.我国体育消费研究的现状与启示：基于CSSCI来源期刊文献综述[J].广州体育学院学报，2022，42（2）：98–109.

[3]宋杰.大学生体育消费现状调查和升级趋势的研究：以青岛某高校为例[J].当代体育科技，2022，12（20）：195–198.

[4]贺蓓，敬龙军.大学生体育消费特征及发展对策研究：以湖南省为例[J].体育科技文献通报，2022，30（5）：198–202.

[5]周圻宇，刘峥.体育名人营销对重庆市大学生体育消费的影响[J].西南师范大学学报（自然科学版），2022，47（4）：133–139.

[6]付帅.体育消费金融贷款规范分析：基于消费的挖掘与升级[C]//第十二届全国体育科学大会论文摘要汇编：墙报交流（体育产业分会），2022：491–492.

[7]聂亚军.体育院校大学生对父辈体育消费意愿的反向代际影响研究[C]//第十二届全国体育科学大会论文摘要汇编：专题报告（体育产业分会），2022：503–504.

[8]余丽华.基于IPA模型下中韩大学生体育用品品牌选择属性的重要性和满意度对比研究[C]//第十二届全国体育科学大会论文摘要汇编：专题报告（体育产业分会），2022：532–534.

[9]孙毅，于力，马倩.大学生体育消费状况及其影响因素研究[J].中国商论，2021（23）：30–32.

[10]黄翔，张惠红.体育态度与行为的代际传递现象及机制研究：基于观察学习理论视角[J].吉林体育学院学报，2021，37（6）：23–29.

[11]刘若安.基于符号自我完成理论下的体育服饰消费行为研究[J].轻纺工业与技术，2021，50（11）：11–13.

[12]高红宇，康晓草.体育品牌文化与大学生体育消费的关系：基于体育价值观的中介

作用[C]//2021年"一带一路"体育文化学术大会论文摘要集，2021：513-514.

[13]张宇飞，刘佳美，梁丽敏.基于消费认知理论的女大学生体育品牌选择行为研究[J].成都师范学院学报，2021，37（9）：92-99.

[14]徐钦禹.基于U&A模型的后疫情时代高校体育传播与体育消费的关系研究[J].南京体育学院学报，2021，20（9）：26-29.

[15]崔景航.中国城镇老年人公共体育服务体系的建构路径研究[J].当代体育科技，2021，11（26）：161-165，69.

[16]刘杰，邵继萍.大学生体育消费现状分析：以兰州理工大学为例[J].兰州文理学院学报（自然科学版），2021，35（5）：88-91.

[17]刘朝然，石晶.我国体育消费研究的科学知识图谱分析：基于VOSviewer和CiteSpace的综合应用[J].湖北体育科技，2021，40（8）：684-688.

[18]马庆宇，郭兆霞.大学生体育消费行为与引导策略的研究：以山西省为例[J].体育科技文献通报，2021，29（8）：191-194.

[19]周剑.浅析新媒体对当代大学生体育生活方式的影响[J].国际公关，2021（6）：136-137.

[20]张迎，邓春菊，殷宏亮.社会转型期家庭教育对大学生身体素质影响的研究[J].南京体育学院学报，2021，20（5）：40-44.

[21]闫增荣."立德树人"视域下的高校体育社团研究：以运城学院体育社团为例[J].运动精品，2021，40（5）：3-4.

[22]黄丹，刘树军."互联网+"背景下我国体育消费研究数据解读：基于CiteSpace可视化分析[J].当代体育科技，2021，11（10）：1-5.

[23]贡兴满.移动互联网环境下大学生体育行为引导方式研究[J].体育科技文献通报，2021，29（4）：63-65.

[24]俞景峰，刘云.湖南文理学院非体育专业学生课余体育锻炼现状调查与分析[J].中国多媒体与网络教学学报（上旬刊），2021（4）：113-115.

[25]施成娀.微信小程序对大学生课后体育锻炼行为养成的影响研究：以广东科技学院"i广科"微信跑步小程序为例[J].青少年体育，2021（2）：42-43.

[26]李爱红.高校体育教育对于体育产业经济发展的影响分析[J].营销界，2021（8）：72-73.

[27]肖旭.大学生体育消费现状及影响因素：以铜仁学院为例[J].广西质量监督导报，

2020（12）：238-239.

[28]李利利. 休闲体育产业拓宽体育专业大学生就业渠道研究[J]. 体育科技，2020，41（6）：105-107.

[29]郝一. 新时代影响师范类大学生塑造终身体育意识的因素探究及建议：以武汉地区为例[J]. 运动精品，2020，39（11）：38-40.

[30]周春丽，杨杰，金绍东. 昭通学院在校大学生的体育消费水平调查与分析[J]. 昭通学院学报，2020，42（5）：119-124.

[31]李骏，范文琦，康鸢，等. 女大学生身体素养现状和影响因素的研究：以天津外国语大学女生为例[J]. 体育科技，2020，41（5）：85-88.

[32]孙文树，樊申元. 安徽省普通高校大学生体育素养的现状及影响因素研究[J]. 皖西学院学报，2020，36（5）：129-134，156.

[33]李飞. 大学体育教育对体育产业经济的影响探究[J]. 中国储运，2020（10）：112-113.

[34]李昱朋，金琪卓. 高校非体育专业大学生体育消费现状及影响因素分析：以临沂大学非体育专业大学生为例[J]. 青少年体育，2020（9）：129-130.

[35]鲍明晓，赵剑缘. 大运会赋能成都高质量创新发展[J]. 先锋，2020（8）：17-20.

[36]江琦. 大学生体育消费满意度及消费维权研究：以安徽师范大学为例[J]. 北方经贸，2020（8）：81-83.

[37]朱蓬磊. 我国体育消费研究热点与演化趋势：基于CiteSpace V可视化分析[J]. 四川体育科学，2020，39（4）：96-102.

[38]朱星年. "移动互联网+"背景下大学生参加体育健身类App线上付费课程态度调查[C]//第十一届全国体育科学大会论文摘要汇编，2019：6974-6976.

[39]石江超，马仁燕. 普通高校大学生体育消费特征研究：以四川农业大学为例[J]. 体育科技文献通报，2019，27（4）：114-116.

[40]苏少林. 体育类专业本科生体育消费调查分析：以福建师范大学为例[J]. 开封教育学院学报，2019，39（2）：116-117，124.

[41]周德超，姚曦. 高校大学生体育消费行为及结构特征探究：以安徽省为例[J]. 山东农业工程学院学报，2019，36（2）：84-85，120.

201

[42]张瑞丽. 体育新媒体对大学生体育消费的影响：以福建船政交通职业学院为例[J]. 林区教学，2018（12）：102-104.

[43]杨斌，回军. 普通大学生参与课外体育活动的现状研究：以河南师范大学为例[J]. 中国学校体育（高等教育），2018，5（10）：33-38.

[44]李宏. 大学生体育消费行为及消费心理分析：基于甘肃省四所高校的调查[J]. 甘肃高师学报，2018，23（5）：136-138.

[45]姚远，朱必法. 大学生体育消费影响因素探析：以武汉高校大学生为例[J]. 决策与信息，2018（8）：91-97.

[46]贾文红. 高等体育院校大学生网络体育行为分析：以山东体育学院为例[J]. 体育科技文献通报，2017，25（12）：132-137.

[47]李爱国. 在校大学生体育旅游消费动机的调查分析：以湖北省高校大学生为例[C]// Proceedings of 2017 7th ESE International Conference on Sports and Social Sciences（ESE-SSS 2017），2017：113-118.

[48]刘燕燕. 上海市体育类大学生对体育彩票购买行为的研究分析：以上海体育学院为例[J]. 体育世界（学术版），2017（8）：28-30.

[49]汪雄，陈玉林，杨晨飞. 高校女大学生体育消费行为特征及其影响因素分析：基于昆明大学城8所高校的问卷调查[J]. 四川体育科学，2017，36（3）：124-127.

[50]李冉. 大学生中体育生与非体育生的体育需求研究：以北京市为例[C]//2015第十届全国体育科学大会论文摘要汇编（三），2015：200-201.

[51]王瑞晶. 山西省晋中学院体育学院学生体育消费的调查分析[C]//2013中国体育产业与体育用品业发展论坛论文集，2013：45-49.

[52]张堰玲，罗轶. 高校学生体育消费影响因素实证分析：基于成都市高校的研究[C]//2012中国体育产业与体育用品业发展论坛论文集，2012：214-219.

[53]傅纪良. "1+4主副项制"体育特色教学对大学生体育意识与行为的影响[C]//第九届全国运动心理学学术会议论文集，2010：759-765.

[54]KIM J C, KIM K T. Examination on the relationships among school identification, team identification, and sport consumption behavior of university students[J]. International journal of research in social sciences，2016，6（3）:704-723.

附录 调查问卷

调查问卷一

大学生体育消费心理调查

1.您认为体育消费值得吗？_____

A.完全值得 　　B.基本值得 　　C.不太值得 　　D.不值得 　　E.不表态

2.您对"花钱买健康"这一观念是什么态度？_____

A.不花钱 　　B.在经济能力允许范围内可以

C.只要是为健康好，花多少钱都无所谓

3.您对"超前消费"和"月光族"等消费观念是怎样认识的？_____

A.认同，现在花以后挣，提前享受

B.不认同但理解，消费水平低于家庭消费能力即可

C.不认同不理解，学生不是生产者，应有自己合理的消费计划

D.无所谓

4.您心目中合理的消费状态是：_____

A.没有任何计划 　　B.有初步的消费计划 　　C.能制订较详细的消费计划

5.您对"体育消费是日常消费的一部分"这一观念的态度是：_____

A.非常赞同　　B.赞同　　C.一般　　D.不赞同　　E.非常反对

6.您是如何理解体育消费的？_____

A.体育消费是对自身的终身投资　　　　B.体育消费是现代生活的体现

C.体育消费可以提高生活质量　　　　　D.为了运动而运动

7.您认为体育消费与您生活之间的关系是：_____

A.很大　　B.一般　　C.很小　　D.没有

8.您支持以下哪种消费观念：_____

A.慎重型消费　　B.前卫型消费　　C.奢侈型消费

9.您对购买体育消费品的态度：_____

A.非常主动　　B.较主动　　C.主动　　D.被动　　E.非常被动

10.如果支付能力允许，您在购买时更倾向于：_____

A.国外名牌　　B.国内名牌　　C.一般品牌　　D.高仿　　E.其他____（请填写）

11.在您看来，购买名牌商品的目的在于（非多选题）：_____

A.名牌质量好，同时也有面子　　B.为了心情愉快　　C.跟着社会潮流走

D.主要是给别人看，以免被人瞧不起　　　　E.其他_____（请填写）

12.对名牌体育用品打折，您的态度是：_____

A.认可并购买　　B.可能会购买　　C.档次下降不会购买

D.其他_____（请填写）

13.如果支付能力允许,您愿意支付一定的费用去现场观看体育比赛吗? _____

A.愿意　　B.不愿意

14.如果支付能力允许,您愿意到收费的体育场所消费吗? _____

A.愿意　　B.不愿意

15.近一年来您对体育消费的满意度为: _____

A.非常满意　　B.满意　　C.一般　　D.不满意　　E.非常不满意

16.激发您体育消费的动机为(可多选): _____

A.丰富业余文化生活,满足娱乐需要　　B.从众心理

C.显示自己的经济实力　　D.满足个人爱好　　E.保持健康的身体状况

F.培养顽强的意志品质　　G.学习需要　　H.提高运动竞技水平

I.提高自身的运动能力　　J.获得健美的身材　　K.学习健身知识

L.突出个性、满足表现欲,展示自己在体育方面的才能

M.增强体力和健康　　N.促进个人的全面发展　　O.扩大交际范围

P.感受参与的乐趣、满足运动欲望　　Q.调节情绪,缓解压力,改善不良情绪

R.体验某一群体中的快乐气氛　　S.受体育名人影响

T.体育服装的舒适度　　U.为了满足对某项目的兴趣或好奇心

V.消磨时间　　W.加强与他人的了解与增进友谊　　X.为了恢复健康

Y.其他_____(请填写)

大学生消费行为调查

1.您在确定要进行一次体育消费之前预先会做什么？_____

A.根据目前的经济状况，选择性地进行消费

B.通过网上查询该商家或锻炼机构的信誉和服务情况

C.货比三家，做到心中有数　　D.征求同学或朋友的意见

E.约同学或朋友一起购买　　F.做其他一些事情_____（请填写）

2.您一周参加体育锻炼的频率是：_____

A.无任何体育活动　　B.1~2次　　C.3~4次　　D.5~6次　　E.6次以上

3.您每次锻炼的时间段是：_____

A.清晨　　B.上午　　C.中午　　D.下午　　E.傍晚

4.您每次锻炼的时长为：_____

A.30分钟以下　　B.30~60分钟　　C.60分钟以上　　D.无固定时长

5.您是否观看体育比赛？（选择A请继续第6题，选择B请跳至第7题）：_____

A.看　　B.不看

6.您观看体育比赛的途径为：_____

A.电视或网络的直播或转播　　B.买票去现场看

C.观看收费的体育频道

7.您经常参与的体育项目是（非多选题）：_____

A.篮球　B.排球　C.足球　D.乒乓球　E.羽毛球　F.网球　G.跑步

H.游泳　I.武术　J.滑冰　K.健美操或体操　L.瑜伽或普拉提　M.保龄球

N.体育舞蹈　O.桌球　P.登山等户外活动　Q.轮滑　R.滑雪、冲浪等极限运动

8.您参与体育运动时一般会选择（可多选）：_____

A.学校内的免费场馆 B.学校内的收费场馆 C.学校外的收费场馆

D. 楼前后的空地 E.公园 F.宿舍或家

9.您对体育场馆的环境是否满意？_____

A.非常满意 B.满意 C.一般 D.不满意 E.非常不满意

10.您经常进行体育实物消费的场所为（可多选）：_____

A.百货商店 B.大型商场中的体育用品专柜

C.大型的体育用品商店 D.体育用品专卖店

E.网上体育用品专卖店 F.其他一些地方

11.您在进行体育实物消费时，一般会购买以下哪类商品：_____

A.运动服饰 B.鞋 C.帽 D.体育比赛衍生产品

E.小型运动器材 F.运动营养保健品

12.您获得体育类消费信息的渠道为（可多选）：_____

A.自己亲身体验所获取的信息 B.亲朋好友及同学 C.体育广告

D.网络 E.电视广告 F.商店陈列 G.营销人员

H.街头广告牌或商场广告 I.各类报纸杂志 J.网上的广告

K.大家的口碑 L.各类活动和比赛的赞助 M.其他____（请补充）

13.您每年订购各类体育报纸、杂志、图书的费用为：_____

A.200元以下 B.200元（含）至500元 C. 500元（含）至800元

D..800元（含）至1000元 E.1000元及以上

14.您是否会在体育网络游戏上花钱进行升级：_____

A.会 B.不一定 C.不会

15.您是否会选择旅游作为体育锻炼的一种方式：_____

A.会　　　B.不一定　　　C.不会

16.您在进行体育消费时，主要的付款方式为（可多选）：_____

A.现金　　　B.银行卡　　　C.支付宝或微信等其他快捷支付软件

D.信用卡分期付款　　　E.淘宝免费试用　　　F.其他_____（请补充）

17.您通常会在什么时候进行体育消费：_____

A.搞活动或打折促销时　　　B.心血来潮时

C.有需要才会购买　　　D.无所谓，什么时候买都可以

18.假如每月可支配的金额增加，您会更倾向于哪种消费类型：_____

A.购买运动服装、鞋袜、小型体育用品、器材等

B.购买体育锻炼卡，参加各类体育培训班、俱乐部和租用体育场馆等

C.购买体育类图书、报纸、杂志、画报、音像品等

D.观看体育比赛、体育表演、电视转播等

19.如果您在体育消费时觉得不满意，会采取什么样的补偿措施：_____

A.口头抱怨几句接着用　　　B.找商家退换　　　C.转卖他人　　　D.投诉

E.不再购买，劝朋友也不再购买同类商品　　　F.其他_____（请填写）

20.您认为导致体育消费决策延误执行的原因为（可多选）：_____

A.时间压力，太忙，没有时间做决策　　　B.还想更好地进行比较再做决策

C.手头紧，暂时支付不起　　　D.不确定是否有这种体育消费需求

E.担心错误决策带来不愉快　　　F.认为自己拥有这种产品的替代品

G.产品可能不久后会打折　　　H.觉得在消费过程中不愉快

调查问卷二

1.在您所参与的体育消费活动中，是否对商家提供的产品和服务总体上感到满意：_____

A.非常满意　　B.满意　　C.一般　　D.不满意　　E.非常不满意

2.在您所参与的体育消费中，是否有过消费权益被侵犯的经历：_____

A.存在侵犯　　　B.不存在侵犯　　　C.未留意

3.如果您遭遇过体育消费权益被侵害的经历，您认为应该采取的行动是（若未有过侵权经历，请跳过此题）：_____

A.自认倒霉　　B.向亲朋好友抱怨

C.找卖家维护自己的权益　　D.向有关部门投诉

4.在未来的两年中，您认为您的体育消费总支出的变动情况会是：_____

A.减少　　B.基本不变　　C.增加

调查问卷三

1.您的性别是：_____

A.男　　　B.女

2.您的专业是：_____

A.体育相关专业学生　　　B.非体育相关专业学生

3.您就读的学校是：_____

A.上海师范大学　　　B.华东理工大学　　　C.上海体育学院

4.您对体育消费的兴趣程度是：_____

A.感兴趣　　　B.比较感兴趣　　　C.无所谓　　　D.不太感兴趣　　　E.不感兴趣

5.请估算一下，您的月均生活费为（包含家庭给予、实习兼职、学校奖励等）：_____

A.1500元以下　　　B.1500元（含）至2000元　　　C.2000元（含）至2500元

D.2500元（含）至3000元　　　E.3000及元以上

6.请估算一下，您平均每月的体育相关支出为：_____

A.200元以下　　　B. 200元（含）至500元　　　C.500元（含）至800元

D.800元（含）至1000元　　　E.1000元及以上

7.您经常在哪些渠道看到体育名人的相关代言（可多选）：_____

A.电视　　　B.杂志　　　C.微信、QQ　　　D.微博　　　E.短视频　　　F.其他

8.您是否赞成体育名人代言？＿＿＿＿＿＿

A.赞成　　　B.比较赞成　　　C.不反对也不赞成　　　D.比较反对　　　E.反对

9.您是某个体育名人的粉丝吗？＿＿＿＿＿＿

A.是（请从第9题继续）　　　B. 不是（请从第13题继续）

10.您是否加入了喜爱的体育名人的粉丝组织，如虎扑社团、贴吧、微博组织等？＿＿＿＿＿＿

A.是　　　B.不是

11.您是否跟随所加入的粉丝组织对喜爱的体育名人花费钱财进行应援？＿＿＿＿＿＿

A.是　　　B.不是

12.您成为某位体育名人的粉丝的原因是（可多选）：＿＿＿＿＿＿

A.出色的赛事成绩　　　B.高超的竞技技巧

C.顽强的拼搏精神　　　D.完美的颜值　　　E.其他

13.体育名人代言会影响您哪些体育消费内容（可多选）：＿＿＿＿＿＿

A.购买运动服装、鞋帽、健身运动器材

B.购买体育纪念品、体育名人海报

C.购买体育杂志、图书、音像制品

D.购票欣赏各种体育比赛、表演及展览

E.观看付费体育频道、节目　　　F.到收费的娱乐中心、俱乐部锻炼

G.参加体育专业知识技能培训　　　H.其他＿＿＿＿＿＿＿＿（请补充说明）

14.购买商品时，会更倾向于选择当红体育名人或有一定影响力的体育名人代言的商品：＿＿＿＿＿＿

A.非常同意　　　B.同意　　　C.无所谓　　　D.不同意　　　E.非常不同意

15.会购买喜爱的体育名人代言的与本人理念不符的商品：_____

A.非常同意　　B.同意　　C.无所谓　　D.不同意　　E.非常不同意

16.会选择购买商品品牌形象更好的商品：_____

A.非常同意　　B.同意　　C.无所谓　　D.不同意　　E.非常不同意

17.您是否会购买喜爱的体育名人代言的同款商品（如球鞋、球衣、背包等）：_____

A.会　　　B.不会

18.会购买喜爱的体育名人代言的但不是自己平时习惯购买的商品：_____

A.非常同意　　B.同意　　C.无所谓　　D.不同意　　E.非常不同意

19.会选择购买广告创意更好的商品：_____

A.非常同意　　B.同意　　C.无所谓　　D.不同意　　E.非常不同意

20.会购买宣传的传播媒介更有公信力的商品：_____

A.非常同意　　B.同意　　C.无所谓　　D.不同意　　E.非常不同意

21.会选择借钱或超前支付购买喜爱的体育名人代言的超出目前经济水平的商品：_____

A.非常同意　　B.同意　　C.无所谓　　D.不同意　　E.非常不同意

22.会从众购买喜爱的体育名人代言的"爆款"商品：_____

A.非常同意　　B.同意　　C.无所谓　　D.不同意　　E.非常不同意

23.您是否同意当喜爱的体育名人出现负面消息时不会再购买其代言的商品？_____

A.非常同意　　B.同意　　C.无所谓　　D.不同意　　E.非常不同意

调查问卷四

1.您是否看过含有女性形象的体育用品广告？ ＿＿＿＿＿

A.是　　B.否（请跳至第9题）

2.您接触到的体育用品广告中女性形象出现的频率是：＿＿＿＿＿

A.很少　　B.有时　　C.经常　　D.很多

3.在观看体育用品广告时，您更关注哪些内容：＿＿＿＿＿

A.产品信息　　B.代言人　　C.画面　　D.创意

E.广告语　　F.背景音乐　　G.其他

4.在您看过的女性代言体育用品广告中，女性气质主要是哪种类型：＿＿＿＿＿

A.可爱活泼　　B.温柔体贴　　C.健康自然　　D.性感魅惑

E.知性干练　　F.中性帅气　　G.个性时尚　　H.其他

5.以下哪种类型的女性代言体育用品广告给您留下最深刻的印象：＿＿＿＿＿

A.时尚名模　　B.娱乐明星　　C.体育名人　　D.商业名流　　E.其他

6.在您看到的女性代言体育用品广告中，女性主要扮演那种社会角色：＿＿＿＿＿

A.家庭主妇　　B.职场精英　　C.普通大众　　D.男性陪衬　　E.其他

7.在您看过的女性代言体育用品广告中，女性身材主要是哪种类型：＿＿＿＿＿

A.骨感瘦弱　　B.健康匀称　　C.健美力量

D.性感火辣　　E.体型偏胖　　F.过度肥胖

8.在您看过的女性代言体育用品广告中，女性社会地位主要是：_____

A.主导地位   B.顺从地位   C.男女平等   D.其他

9.您是否喜欢体育用品广告中女性形象的运用？_____

A.非常不喜欢   B.不喜欢   C.比较不喜欢   D.一般

E.比较喜欢   F.喜欢   G.非常喜欢

10.体育用品广告中以下女性气质对您的吸引程度是：_____

□ 可爱活泼   □ 个性时尚   □ 温柔体贴   □ 健康自然

□ 性感魅惑   □ 知性干练   □ 中性帅气

A.非常不喜欢   B.不喜欢   C.比较不喜欢   D.一般

E.比较喜欢   F.喜欢   G.非常喜欢

11.体育用品广告中以下女性代言人对您的吸引程度是：_____

□ 时尚名模   □ 娱乐明星   □ 体育名人   □ 商业名流

A.非常不喜欢   B.不喜欢   C.比较不喜欢   D.一般

E.比较喜欢   F.喜欢   G.非常喜欢

12.体育用品广告中以下女性社会角色对您的吸引程度是：_____

□ 家庭主妇   □ 职场精英   □ 普通大众   □ 男性陪衬

A.非常不喜欢   B.不喜欢   C.比较不喜欢   D.一般

E.比较喜欢   F.喜欢   G.非常喜欢

13.体育用品广告中以下女性身材对您的吸引程度是：_____

□ 骨感瘦弱   □ 健康匀称   □ 健美力量

□ 性感火辣   □ 体型偏胖   □ 过于肥胖

A.非常不喜欢   B.不喜欢   C.比较不喜欢   D.一般

E.比较喜欢   F.喜欢   G.非常喜欢

14.体育用品广告中以下女性社会地位对您的吸引程度是：_____

　□ 主导地位　　　□ 顺从地位　　　□ 男女平等

A.非常不喜欢　　B.不喜欢　　　C.比较不喜欢

D.一般　　　　　E.比较喜欢　　F.喜欢　　　G.非常喜欢

15.如果有女性代言的产品或品牌以广告的形式传播，您会如何做：_____

A.进一步了解该产品　　B.优先考虑购买该产品

C.很乐于向其他人推荐该产品

16.体育用品广告中出现下列哪种女性气质会让您考虑购买：_____

A.可爱活泼　　B.个性时尚　　C.温柔体贴　　D.健康自然

E.性感魅惑　　F.知性干练　　G.中性帅气　　H.其他

17.体育用品广告中出现下列哪类女性代言人会让您考虑购买：_____

A.时尚名模　　B.娱乐明星　　C.体育名人　　D.商业名流　　E.其他

18.体育用品广告中女性扮演下列哪种角色会让您考虑购买：_____

A.家庭主妇　　B.职场精英　　C.普通大众　　D.男性陪衬　　E.其他

19.体育用品广告中出现下列哪种女性身材会让您考虑购买：_____

A.骨感瘦弱　　B.健康匀称　　C.健美力量　　D.性感火辣

E.体型偏胖　　F.过于肥胖　　G.其他

20.体育用品广告中出现下列哪种女性社会地位会让您考虑购买：_____

A.主导地位　　B.顺从地位　　C.男女平等　　D.其他

个人基本信息情况

21.您的性别：_____

A.男　　B.女

22.您所在的年级是：_____

A.大一　　B.大二　　C.大三　　D.大四

23.您所学的专业类别是：_____

A.文史类　　B.理工类　　C.医学类　　D.体育类　　E.艺术类　　F.其他_____

24.按照行政区域划分，您的家乡属于：_____

A.省会城市　　B.县（区）　　C.农村

25.您父母（其中之一）的职业（分类依据中国职业分类大典）是：_____

A.国家机关、党群组织、企业、事业单位负责人

B.专业技术人员、办事人员和有关人员

C.商业、服务业人员　　D.农、林、牧、渔、水利生产人员

E.生产、运输设备操作人员及有关人员

F.军人　　　　　　　　G.不便分类的其他从业人员

26.您每月能支配的资金为：_____

A.1000元以下　　　　　　B.1000元（含）至2000元

C.2000元（含）至4000元　　D.4000元及以上

27.您每年在体育用品上的消费为：_____

A.500元以下　　　　　　B.500元（含）至1000元

C.1000元（含）至2000元　　D.2000元及以上

调查问卷五

1.您的性别：_____

A.男　　B.女

2.您的年龄段是：_____

A.18岁以下　　B.18~30岁（含）　　C.30~40岁（含）　　D.40岁以上

3.您的文化程度是：_____

A.初中及以下　　B.高中　　C.大专或本科　　D.硕士及以上

4.您的社会身份为：_____

A.在校学生　　B.政府及事业单位公务员

C.企业职工　　D.自由职业者　　E.其他_____

5.您每个月的可支配收入为：_____

A.1000元以下　　B.1000元（含）至2000元　　C.2000元（含）至3000元

D.3000元（含）至5000元　　E.5000元及以上

6.您知道运动类App吗？_____

A.知道　　B.不知道

运动类App对体育消费行为刺激的测量

7.运动类App中的运动记录功能可以有效地让使用者产生对体育消费的需求：_____

A.极不同意　　　B.比较不同意　　　C.不同意　　　D.不确定

E.同意　　　　　F.比较同意　　　　G.非常同意

8.运动类App中的免费训练计划能够有效地让使用者产生对体育消费的需求：_____

A.极不同意　　　B.比较不同意　　　C.不同意　　　D.不确定

E.同意　　　　　F.比较同意　　　　G.非常同意

9.运动类App连接智能产品（如智能跑鞋等）能够有效地让使用者产生对体育消费的需求：_____

A.极不同意　　　B.比较不同意　　　C.不同意　　　D.不确定

E.同意　　　　　F.比较同意　　　　G.非常同意

10.运动类App中的连接智能产品（如智能跑鞋等）能够有效地让使用者了解产品的信息：_____

A.极不同意　　　B.比较不同意　　　C.不同意　　　D.不确定

E.同意　　　　　F.比较同意　　　　G.非常同意

11.加入运动类App中的一个运动团队能够有效地让使用者产生对体育消费的需求：_____

A.极不同意　　　B.比较不同意　　　C.不同意　　　D.不确定

E.同意　　　　　F.比较同意　　　　G.非常同意

12.加入运动类App中的一个运动团队能够有效地让使用者了解产品的信息吗：_____

A.极不同意　　　B.比较不同意　　　C.不同意　　　D.不确定

E.同意　　　　　F.比较同意　　　　G.非常同意

13.观看运动类App中发布的文章（如运动装备搭配、装备测评、赛事资讯、跑步世界等）能够有效地让使用者产生购买欲望：_____

A.极不同意　　B.比较不同意　　C.不同意　　D.不确定

E.同意　　　　F.比较同意　　　G.非常同意

14.观看运动类App中发布的文章（如运动装备搭配、装备测评、赛事资讯、跑步世界等）能够有效地让使用者了解产品的信息：_____

A.极不同意　　B.比较不同意　　C.不同意　　D.不确定

E.同意　　　　F.比较同意　　　G.非常同意

15.您能够接受运动类App应用中的植入广告吗？_____

A.极不能接受　　B.比较能接受　　C.不能接受　　D.不确定

E.能接受　　　　F.比较能接受　　　G.非常能接受

16.运动类App应用中植入的广告信息比较真实有用：_____

A.极不同意　　B.比较不同意　　C.不同意　　D.不确定

E.同意　　　　F.比较同意　　　G.非常同意

17.制作精良的植入广告会引发您的购买欲望吗？_____

A.绝对不会　　B.可能不会　　C.不会　　D.不确定

E.会　　　　　F.比较会　　　G.绝对会

18.运动类App中的奖励机制能够有效地吸引使用者产生对体育消费的需求：_____

A.极不同意　　B.比较不同意　　C.不同意　　D.不确定

E.同意　　　　F.比较同意　　　G.非常同意

19.运动类App中的奖励机制会吸引您去了解相关产品的信息：_____

    A.极不同意   B.比较不同意   C.不同意   D.不确定

    E.同意   F.比较同意   G.非常同意

20.运动类App中的收费课程更专业、更具针对性，并且可以监督您完成训练，
使您愿意购买：_____

    A.极不同意   B.比较不同意   C.不同意   D.不确定

    E.同意   F.比较同意   G.非常同意

21.运动类App商城中对产品的评价能够有效地让使用者了解产品的信息：_____

    A.极不同意   B.比较不同意   C.不同意   D.不确定

    E.同意   F.比较同意   G.非常同意

22.在运动类App上购物非常方便：_____

    A.极不同意   B.比较不同意   C.不同意   D.不确定

    E.同意   F.比较同意   G.非常同意

23.运动类App商城中的产品更优惠实用：_____

    A.极不同意   B.比较不同意   C.不同意   D.不确定

    E.同意   F.比较同意   G.非常同意

消费者感知价值测量

24.运动类App使用起来非常方便：_____

A.极不同意　　　B.比较不同意　　　C.不同意　　　D.不确定

E.同意　　　　　F.比较同意　　　　G.非常同意

25.运动类App的功能都非常有用：_____

A.极不同意　　　B.比较不同意　　　C.不同意　　　D.不确定

E.同意　　　　　F.比较同意　　　　G.非常同意

26.运动类App中的功能给您的生活带来了不少便利：_____

A.极不同意　　　B.比较不同意　　　C.不同意　　　D.不确定

E.同意　　　　　F.比较同意　　　　G.非常同意

27. 您会经常使用运动类App中自己喜欢的功能：_____

A.极不同意　　　B.比较不同意　　　C.不同意　　　D.不确定

E.同意　　　　　F.比较同意　　　　G.非常同意

28.您会经常使用运动类App中给您带来方便的功能：_____

A.极不同意　　　B.比较不同意　　　C.不同意　　　D.不确定

E.同意　　　　　F.比较同意　　　　G.非常同意

29.您会使用运动类App中好友极力推荐的功能：_____

A.极不同意　　　B.比较不同意　　　C.不同意　　　D.不确定

E.同意　　　　　F.比较同意　　　　G.非常同意

30.您会下载别人评价很高的运动类App：_____

A.极不同意　　　B.比较不同意　　　C.不同意　　　D.不确定

E.同意　　　　　F.比较同意　　　　G.非常同意

31.运动类App排行榜首的一般是比较知名开发商推出的：＿＿＿＿＿＿

A.极不同意　　　B.比较不同意　　　C.不同意　　　D.不确定

E.同意　　　　　F.比较同意　　　　G.非常同意

32.您会优先下载比较有名气的开发商推出的运动类App：＿＿＿＿＿＿

A.极不同意　　　B.比较不同意　　　C.不同意　　　D.不确定

E.同意　　　　　F.比较同意　　　　G.非常同意

33.通过手机下载的运动类App都比较安全：＿＿＿＿＿＿

A.极不同意　　　B.比较不同意　　　C.不同意　　　D.不确定

E.同意　　　　　F.比较同意　　　　G.非常同意

34.App商店中的运动类App开发商都是有信誉的：＿＿＿＿＿＿

A.极不同意　　　B.比较不同意　　　C.不同意　　　D.不确定

E.同意　　　　　F.比较同意　　　　G.非常同意

消费者购买行为调查

35.运动类App客户端的使用对您的消费观念产生了影响：_____

A.极不同意　　　B.比较不同意　　　C.不同意　　　D.不确定

E.同意　　　　　F.比较同意　　　　G.非常同意

36.运动类App应用中嵌入的广告可能会使您对商家开始关注并会引起您的购买

意愿：_____

A.极不同意　　　B.比较不同意　　　C.不同意　　　D.不确定

E.同意　　　　　F.比较同意　　　　G.非常同意

37.运动类App应用提供的更多优惠，如打折、返券使商品价格低廉，会引起您

的购买意愿：_____

A.极不同意　　　B.比较不同意　　　C.不同意　　　D.不确定

E.同意　　　　　F.比较同意　　　　G.非常同意

38.如果运动类App中某功能非常实用，即使收费您也会使用：_____

A.极不同意　　　B.比较不同意　　　C.不同意　　　D.不确定

E.同意　　　　　F.比较同意　　　　G.非常同意

39.通过参与运动类App应用中的产品宣传活动会引起您的购买意愿：_____

A.极不同意　　　B.比较不同意　　　C.不同意　　　D.不确定

E.同意　　　　　F.比较同意　　　　G.非常同意

调查问卷六

1.您喜欢看综艺节目吗？ _____

  A.非常喜欢　　　B.喜欢　　　C.一般　　　D.不喜欢　　　E.讨厌

2.您是否看过浙江卫视的综艺节目《奔跑吧兄弟》？ _____

  A.是　　　B.否

3.以下引自韩国的节目您最喜欢看哪个？ _____

  A.《爸爸去哪儿》　　　　　　　B.《爸爸回来了》

  C.《明星家族的2天1夜》　　　　D.《了不起的挑战》

4.从节目播出至今，您看过几期《奔跑吧兄弟》？ _____

  A.每期必看　　　B.经常收看　　　C.偶尔看一下　　　D.从来不看

5.《奔跑吧兄弟》每期节目观看的时长为：_____

  A.0~30分钟　　　B.30~60分钟　　　C.60~90分钟

6.《奔跑吧兄弟》节目中嘉宾身穿的运动服饰您喜欢吗？ _____

  A.喜欢　　　B一般　　　C.不喜欢

7.您会想要购买嘉宾的同款服饰鞋帽吗？ _____

  A.想　　　B.一般　　　C.不想

8.嘉宾同款服饰鞋帽中您最想购买的是：_____

  A.运动鞋　　　B.运动服　　　C.帽子　　　D.背包

9. 您最喜欢《奔跑吧兄弟》节目中的游戏环节是：_____

A.撕名牌　　B.指压板　　C.泥潭大战　　D.纸船渡江　　E.入水比赛　　F.其他

10.您想亲自体验节目中您最喜欢的体育游戏吗？_____

A.想　　　B.一般　　　C.不想

11.您在生活中玩过这些游戏吗？_____

A.玩过　　　B.没有

12.以下是《奔跑吧兄弟》已经播出的节目，您喜欢哪些拍摄地点（可多选）：_____

A.《白蛇传说》（杭州）　　　　　　B.《前世情侣》（乌镇）

C.《人在囧途之韩囧》（韩国）　　　D.《逃离秀山岛》（舟山）

E.《穿越世纪的爱恋》（上海）　　　F.《敦煌大劫案》（敦煌）

G.《大漠公主争夺战》（敦煌）　　　H.《楚汉之争》（武汉）

I.《三校争霸赛》（武汉）　　　　　J.《新年运动会》（杭州）

K.《寻找神秘人》（杭州）　　　　　L.《秘密合伙人》（重庆）

M.《超能力巅峰之战》（重庆）

13.《奔跑吧兄弟》节目的拍摄地点风景各异，观看节目后，您想去游玩吗？_____
A.非常想　　　B.一般　　　C.不想

14.观看《奔跑吧兄弟》节目后，您会受节目的影响而参与体育运动吗？_____
A.会　　　B.不会

15.您认为在体育上花一定数额的钱是否值得：_____
A.值得　　　B.比较值得　　　C.说不上　　　D.比较不值得　　　E.完全不值得

16.您的月均生活费是：_____

A.1000元以下　　　　　　　　B.1000元（含）至2000元

C.2000元（含）至3000元　　　D.3000元（含）至4000元　　　E.4000及元以上

17.您每周参与几次体育运动：_____

A.0~1次　　　B.2~3次　　　C.4~5次　　　D.6~7次　　　E.8次以上

18.观看节目后，您对体育消费的观念有发生改变吗？_____

A.有　　　A.没有

19.您认为影响体育消费水平的主要因素有哪些（可多选）：_____

A.经济收入　　　　　B.闲暇时间　　　　　C.体育消费意识

D.场地设施　　　　　E.体育用品价格　　　F.体育价值观念

G.认为自己体育运动能力不够　　　　　　H.体育消费方面引导不够

I.兴趣爱好　　　　　J.日常繁忙造成身心疲劳

20.您认为能够促进体育消费水平上升的因素有哪些（可多选）：_____

A.经济收入增加　　　　　　　　B.闲暇时间增多

C.体育消费观念改变　　　　　　D.体育用品的物美价廉

E.体育指导人员增多　　　　　　F.推广体育锻炼意识

G.加大宣传，增加大众关心程度　　H.活动场所足够

21.您的性别是：_____

A.男　　　B.女

22.您的学历是：_____

A.本科　　　B.专科

23.您现在是：_____

A.大专生　　　B.本科生　　　C.硕士研究生　　　D.博士研究生　　　E.已毕业

调查问卷七

一、调查者基本资料

1.您的性别是：_____

A.男　　B.女

2.您的受教育程度是：_____

A.大专　　B.本科　　C.研究生及以上

3.您在大学所学专业是否与体育有关？_____

A.有关　　B.无关

4.您的家乡属于：_____

A.城镇　　B.农村

5.您是否为独生子女？_____

A.是　　B.不是

二、大学生体育运动品牌消费现状调查

1.您每月的生活费为：_____

A.1000元以上　　B.800元（含）至1000元　　C.600元（含）至800元

D.400元（含）至600元　　E.400元及以下

2.您每月用于购买品牌运动产品的金额为：_____

A.100元以下　　B.100元（含）至200元　　C.200元（含）至400元

D.400元（含）至600元　　E.600元（含）至800元

F.800元（含）至1000元　　G.1000元及以上

3.您对体育运动品牌消费的看法是：_____

A.运动品牌消费有必要　　　　　　B.运动品牌消费正常

C.无所谓，有需要时才消费　　　　D.运动品牌消费没有必要

4.您平时的体育消费情况如何？请在表内符合您情况的空格处打"√"

消费项目	经常消费	偶尔消费	没有消费过
购买品牌运动服装及鞋类			
购买小型体育用品、体育器材及耗材			
购买体育场馆收费项目			
购买体育比赛门票			
去健身房及参加各种体育培训			
购买体育相关产品			
购买体育彩票			

5.您在进行体育消费时是否在意产品的品牌？_____

A.在意，我只买名牌产品　　　　B.无所谓，什么品牌都可以

C.不在意，即使是杂牌的也可以

6.您进行体育消费的动机是什么（可多选）？_____

A.有助于身心健康　　　B.对审美的追求　　　C.提高运动水平

D.从众心理　　　　　　E.攀比炫耀心理　　　F.生活必需品　　　G.其他_____

7.您通常什么时候进行体育消费？_____

A.做活动打折促销时　　　　B.心血来潮

C.有需要才会购买　　　　　D.无所谓，什么时候买都可以

8.您通常会在什么地方进行体育消费（可多选）？_____

A.超市　　B.专卖店　　C.大型商场　　D.小型店铺　　E.网上购买

9.您一般通过什么途径获取体育运动品牌的信息（可多选）：_____

A.街头广告牌或商场广告　　　B.各类报纸杂志　　C.网上的广告

D.朋友推荐和大家的口碑　　　E.电视广告　　　　F.各类活动或比赛的赞助商

G.其他（请补充）_____

10.上一年您对下列哪些品牌进行过消费（可多选）：_____

国际品牌

A.耐克　　　B.阿迪达斯　　　C.锐步　　　D.彪马　　　E.匡威　　　F.美津浓

G.茵宝　　　H.卡帕　　　I.新百伦　　　J.百事

国内品牌

A.李宁　　　B.安踏　　　C.匹克　　　D.361°　　　E.乔丹　　　F.特步

G.鸿星尔克　　　H.双星　　　I.回力　　　J.沃特　　　K.德尔惠

L.其他（请补充）_____

11.问题10中的体育品牌您最喜欢的是哪个（填写序号即可）：_____

12 您消费最多的是问题10中哪个体育品牌的产品：_____

13.您在选择消费体育运动品牌时是否在意国产？_____

A.我只买国外的品牌　　　　　B.我经常买国外品牌，偶尔会买国产的

C.无所谓，只要合适我都会买　　D.我经常买国产品牌，偶尔买国外的

E.我只买国产的品牌

14.您消费体育产品时属于下列哪种情况：_____

A.只固定买2个或3个牌子的产品　　B.经常买1个牌子但偶尔会转换

C.只买1个牌子　　　　　　　　　　D.无所谓

15.您会购买仿制品吗？_____

A.是的，我经常购买仿制品　　　B.无所谓，如果合适也可以购买

C.我不会考虑买仿制品

16.您购买仿制品的原因是什么：_____

A.正品价格较高　　　　　　B.我喜欢的品牌或某产品市面上见不到

C.我喜欢的产品买不到正品　　D.我在不知情的情况下被欺骗购买了仿制品

E.其他＿＿＿＿＿＿＿＿＿＿＿＿＿＿＿＿＿＿＿＿（请补充）

调查问卷八

一、基本信息

1.您的性别是：_____

A.男　　B.女

2.您的年级是：_____

A.大一　　B.大二　　C.大三　　D.大四

3.您的学校是：_____

4.您每月平均可支配的消费金额是（　　）元，自己赚取的占（　　）%，父母给的占（　　）%。

二、体育消费相关问题

5.您在实体店购买过什么体育产品和服务（可多选，请用序号从高到低标出）：_____

A.运动服装、鞋袜、体育用品、器材等

B.体育锻炼卡，参加各类体育培训班、俱乐部和租用体育场馆等

C.体育类图书、报纸、杂志、画报、音像品等

D.观看体育比赛、体育表演、电视转播等

6.您为什么会在实体店买这些体育产品和服务，最主要的原因是什么？_____

A.可以看到产品质量　　B.可以试用　　C.网上没有卖　　D.个人喜爱

7.您每年购买这些体育产品和服务花费了多少钱：_____

A.100元以下   B.100元（含）至200元

C.200元（含）至300元   D.300元及以上

8.您在实体店购买体育产品和服务花费的比例是（依据第5题选择填写）：_____

9.您在实体店平均每年进行体育消费的次数是：_____

A.0次   B.1~2次   C.3~4次   D.5次及以上

10.您在实体店购买体育产品和服务后的总体满意度是：_____

A.非常满意   B.满意   C.一般

D.不太满意   E.不满意

11.您进行体育消费的最主要动机是：_____

A.锻炼身体   B.体育课需要   C.社交手段   D.娱乐休闲

12.您平均每月在网上浏览体育产品和服务信息的次数是：_____

A.0次   B.1~2次   C.3~4次   D.5次及以上

13.您通过互联网购买了什么体育产品和服务（可多选，请用序号从高到低标出）：_____

A.运动服装、鞋袜、体育用品、器材等

B.体育锻炼卡，参加各类体育培训班、俱乐部和租用体育场馆等

C.体育类图书、报纸、杂志、画报、音像品等

D.观看体育比赛、体育表演、电视转播等

14.您在互联网上购买体育产品和服务的最主要途径是：_____

A.淘宝、京东等购物网站   B.官方商城   C.网络超市   D.其他互联网平台

15.您为什么在网上买这些体育产品和服务，最主要原因是：_____

A.节省时间　　B.选择性多　　C.价格实惠　　D.不想去实体店买

16.您每年通过互联网购买这些体育产品和服务花费了多少钱：_____

A.100元以下　　　　　　　　B.100元（含）至200元

C.200元（含）至300元　　　　D.300元（含）以上

17.您在互联网购买体育产品和服务花费的比例是：_____（依据第13题选择填写）

18.影响您提升体育消费水平的最主要因素是：_____

A.经济承受能力　　B.对体育不感兴趣

C.运动项目限制　　D.没有时间进行体育活动

19.影响您在互联网购买体育产品和服务的最主要因素是：_____

A.支付安全问题　　B.产品质量问题

C.物流速度问题　　D.消费者评价

20.您在网上购买体育产品和服务后的总体满意度是：_____

A.非常满意　　B.满意　　C.一般

D.不太满意　　E.不满意